O EVANGELHO SEGUNDO PAULO

John MacArthur

O EVANGELHO SEGUNDO PAULO

A ESSÊNCIA *das* BOAS-NOVAS

Tradução
Maurício Bezerra Santos Silva

2018

Título original: *The Gospel According to Paul*
Copyright © 2018 por John F. MacArthur
Edição original por Thomas nelson, Inc. Todos os direitos reservados.
Copyright da tradução © por Vida Melhor Editora, S. A., 2018.
Todos os direitos desta publicação são reservados por Vida Melhor Editora, S. A.

PUBLISHER	*Omar de Souza*
GERENTE EDITORIAL	*Samuel Coto*
EDITOR	*André Lodos Tangerino*
ASSISTENTE EDITORIAL	*Bruna Gomes*
COPIDESQUE	*Gustav Schimid*
REVISÃO	*Fátima Fuini*
	Jean Xavier
CAPA	*Rafael Brum*
DIAGRAMAÇÃO	*Julio Fado*

Os pontos de vista desta obra são de responsabilidade de seu autor, não refletindo necessariamente a posição da Thomas Nelson Brasil, da HarperCollins Christian Publishing ou de sua equipe editorial.

CIP-BRASIL. CATALOGAÇÃO NA PUBLICAÇÃO
SINDICATO NACIONAL DOS EDITORES DE LIVROS, RJ

M113e

MacArthur, John
O evangelho segundo Paulo : a essência das boas novas / John MacArthur ; tradução Maurício Bezerra Santos Silva. -1. ed. -Rio de Janeiro : Thomas Nelson Brasil, 2018.
240p.:il. ; 23cm.

Tradução de: The gospel according to Paul
ISBN 9788578602536

1. Bíblia. N. T. Epóstolas de Paulo -Crítica, interpretação, etc. I. Silva, Maurício Bezerra Santos. II. Título.

17-46580
CDD: 225.92
CDU: 27-246.4

Thomas Nelson Brasil é uma marca licenciada à Vida Melhor Editora S.A.
Todos os direitos reservados à Vida Melhor Editora S.A.
Rua da Quitanda, 86, sala 218 — Centro
Rio de Janeiro, RJ — CEP 20091-005
Tel.: (21) 3175-1030
www.thomasnelson.com.br

Dedicatória

Sou uma pessoa abençoada por contar com o apoio incansável de uma equipe firme de voluntários que dedica tempo e trabalho toda semana ao ministério *Grace to You*. Eles trabalham sem receber nenhum salário (tampouco reconhecimento). Mas o Senhor a quem eles servem guarda um registro de sua fidelidade, e eu sei que ele os recompensará abundantemente (Colossenses 3:23-24). Enquanto isso, esses amigos queridos contribuem com o seu ânimo e entusiasmo inabaláveis para o nosso ministério, sendo uma fonte de incentivo perpétuo e de profundo prazer pessoal para mim. O seu amor óbvio por mim e pelo ministério do qual participamos condiz com a sua produtividade impressionante. A eles, inclusive a muitos membros antigos que já partiram para a glória, dedico este livro.

Agradecimentos

Sem a ajuda de várias pessoas importantes, seria impossível cumprir os prazos editoriais enquanto dava conta de meus outros deveres.

Várias pessoas merecem uma menção especial e a minha profunda gratidão pelo seu trabalho neste livro.

Quero agradecer, em primeiro lugar, a Phil Johnson, que me ajudou a organizar e dar forma aos contornos do manuscrito original. Posteriormente, ele redigitou e cuidadosamente aperfeiçoou todas as revisões que eu rabisquei nas margens, até a versão final. Phil não somente tem uma habilidade artística com as palavras, com um dom especial para a clareza e a precisão, mas também é um pregador talentoso e mestre da Palavra de Deus. As suas habilidades literárias, a sua dedicação, e o seu conhecimento da teologia bíblica são óbvios em cada livro que ele revisa. Phil também é o diretor executivo do ministério de comunicação social do "Grace to You" e é presbítero da Grace Community Church. No entanto, o nosso interesse mútuo em publicar estudos expositivos versículo por versículo para os leitores cristãos sérios nos uniu, e ele tem sido o meu editor chefe pelos últimos trinta e cinco anos. Essa tem sido uma parceria extremamente abençoada e frutífera.

Obrigado também a Janene MacIvor, que fez um trabalho meticuloso revisando a versão final, bem como a Jenn McNeil, que colaborou com excelentes sugestões. Sou especialmente grato a Brian Hampton, Webster Younce, e a toda a equipe da editora Thomas Nelson. Eles graciosamente se adaptaram à nossa necessidade de vários adiamentos na data de entrega e ainda conseguiram entregar o livro no prazo estipulado.

Finalmente, tenho uma grande dívida de gratidão ao meu filho Matt, que lidou com a parte administrativa do projeto, organizou o cronograma e outros detalhes a nosso favor e agiu como canal de comunicação entre a editora e a minha equipe.

Sumário

Introdução 13

Capítulo 1: Coisas de suma importância

Não existe outro evangelho 31
A biografia resumida de Paulo 34
Questões de suma importância 38
"O evangelho que lhes preguei" 39
O problema em Corinto 40
A expiação 42
O sepultamento 45
A ressurreição 48
As provas 50

Capítulo 2: Em primeiro lugar, as más notícias

A sentença condenatória universal 58
As provas do Antigo Testamento 61
A denúncia 63
A pronúncia 65
A sentença de condenação 78

Capítulo 3: Como uma pessoa pode ser justa diante de Deus?

A perplexidade de Jó 82
O dilema humano 84
Nesse caso, quem pode ser salvo? 87
Nenhum mérito próprio 89

Capítulo 4: *Sola fide*

"Não por obras de justiça" 94
Somente pela fé 97
A justificação demonstra a retidão de Deus 99
A justificação exalta a graça de Deus 101
A justificação cumpre a exigência da justiça de Deus 103
A justificação confirma a lei de Deus 108

Capítulo 5: A grande troca

A ofensa da cruz 112
Uma passagem importante sobre a substituição penal 117
A vontade de Deus 118
A palavra da reconciliação 121
A obra de Cristo 125
O caminho da salvação 127

Capítulo 6: Vivos juntamente com Cristo

Fomos ressuscitados da morte espiritual 134
Fomos ressuscitados pela graça 139
Fomos ressuscitados pela fé 142
Fomos ressuscitados com um propósito 145
Fomos ressuscitados para as boas obras 146

Capítulo 7: As lições da graça

Legalismo: a loucura do farisaísmo 150
Antinomismo: o erro predominante da nossa época 152
Não há conflito entre a lei e a graça 154
A graça e as boas obras 155
A lição do passado: a salvação veio pela graça, não pela lei 156
A lição do presente: a graça inspira zelo, não apatia 159
A lição para o futuro: podemos viver com esperança,
não com medo 162

Epílogo 165
Apêndice 1 171
Apêndice 2 189
Apêndice 3 201
Apêndice 4 209
Glossário 229
Notas 233
Sobre o autor 237

Introdução

Contudo, quando prego o evangelho, não posso me orgulhar, pois me é imposta a necessidade de pregar. Ai de mim se não pregar o evangelho! [...] Estou simplesmente cumprindo uma incumbência a mim confiada.

— 1Coríntios 9:16,17

Paulo tinha uma identidade própria entre os apóstolos. De modo diferente dos outros, ele nunca conviveu com Cristo durante o ministério terreno de Nosso Senhor. Na verdade, ele não se encaixaria bem no círculo dos doze discípulos. Eles eram, na sua maioria, galileus comuns, provincianos, sem nenhuma autoridade religiosa ou peso acadêmico. Os mais conhecidos e influentes dentre os doze não passavam de pescadores (Pedro, André, Tiago e João); um cobrador de impostos (Mateus); e um ex-zelote (Simão): uma mistura de trabalhadores e excluídos.

Em contrapartida, Paulo (ou mais precisamente Saulo de Tarso, como ele era conhecido naquela época) era um rabino bem-respeitado, de boa formação e cultura, nascido em uma família de fariseus e treinado de forma completa nas tradições farisaicas ultraortodoxas. Ele era surpreendentemente cosmopolita: um cidadão romano, um viajante experiente, um grande doutor da lei que nasceu em Tarso, que estudou em Jerusalém aos pés de Gamaliel (Atos 22:3) e era cheio de zelo, um hebreu de hebreus. "Se alguém pensa que tem razões para confiar na carne", ele escreveu, "eu ainda mais" (Filipenses 3:4). O seu currículo sempre ultrapassou o dos outros. Saulo de Tarso nunca perderia em nenhuma disputa que envolvesse conquistas intelectuais ou acadêmicas. Quanto a isso, ele é bem diferente de todos os demais apóstolos.

Gamaliel, o mentor de Saulo, era, em todos os aspectos, o rabino de maior prestígio e influência na Jerusalém do século I. Gamaliel era neto

O EVANGELHO SEGUNDO PAULO

do legendário Hilel, o Ancião, um dos rabinos mais cultos e citados da história. A passagem de Atos 5:34 conta-nos que Gamaliel era "respeitado por todo o povo". Ele influenciava tremendamente o Sinédrio (v. 34-40). Esse conselho, do qual faziam parte 71 sacerdotes e doutores, era o tribunal religioso mais alto do judaísmo. Coletivamente, o Sinédrio da época de Jesus e de Paulo era claramente corrupto e motivado frequentemente por puro interesse político. Mas Gamaliel se destaca, até na narrativa do Novo Testamento, como um homem culto, pacífico, cauteloso e basicamente respeitável. A Mishná, um registro da tradição oral hebraica escrito no início do século III, se refere a ele como "Gamaliel, o Ancião" e o cita várias vezes. Assim a Mishná faz sua homenagem a ele: "Quando o rabã Gamaliel, o Ancião, morreu, a glória da Lei cessou, e a pureza e a abstinência morreram".[1] Em todo o mundo, não havia um especialista hebreu que tivesse uma reputação tão elevada, e Saulo de Tarso foi treinado a seus pés. Portanto, as referências acadêmicas do apóstolo eram impressionantes segundo todos os padrões da época.

Antes do seu encontro famoso com o Jesus ressuscitado no caminho de Damasco, Saulo de Tarso desprezava todos os desafios às tradições dos fariseus. Quando o encontramos pela primeira vez na Escritura, ele é um "jovem" (Atos 7:58) tão radicalmente oposto a Cristo e tão hostil à fé dos seguidores de Jesus que organiza o apedrejamento de Estevão, o primeiro mártir cristão. Ao dar o seu testemunho, anos depois, Paulo confessou:

> E foi exatamente isso que fiz em Jerusalém. Com autorização dos chefes dos sacerdotes, lancei muitos santos na prisão, e quando eles eram condenados à morte eu dava o meu voto contra eles. Muitas vezes ia de uma sinagoga para outra a fim de castigá-los e tentava forçá-los a blasfemar. Em minha fúria contra eles, cheguei a ir a cidades estrangeiras para persegui--los. (Atos 26:10,11)

O fato de ele ter poder de voto naquelas questões mostra que Paulo era ou um membro do Sinédrio ou alguém que fazia parte de um tribunal escolhido por ele para julgar os dissidentes religiosos. Raramente jovens eram indicados para esses cargos. Contudo, Paulo era um especialista com conhecimentos avançados para a sua idade e se destacou como ativista

INTRODUÇÃO

zeloso, trabalhador voluntário, administrador talentoso e fiscal rigoroso. (É muito provável que ele também tenha sido um político habilidoso.)

No entanto, depois de sua incrível conversão a caminho de Damasco, Paulo se tornou um homem completamente diferente. Ele rejeitava totalmente qualquer pretensão de superioridade e abominava a ideia de que a sabedoria humana poderia acrescentar algum valor à pregação do evangelho. Ele se opunha veementemente a qualquer afirmação de que a eloquência ou a cultura pudessem aumentar seu poder original. Portanto, fez um grande esforço para não dar nenhum destaque às suas conquistas intelectuais e acadêmicas, para não comprometer inadvertidamente a simplicidade da mensagem evangelística. Ele escreveu à igreja de Corinto:

> Eu mesmo, irmãos, quando estive entre vocês, não fui com discurso eloquente nem com muita sabedoria para lhes proclamar o mistério de Deus. Pois decidi nada saber entre vocês, a não ser Jesus Cristo, e este, crucificado. E foi com fraqueza, temor e com muito tremor que estive entre vocês. Minha mensagem e minha pregação não consistiram de palavras persuasivas de sabedoria, mas consistiram em demonstração do poder do Espírito, para que a fé que vocês têm não se baseasse na sabedoria humana, mas no poder de Deus. (1Coríntios 2:1-5)

Em Filipenses 3:5-6, para refutar as afirmações de alguns falsos mestres, Paulo precisou relacionar algumas de suas conquistas acadêmicas e religiosas mais impressionantes. "Mas", logo acrescentou, "o que para mim era lucro passei a considerar perda, por causa de Cristo. Mais do que isso, considero tudo como perda, comparado com a suprema grandeza do conhecimento de Cristo Jesus, meu Senhor, por cuja causa perdi todas as coisas. Eu *as considero como esterco* para poder ganhar a Cristo" (vv. 7-8).

Mesmo assim, a mente superior de Paulo fica bem clara pelo qual como trabalhava e pelo conteúdo do que escrevia. Ele podia, com a mesma fluência, citar de cor versos em grego dos poetas mediterrâneos antigos ou mesmo uma infinidade de passagens das Escrituras hebraicas; falava com ousada confiança com os filósofos do mais alto escalão de Atenas e

O EVANGELHO SEGUNDO PAULO

também se defendia sem medo nos tribunais do império, nos momentos em que a sua vida estava em perigo. Ninguém o intimidava. Pelo contrário, a sua maior motivação era colocar-se diante da sala do capitólio romano, dar o seu testemunho na presença de César e, assim, pregar o evangelho para o líder mais poderoso do mundo, no centro do maior e mais extenso império de que se tinha notícia.

Escolhido para a defesa do evangelho

Dentre todos os apóstolos, Paulo era o mais dedicado em preservar a pureza, a exatidão e a clareza da mensagem evangelística. Cristo o escolheu de forma especial para este propósito ("defendendo e confirmando o evangelho", Filipenses 1:7). Ele recebeu essa tarefa como uma missão pessoal vinda do céu. Paulo escreveu: "aqui me encontro para a defesa do evangelho" (v. 16). Isso estava tão enraizado na consciência de Paulo que, nos momentos em que falava do evangelho, frequentemente se referia a ele como o "meu evangelho" (Romanos 2:16; 16:25; 2Timóteo 2:8).

É claro que Paulo não estava assumindo a autoria do evangelho ou o declarando como a sua propriedade particular. Nunca passaria por sua mente questionar a origem divina do evangelho. Com a mesma frequência, refere-se a ele como "o evangelho de Deus" (Romanos 1:1; 15:16; 2Coríntios 11:7; 1Tessalonicenses 2:2, 8-9) ou como "o glorioso evangelho do Deus bendito" (1Timóteo 1:11). Ainda com maior frequência, ele o chamava de "evangelho de Cristo" (Romanos 1:16; 15:19; 1Coríntios 9:12; 2Coríntios 9:13; 10:14; Gálatas 1:7; Filipenses 1:27; 1Tessalonicenses 3:2) ou o "evangelho da glória de Cristo" (2Coríntios 4:4). Às vezes, ele era "o evangelho da paz" (Efésios 6:15), ou "o evangelho que os salvou" (Efésios 1:13).

Esses não constituíam evangelhos diferentes, mas em vários títulos do único evangelho verdadeiro. A afirmação de que exista mais de um evangelho encontraria uma violenta oposição da parte do apóstolo Paulo. Ele instruiu severamente as igrejas da Galácia: "Mas ainda que nós ou um anjo do céu pregue um evangelho diferente daquele que lhes pregamos, que seja amaldiçoado!" (Gálatas 1:8) E para destacar a sua instrução ao máximo, Paulo repetiu a maldição no versículo seguinte: "Como já dissemos, agora

INTRODUÇÃO

repito: Se alguém lhes anuncia um evangelho diferente daquele que já receberam, que seja amaldiçoado!" (v. 9)

Um estudo das epístolas de Paulo

Praticamente todas as epístolas de Paulo no Novo Testamento defendem e explicam algum ponto fundamental da doutrina pertinente à mensagem do evangelho. O livro de Romanos é uma discussão cuidadosamente ordenada das doutrinas que constituem a parte principal da verdade do evangelho. Ela se estabelece com um esboço cuidadoso, lógico e sequencial. Começando com a doutrina do pecado universal e da depravação humana, Paulo prossegue de forma sistemática por toda a extensão da verdade do evangelho, tratando da justificação, da santificação, da segurança eterna, da eleição, da reprovação, do enxerto dos gentios no povo de Deus e da restauração final de Israel. Romanos é a exposição mais ordenada e abrangente das doutrinas do evangelho.

Em 1Coríntios, ele defende o evangelho contra várias perversões que estavam sendo disfarçadas de sabedoria humana ou servindo de capa para a desordem carnal. Em 2Coríntios, ele reage aos ataques que tinham vindo contra o evangelho da parte de falsos mestres que claramente se intitulavam superapóstolos (11:5; 12:11). Esses hereges pareciam ter o entendimento de que, para subverter o evangelho verdadeiro, precisavam desacreditar o apóstolo Paulo, portanto, direcionaram o seu ataque a ele em particular. Por esse motivo, Paulo foi forçado a reagir a tais ataques. Mas ele, na verdade, estava defendendo a autoridade e a pureza do evangelho; não defendia simplesmente a sua própria reputação (2Coríntios 11:1-4).

Por toda a sua extensão, a epístola de Paulo aos Gálatas é uma disputa contra os falsos mestres (chamados comumente de judaizantes), que insistiam que os convertidos gentios tinham que adotar a lei cerimonial do Antigo Testamento para serem salvos. Em particular, eles ensinavam que os gentios não podiam se tornar cristãos sem antes serem circuncidados. Essa doutrina era uma negação implícita de que a fé é o único meio de justificação. Esse erro era tão sutil que até Pedro e Barnabé pareciam estar prestes a abraçá-lo (Gálatas 2:11-13). Portanto, Paulo escreveu a Epístola aos Gálatas para demonstrar a razão pela qual a doutrina dos judaizantes era

O EVANGELHO SEGUNDO PAULO

uma perversão fatal da mensagem cristã, um evangelho completamente diferente (Gálatas 1:6). Essa é a razão pela qual Gálatas começa com aquela famosa maldição dupla contra qualquer "outro evangelho" (vv. 8-9).

Efésios é um ensaio simples sobre os princípios do evangelho, destacando a verdade essencial que se encontra no centro da mensagem: a salvação é obra total de Deus. Não é algo que o pecador possa ampliar ou enfeitar com o mérito humano. A pessoa decaída nem teria como alcançar a redenção para si mesma. "Pois vocês são salvos pela graça, por meio da fé, e isto não vem de vocês, é dom de Deus; não por obras, para que ninguém se glorie. Porque somos criação de Deus realizada em Cristo Jesus para fazermos boas obras, as quais Deus preparou de antemão para que nós as praticássemos" (Efésios 2:8-10).

Apesar de o tema de Filipenses ser a alegria e a carta estar, na sua maior parte, repleta de conselhos práticos e exortações, o capítulo 3 inclui um aviso severo sobre os "cães", sobre os que "praticam o mal", e os que mutilam a carne (v. 2). Esses eram claramente da mesma classe de destruidores do evangelho que Paulo refutou tão amplamente em sua epístola aos Gálatas. Ele prossegue em Filipenses 3 dando um testemunho pessoal que resume criativamente a verdade central da mensagem do evangelho.

Havia na igreja primitiva pessoas querendo corromper o evangelho com uma filosofia humana extravagante, com formas ascéticas de abnegação, com tradições feitas por homens e com outras invenções religiosas mais convencionais. A epístola de Paulo aos Colossenses aborda todas essas tentativas conscientes de complicar ou basear o evangelho nas aparências. Dentre todos os apóstolos, o Espírito Santo escolheu Paulo, o profundo especialista, para defender a simplicidade do evangelho contra qualquer sinal de elitismo acadêmico ou contra a exaltação filosófica de determinado grupo em particular.

Paulo começa 1 Tessalonicenses com um forte elogio à igreja de Tessalônica por causa do ânimo com o qual eles receberam o evangelho desde o início. Ele escreve: "porque o nosso evangelho não chegou a vocês somente em palavra, mas também em poder, no Espírito Santo e em plena convicção" (v. 5). Os últimos dois versículos do capítulo inicial contêm este breve resumo da verdade do evangelho: "se voltaram para Deus, deixando os ídolos a fim de servir ao Deus vivo e verdadeiro, e esperar dos céus a

INTRODUÇÃO

seu Filho, a quem ressuscitou dos mortos: Jesus, que nos livra da ira que há de vir" (vv. 9-10). Em 1 e 2Tessalonicenses, Paulo continua instruindo e incentivando essa igreja a perseverar na sua espera paciente pela volta de Cristo, vivendo, ao mesmo tempo, de um modo que honre as amplas repercussões do evangelho.

As epístolas a Timóteo e a Tito estão cheias de incentivos àqueles dois jovens pastores para levarem adiante o legado de Paulo, preservando cuidadosamente a verdade do evangelho. Em 1Timóteo 6:20, por exemplo, na passagem em que Paulo escreve "Timóteo, guarde o que lhe foi confiado", está bem claro que ele está falando do evangelho. Paulo tinha anteriormente descrito "o glorioso evangelho do Deus bendito" como aquilo que "me foi confiado" (1:11). Para Tito, Paulo escreve um de seus resumos característicos da mensagem do evangelho. Ele é simples, profundo e surpreendentemente abrangente:

> Porque a graça de Deus se manifestou salvadora a todos os homens. Ela nos ensina a renunciar à impiedade e às paixões mundanas e a viver de maneira sensata, justa e piedosa nesta era presente, enquanto aguardamos a bendita esperança: a gloriosa manifestação de nosso grande Deus e Salvador, Jesus Cristo. Ele se entregou por nós a fim de nos remir de toda a maldade e purificar para si mesmo um povo particularmente seu, dedicado à prática de boas obras. (Tito 2:11-14)

Depois ele acrescenta esta exortação: "É isso que você deve ensinar, exortando-os e repreendendo-os com toda a autoridade. Ninguém o despreze" (v. 15).

A epístola menor de Paulo, a carta a Filemom, é um bilhete intensamente pessoal e prático, escrito para ajudar a reconciliar um escravo fugido (Onésimo) com o seu senhor (Filemom). Mas, até nesse momento, Paulo consegue pintar um retrato bem claro da verdade do evangelho, na medida em que ilustra o espírito de Cristo por meio de suas próprias ações. Ele inclui este apelo, que exemplifica perfeitamente o que Cristo fez pelo seu povo: "Assim, se você me considera companheiro na fé, receba-o como se estivesse recebendo a mim. Se ele o prejudicou em algo ou lhe deve alguma coisa, ponha na minha conta" (Filemom vv.17-18). Desse modo, Paulo

Nada além do evangelho

A verdade do evangelho está presente em tudo que Paulo escreveu. O evangelho estava no centro de seus pensamentos em todo o tempo. Isso era de propósito. Ele escreveu: "me é imposta a necessidade de pregar. Ai de mim se não pregar o evangelho! (1Coríntios 9:16). "Pois decidi nada saber entre vocês, a não ser Jesus Cristo, e este, crucificado" (1Coríntios 2:2). "Quanto a mim, que eu jamais me glorie, a não ser na cruz de nosso Senhor Jesus Cristo, por meio da qual o mundo foi crucificado para mim, e eu para o mundo" (Gálatas 6:14). "Por isso estou disposto a pregar o evangelho..." (Romanos 1:15).

Todos os apóstolos tiveram funções importantes a desempenhar na fundação e na expansão da igreja primitiva. João foi o único que viveu até idade avançada. Os outros foram martirizados, começando com Tiago, que Herodes "mandou matar à espada" (Atos 12:2). Alguns deles levaram o evangelho até aos extremos mais distantes do mundo conhecido. A história da igreja primitiva registra, por exemplo, que Tomé foi até a costa leste da Índia. Conta-se que Natanael (também chamado de Bartolomeu) levou o evangelho para a Armênia e ali foi martirizado. Apesar de a Escritura não registrar o destino final de cada um dos apóstolos, nós sabemos com certeza que eles divulgaram o evangelho por todas as partes do mundo conhecido. Em Atos 17:6, a multidão zangada que cercou a Paulo e Silas em Tessalônica se referiu a eles como "esses homens, que têm causado alvoroço por todo o mundo".

Ninguém fez mais do que Paulo para anunciar o evangelho por todo o Império Romano. Lucas fez uma crônica cuidadosa das três viagens missionárias de Paulo no livro de Atos. Começando pelo capítulo 13 até o final do livro, ele se torna a figura principal. Além do mais, o registro de Lucas acerca do ministério de Paulo é de tirar o fôlego! A influência de Paulo era profunda onde quer que ele pisasse. Ele pregava o evangelho, fundava igrejas e formava novos cristãos nos locais pelos quais passava, não importando aonde fosse, pela terra de Israel, por toda a Ásia Menor, pela

INTRODUÇÃO

Grécia, passando por Malta, Sicília, até chegar a Roma. E, enquanto fez isso, Paulo escreveu mais epístolas para o Novo Testamento do que qualquer outro autor. Em uma época bem anterior às conveniências modernas, que tornaram as viagens e a comunicação relativamente fáceis, as conquistas de Paulo foram extraordinárias.

De forma mais importante, ninguém fez mais do que Paulo para definir, para delimitar e para defender o evangelho. Os outros apóstolos claramente cultivavam uma admiração pela devoção de Paulo ao evangelho. A crença de que tinha sido escolhido por Cristo para ser apóstolo "como a um que nasceu fora de tempo" (1Coríntios 15:8) era baseada no fato de que havia aprendido do Cristo ressuscitado exatamente as mesmas verdades que os outros, durante o ministério terreno de seu Senhor, e de que fora treinado e enviado para proclamá-las (Gálatas 2:2, 6-9). Paulo não aprendeu nada sobre o evangelho de outros discípulos que não tivesse ouvido de Cristo por revelação especial (Gálatas 1:11-12; 2:6).

O cerco contra Paulo

Não é de admirar que Paulo sentisse um grande peso de responsabilidade para pregar e defender o evangelho. Aonde quer que fosse, os agentes da oposição ao evangelho o seguiam de perto, atacando a mensagem que proclamava. Os poderes das trevas pareciam ter a noção astuta da função estratégica de Paulo e concentraram os seus ataques implacáveis contra as igrejas nas quais a sua influência era particularmente forte. Por esse motivo, Paulo estava constantemente envolvido em "defender e confirmar o evangelho" (Filipenses 1:7). O apóstolo e o seu ministério eram tão envolvidos em controvérsias que quase ninguém queria se identificar com ele. Na última epístola que escreveu antes de dar a sua vida pelo evangelho, ele descreveu qual foi a trajetória da sua acusação: "Na minha primeira defesa, ninguém apareceu para me apoiar; todos me abandonaram" (2Timóteo 4:16). No capítulo inicial dessa carta, ele disse a Timóteo: "todos os da província da Ásia me abandonaram" (1:15), e as suas palavras finais incluíram este triste apelo: "Procure vir logo ao meu encontro, pois Demas, amando este mundo, abandonou-me e foi para Tessalônica. Crescente foi para a Galácia, e Tito, para a Dalmácia. Só Lucas está comigo. Traga Marcos com você, porque ele me é útil para o ministério" (4:9-11).

Se Paulo não tivesse sido um homem com uma fé tão profunda, poderia ter morrido se sentindo só e abandonado. Naquela situação ele muito provavelmente não tinha percebido completamente a extensão que a sua sombra alcançaria sobre a igreja e a forma profunda com a qual sua influência impactaria as gerações posteriores de cristãos. Porém, ele não morreu desanimado, pois sabia que a verdade do evangelho finalmente triunfaria. Paulo entendia que as portas do inferno nunca prevaleceriam contra a igreja que Cristo estava edificando. Ele perseverou em confiar que os propósitos de Deus se cumpririam e que o plano de Deus já estava sendo cumprido, mesmo por meio de seu martírio iminente. Ele escreveu: "Eu já estou sendo derramado como uma oferta de bebida. Está próximo o tempo da minha partida. Combati o bom combate, terminei a corrida, guardei a fé. Agora me está reservada a coroa da justiça, que o Senhor, justo Juiz, me dará naquele dia; e não somente a mim, mas também a todos os que amam a sua vinda" (2Timóteo 4:6-8).

O bom combate

Tenho a maior consideração por Paulo e por sua devoção apaixonada ao evangelho. Além do próprio Cristo, Paulo é o exemplo que eu mais desejo seguir como modelo para o ministério evangelístico e pastoral. Escrevendo sob a direção do Espírito Santo, o próprio Paulo disse: "suplico-lhes que sejam meus imitadores" (1Coríntios 4:16), e depois, de forma mais específica, "Tornem-se meus imitadores, como eu o sou de Cristo" (11:1). Esse mandamento tem sempre martelado em minha mente desde que eu comecei a ser treinado para o ministério como aluno da faculdade.

Com certeza, todo aquele que deseja sinceramente imitar Paulo do mesmo modo que ele imitou a Cristo achará impossível fugir de todas as controvérsias. Tenho escrito vários livros sobre o evangelho ao longo dos anos, e praticamente todos eles (necessariamente) têm sido um tanto polêmicos. Eu tenho denunciado e me oposto a várias tentativas de modificar o evangelho, de abreviá-lo, de desvalorizá-lo, de alterar o seu destaque principal ou mesmo de substituí-lo por uma mensagem completamente diferente. Dois dos meus livros mais conhecidos sobre o evangelho são críticas profundas da noção absurda de que o arrepen-

INTRODUÇÃO

dimento, a abnegação, o custo do discipulado e o senhorio de Cristo sejam verdades desnecessárias para a salvação e que, portanto, devam ser deixadas de lado na proclamação do evangelho.[2]

Paulo claramente tinha um entendimento mais abrangente do evangelho. Só as epístolas aos tessalonicenses serviriam bem como a resposta de Paulo para aqueles que pensam que o senhorio de Cristo não faz parte da mensagem do evangelho. Em 2Tessalonicenses 2:13-14, por exemplo, ele escreve:"Mas nós devemos sempre dar graças a Deus por vocês, irmãos amados pelo Senhor, porque desde o princípio Deus os escolheu para serem salvos mediante a obra santificadora do Espírito e a fé na verdade. Ele os chamou para isso por meio de nosso evangelho, a fim de tomarem posse da glória de nosso Senhor Jesus Cristo". Desse modo, ele resume bem e afirma de todo o coração a ideia de que alguns críticos geralmente se referem debochadamente como "salvação pelo senhorio."

Mesmo assim, de meados do século XX até o início dos anos 1990, uma versão bem truncada do evangelho tinha uma influência relativamente grande entre os evangélicos. A sua base para o apoio era de que, uma vez que o arrependimento e a submissão ao senhorio de Cristo são "pela graça... por meio da fé... não pelas obras" (Efésios 2:8-9), nós devemos nos resguardar para que não façamos do senhorio de Cristo uma questão quando nós proclamamos o evangelho. Vários escritores evangélicos influentes promoveram essa opinião, e eles cunharam o termo "salvação pelo senhorio" para a ideia contra a qual eles se opunham.[*]

Os meus livros *O evangelho segundo Jesus* e *O evangelho segundo os apóstolos* abordaram todos os argumentos que eu ouvi ou li contra a salvação pelo senhorio. *O evangelho segundo Jesus* incluía um estudo versículo por versículo de praticamente todas as conversas evangelísticas que o próprio Jesus teve. Ele também examinou várias de suas parábo-

---

[*] O termo parece ter sido popularizado, se não foi criado, por A. Ray Stanford no seu livro *Handbook of Personal Evangelism* [Manual de Evangelismo Pessoal] (Miami: Florida Bible College, 1975), capítulo 7. A ideia de que pregar sobre o arrependimento do pecado ou apelar para que se submeta ao senhorio de Cristo corrompe o evangelho foi promovida de forma agressiva por Charles Ryrie em *Balancing the Christian Life* [Equilibrando a vida cristã] (Chicago: Moody, 1969) e por Zane Hodges em *The Gospel Under Seige* [O evangelho cercado] (Dallas: Redencion Viva, 1981), bem como em vários outros livros populares e folhetos daquela época.

las principais e o seu ensino sobre o arrependimento, sobre a fé, sobre a expiação, e sobre os outros temas do evangelho. Ele demonstrou, de forma conclusiva, que a mensagem que Jesus proclamou era precisamente a que estava sendo descartada como "salvação pelo senhorio!". O livro causou uma quantidade surpreendente de reações, tanto positivas quanto negativas. Muitos críticos eram simplesmente depreciativos. Outros tentavam usar argumentos lógicos e teológicos para apoiar a causa de um evangelho suavizado. Nenhum deles fez tentativa alguma de examinar os próprios relatos do evangelho e defender um argumento baseado na Bíblia demonstrando que o próprio Jesus pregou o tipo de evangelho que eles estavam defendendo. Como eles poderiam fazer isso? A pregação de Jesus fala muito bem por si mesma. Esse era o meu argumento principal.

O evangelho segundo os apóstolos, de modo semelhante, extraiu passagens importantes do Novo Testamento (incluindo algumas epístolas paulinas) e buscou formar uma tese exegética provando que, na pregação apostólica do evangelho, o senhorio de Cristo sempre teve a maior importância. Na verdade, a mensagem do evangelho pregada por Paulo e pelos outros apóstolos simplesmente quebrava todas as regras do século XX contra a salvação pelo senhorio. *O evangelho segundo os apóstolos* foi organizado de forma sistemática, com cada capítulo abordando algum ponto importante da *soteriologia*, a doutrina da salvação. Os capítulos em particular lidavam com questões relacionadas à fé, à graça, ao arrependimento, à justificação, à santificação, à segurança da salvação e à perseverança dos santos.

Dessa vez a reação dos críticos foi mais silenciosa. Na verdade, só um ou outro crítico mais tenaz da salvação pelo senhorio reagiu negativamente a O *evangelho segundo os apóstolos,* e essas críticas escassas não pareciam ter muita convicção. Em cerca de quinze anos, somente uma facção bem pequena do meio evangélico ainda mantinha a agenda de excluir qualquer menção do senhorio de Cristo da mensagem do evangelho. A maré havia obviamente mudado. A doutrina do não senhorio simplesmente não poderia resistir à análise sob a luz clara de um exame cuidadoso, completo e bíblico sobre a definição do evangelho e sobre o modo pelo qual ele deve ser pregado.

INTRODUÇÃO

No entanto, infelizmente, mesmo antes de a controvérsia sobre o senhorio sair de cena, uma ameaça diferente surgiu dentro do movimento evangélico na forma de um pragmatismo. No início dos anos 1990, várias megaigrejas muito interessadas em atrair fiéis visitantes defendiam agressivamente uma filosofia de ministério que praticamente não se ocupava com a sã doutrina e que era bem superficial em conteúdo bíblico. O resultado foi um afastamento de tudo aquilo que poderia ser chamado legitimamente de pregação. A Bíblia foi relegada, de propósito, a uma mera nota de rodapé ou a uma ideia sem importância. Os palestrantes destacaram, em vez disso, temas como o sucesso na vida e nos negócios, aconselhamento para os relacionamentos e outros assuntos em voga na cultura popular. Geralmente, o evangelho ficava totalmente de fora dessas palestras motivacionais. Somente os números de frequência eram geralmente considerados como medida de sucesso e influência. Escrevi sobre essa questão também em um livro intitulado *Com vergonha do evangelho*.[3]

Quando esse movimento voltado para atrair fiéis visitantes se tornou comum e conhecido o suficiente, a banalidade e a frivolidade que ele cultivou desagradaram a muitos jovens que cresceram com ele. A repercussão negativa motivou o surgimento do movimento emergente, um repúdio liberal e altamente pós-modernista a praticamente tudo que historicamente caracterizava o cristianismo evangélico. As vozes principais desse movimento promoviam ensinamentos heterodoxos, atacavam a doutrina da expiação, denegriam a autoridade da Bíblia e tentavam redesenhar e redefinir o evangelho. Talvez de forma mais ameaçadora, os emergentes pareciam desprezar o conceito da expiação substitutiva e todas as outras verdades sobre a ira de Deus contra o pecado. Isso (conforme veremos no nosso estudo sobre o ensino de Paulo acerca do evangelho) era como partir o próprio coração da mensagem do evangelho.

Abordei esses e diversos outros ataques contra o evangelho em vários outros livros nos anos que se seguiram, incluindo *Hard to Believe* [Difícil de acreditar], *Reckless Faith* [Fé irresponsável], *The Love of God* [O amor de Deus], *A liberdade e o poder do perdão*, *Caos carismático* e *Fogo estranho*. Escrevi dois livros, *A guerra pela verdade* e *The Jesus You Can't Ignore* [O Jesus que não se pode ignorar] para reagir a elementos da confusão do movimento emergente.

25

O EVANGELHO SEGUNDO PAULO

Ao refletir sobre todas essas controvérsias, o mais surpreendente é que, em todos os casos, a ameaça contra a qual eu estava escrevendo havia se originado no seio do movimento evangélico. Quando estava no seminário, eu havia preparado minha mente e meu coração para reagir a ataques do mundo contra a autoridade das Escrituras e contra a verdade do evangelho. Não imaginava que investiria tanta energia e tanto tempo tentando defender o evangelho contra os ataques internos da igreja visível, inclusive assaltos à verdade evangélica por parte de líderes respeitáveis dentro da comunidade evangélica.

Eu me sentia suficientemente revigorado e incentivado, e também bastante animado para ver o que acontece inevitavelmente na situação em que o povo de Deus batalha "sinceramente pela fé" (Judas v. 3). O Senhor sempre defende a sua verdade. Imagino que nunca houve um só momento da história da igreja em que o evangelho esteve livre de ataques e controvérsias. A propósito, é impressionante como as heresias ressurgem, e as mesmas ameaças ao evangelho reaparecem várias vezes, ameaçando desviar a cada geração que surge. Satanás é um inimigo incansável.

No entanto, "não ignoramos as suas intenções" (2Coríntios 2:11). Existem realmente momentos em que "de todos os lados somos pressionados, mas não desanimados; ficamos perplexos, mas não desesperados; somos perseguidos, mas não abandonados; abatidos, mas não destruídos" (4:8-9). Sabemos que todas as forças do inferno juntas nunca poderiam derrotar a Deus. Ainda que sejam capazes de se enfurecer contra a verdade e talvez levar as multidões ao ceticismo e à descrença, eles jamais esmagarão totalmente a verdade da Palavra de Deus. Portanto, defender a verdade é triunfar, mesmo quando parece que o mundo todo está contra nós. Cristo provou esse fato de forma conclusiva quando ressuscitou dentre os mortos. Satanás, apesar da sua persistência, já é um inimigo derrotado.

O poder duradouro da verdade é claro nos ciclos das tendências evangélicas. No início do novo milênio, os eruditos evangélicos estavam garantindo para os jovens evangélicos que o livre abandono dos princípios evangélicos históricos por parte do movimento emergente revolucionaria e traria nova vida a nossas igrejas. Mas a comunidade emergente começou a se desintegrar antes de 2005 e, felizmente, no final da primeira década, o movimento estava praticamente extinto.

INTRODUÇÃO

A verdade triunfante

Enquanto isso, a verdade não está sendo derrotada de modo algum. Boa parte do crescimento mais incentivador da igreja nos dias de hoje está acontecendo entre aqueles que levam a Palavra de Deus a sério. Eles entendem a importância de proteger o evangelho e amam a sã doutrina. Por toda a década passada, por exemplo, testemunhamos o nascimento e a expansão de "Together for the Gospel" [Juntos pelo evangelho], uma coalisão conservadora ampla de jovens cristãos que tem o compromisso de proclamar uma visão mais robusta do evangelho do que qualquer outro grande movimento evangélico que teve seu auge entre 1960 e 1990.[4] Existe atualmente um ressurgimento dos valores da Reforma entre as igrejas evangélicas conservadoras. Isso tem dado lugar a um destaque correspondente à pregação bíblica, um recém-descoberto interesse pela história da igreja, e muitos jovens que têm rejeitado a evidente superficialidade que os seus pais toleraram no afã de agradar os visitantes.

Com certeza, nenhuma das aberrações antigas estão completamente extintas. O movimento emergente pode estar morto como movimento, mas muitas ideias erradas e doutrinas falsas defendidas por ele ainda permanecem. Algumas vozes influentes no movimento evangélico ainda ensinam que a obediência a Cristo é um complemento opcional e que é desnecessário "aceitá-lo" como Salvador. Algumas ainda insistem em negar que o evangelho chame os pecadores ao arrependimento ou os instrua para seguir a Cristo. Existem até mesmo novos matizes de "hipergraça" e de antinomismo (o *antinomismo* é a crença de que os cristãos não estão ligados a nenhuma lei moral, ou a noção de que o comportamento não tem nada a ver com a crença). Tais opiniões e outras parecidas ainda trazem uma ameaça potencial dentro do movimento evangélico em geral. Entretanto, os argumentos fornecidos em *O evangelho segundo Jesus* e *O evangelho segundo os apóstolos* ainda permanecem como respostas decisivas a semelhantes erros.

Por isso, neste volume, meu propósito principal não é polêmico. Nem citarei muitas opiniões para refutá-las, nem mesmo carregarei essas páginas de notas de rodapé e documentos. Meu objetivo é simplesmente examinar alguns textos bíblicos fundamentais do modo mais direto possível, observando com cuidado, abrangência e honestidade o evangelho da maneira que Paulo o proclamou, não por meio de uma análise fria ou simplesmente acadêmica, mas de um modo que incendiará o nosso coração com a verdade do Cristo crucificado, sepultado, ressuscitado e que ascendeu ao céu. Nenhuma verdade em todo o universo é tão estimulante quanto as boas-novas de que temos um Salvador vivo que tira o grande fardo da culpa e cancela o poder do pecado sobre aqueles que verdadeiramente creem nele.

Escolhi uma pequena amostra de passagens das epístolas paulinas que estão estreitamente ligadas ao evangelho e dedicarei um capítulo ou dois a cada uma delas. Existem, com certeza, temas recorrentes em todas elas, as doutrinas da depravação universal humana, da graça divina, do chamado à fé e ao arrependimento etc. Tentei evitar repetições desnecessárias, mas, de modo a fazer justiça plena aos vários textos, é essencial rever algumas ideias essenciais de Paulo mais de uma vez. Até o próprio Paulo repetia certas coisas sem se cansar nem pedir licença. Ele disse aos filipenses: "Escrever-lhes de novo as mesmas coisas não é cansativo para mim e é uma segurança para vocês" (Filipenses 3:1). Em outras palavras: *Não há problema em reafirmar o que já se disse; na verdade, é bom para vocês ouvirem novamente.* Isso é verdade especialmente pelo motivo de os tópicos que se revisam ou se reafirmam serem princípios vitais da verdade do evangelho.

O meu propósito neste livro é explicar os textos mais importantes sobre o evangelho que se encontram nas epístolas de Paulo na forma mais clara e abrangente possível. Espero destacar como ele a importância eterna da doutrina do evangelho e a necessidade absoluta de entendê-la corretamente. Meu objetivo é escrever de modo que qualquer cristão, seja um teólogo experiente ou um novo cristão, se beneficie do estudo. Um glossário breve se encontra no final do livro para explicar os termos que possam não ser do conhecimento dos leitores leigos. Esses são, na sua maioria, termos técnicos que os estudantes de teologia já conhecem, mas tentei dar as definições mais simples possíveis para edificar aqueles que ainda não estudaram. Cada termo também é definido na primeira vez que aparece no corpo do texto, mas, se você se perder na sequência na definição de alguma palavra ou tiver dificuldade de se lembrar das definições das palavras teológicas desconhecidas, terá à disposição o glossário para lhe ajudar.

INTRODUÇÃO

Também incluí quatro apêndices. O primeiro é o mais importante. Ele aborda a natureza da obra expiatória de Cristo, uma questão que aparece várias vezes nos escritos de Paulo e que é uma doutrina que atualmente sofre ataques de vários ângulos. O apêndice lida com controvérsias sobre a expiação de um modo mais abrangente e polêmico do que o que se encontra no texto principal. Mas, tendo em vista que a visão correta da expiação é essencial ao entendimento do evangelho segundo Paulo, queria ter a certeza de que este livro incluísse uma defesa sólida da substituição penal e explicações fáceis de entender sobre as principais doutrinas rivais que tratam sobre a expiação.

O Apêndice 2 é a transcrição de uma das minhas pregações, adaptada para a leitura. É uma mensagem sobre o evangelho com um tema claramente paulino. (Tenho pregado variações sobre esse tema em vários lugares do mundo nos últimos quarenta anos.) Ele consiste, basicamente, em uma explicação do termo bíblico *propiciação*, uma palavra e um conceito que são vitais para o ensino de Paulo sobre a razão pela qual Cristo morreu. Eu o incluí neste livro porque muitas pessoas têm me pedido um exemplo do modo de pregar o evangelho sem se esquivar das verdades que confrontam, nem sair do foco da mensagem.

O Apêndice 3 apresenta um artigo breve que explica a verdade para a qual a soteriologia paulina finalmente nos leva: o propósito final para tudo o que existe e para tudo o que acontece ser a glória de Deus.

O apêndice final é extraído dos sermões de Charles Spurgeon, especialmente destacando as observações deste sobre a razão de Paulo várias vezes se referir ao evangelho como "meu evangelho." Eu o incluí porque as suas palavras resumem perfeitamente o tema deste livro.

Tenho certeza de que você achará este estudo bem útil e profundamente fascinante. Acredito que a paixão de Paulo contagiante e espero que você também veja assim.

1

Coisas de suma importância

Cristo haveria de sofrer e ressuscitar dos mortos no terceiro dia, e que em seu nome seria pregado o arrependimento para perdão de pecados a todas as nações, começando por Jerusalém.

– Lucas 24:46-47

O apóstolo Paulo tinha o dom extraordinário de revelar a mensagem do evangelho em poucas palavras, claras e bem escolhidas. As suas epístolas são repletas de resumos brilhantes com a extensão de um versículo apenas. Cada um desses textos fundamentais é diferente dos outros. Cada um tem um destaque próprio que enfatiza algum aspecto essencial das boas-novas. Cada um deles é capaz de, por si só, constituir uma declaração poderosa da verdade do evangelho. Ou, se colocados todos juntos, teremos a estrutura de um entendimento amplo da doutrina bíblica da salvação.

Essa é a abordagem que vou utilizar neste livro. Usando alguns textos principais das epístolas de Paulo no Novo Testamento, mas nós estudaremos o evangelho da maneira pela qual Paulo o proclamou e refletiremos sobre várias questões importantes, inclusive: *O que é o evangelho? Quais são os elementos essenciais da mensagem? Como podemos ter certeza de que o entendemos corretamente? Como os cristãos devem proclamar as boas-novas ao mundo?*

Não existe outro evangelho

O próprio Paulo pode ter iniciado um estudo sobre esse assunto afirmando categoricamente que *só existe um evangelho verdadeiro*. Qualquer pessoa que sugira que Paulo apresentou uma versão alterada ou enfeitada da mensagem apostólica teria de contradizer todos os princípios que ele estabeleceu sobre a singularidade do verdadeiro evangelho. Apesar de ter exposto o evangelho de forma bem mais abrangente e detalhada do que qualquer outro escritor do Novo Testamento, nada do que Paulo pregou ou escreveu era, de modo algum, um abandono do que Cristo ou os seus apóstolos haviam ensinado desde o princípio. O evangelho de Paulo era exatamente a mesma mensagem que Cristo proclamou e comissionou os Doze para levar a todo o mundo. Só existe um evangelho e é o mesmo para os judeus e para os gentios.

Eram os falsos mestres, não Paulo, que afirmavam que Deus os tinha escolhido para refinar ou reescrever o evangelho. Paulo repudiou categoricamente a ideia de que a mensagem que Cristo enviou os seus discípulos para pregar estivesse sujeita a revisão (2Coríntios 11). Longe de se apresentar como algum tipo de superapóstolo enviado para colocar os outros na linha, Paulo escreveu: "Pois sou o menor dos apóstolos e nem sequer mereço ser chamado apóstolo, porque persegui a igreja de Deus" (1Coríntios 15:9).

De fato, um elemento importante que distinguia Paulo dos outros era a abundância da graça divina que o tinha transformado de quem ele foi (um perseguidor feroz da igreja) no homem que conhecemos por meio da Escritura (o apóstolo de Cristo para os gentios). O alcance amplo da misericórdia demonstrada a Paulo nunca parou de impactá-lo. O seu modo de corresponder, portanto, era trabalhar do modo mais diligente possível para divulgar o evangelho e a glória de Cristo para dar o máximo de frutos no seu chamado. Paulo escreveu: "Mas, pela graça de Deus, sou o que sou, e sua graça para comigo não foi inútil; antes, trabalhei mais do que todos eles; contudo, não eu, mas a graça de Deus comigo. Portanto, quer tenha sido *eu* [Paulo], quer tenham sido *eles* [os demais apóstolos], *é isto que pregamos*, e é isto que vocês creram" (1Coríntios 15:10-11). Observe que ele afirma de forma bem clara que todos os apóstolos pregaram o mesmo evangelho.

Mesmo assim, existe uma facção pequena, mas falante, da igreja visível nos dias de hoje que nega que o evangelho de Paulo seja a mesma mensagem que Pedro proclamou no Pentecostes. Chamando-se de "dispensacionalistas paulinos", eles ensinam que existem pelo menos três mensagens distintas expostas no Novo Testamento, cada uma dirigida de forma limitada a uma dispensação diferente ou a um grupo étnico diferente. Eles dizem que o "evangelho do reino" de Jesus (Mateus 9:35; 24:14) era um chamado ao discipulado, além da proclamação e da oferta de um reino terreno; quando ele foi rejeitado pela maioria daqueles que o ouviram, a oferta foi retirada, e o "evangelho do reino" foi deixado de lado.

Em seguida, eles dizem, o "evangelho da circuncisão" de Pedro (Gálatas 2:7) dizia respeito somente à nação judaica. Era um chamado ao arrependimento (Atos 2:38; 3:19) e uma convocação para se render ao senhorio de Cristo (2:36). Essa era a mensagem pregada pelos apóstolos enquanto a igreja era predominantemente judaica.

No entanto, com a entrada dos gentios na igreja em Atos 10, eles afirmam que Paulo apresentou um novo "evangelho da incircuncisão" (Gálatas 2:7, 9). Eles dizem que essa mensagem paulina substituiu esses dois evangelhos anteriores e ensinam que é uma mensagem distinta que não pode ser harmonizada nem confundida com o evangelho segundo Jesus ou o evangelho segundo Pedro. Além disso, insistem que o evangelho de Paulo é o único que tem alguma importância imediata para a dispensação presente. Na prática, passagens importantes do Novo Testamento, incluindo todos os sermões e discursos principais de Jesus, são relegados a um lugar de menor importância.

A maioria dos que possuem essas crenças também insiste que é errado falar da associação do senhorio de Cristo com o evangelho. Até o próprio ensino de Nosso Senhor sobre o custo do discipulado e o chamado de Pedro ao arrependimento em Pentecostes são deixados de lado como irrelevantes para a dispensação atual. Qualquer tema que sugira a autoridade de Cristo é considerado um acréscimo artificial à mensagem do evangelho, porque qualquer aviso de que Cristo merece a nossa obediência supostamente corrompe a graça com a infiltração das obras.

Esse sistema contraria a Grande Comissão de Jesus: "Façam discípulos de todas as nações... ensinando-os a obedecer a *tudo o que eu lhes ordenei*" (Mateus 28:19-20).

O próprio Paulo teria sido um opositor feroz ao "dispensacionalismo paulino". Ele denunciou de forma veemente a noção de vários evangelhos e se esforçou muito para defender o seu apostolado registrando sua perfeita concordância com os outros apóstolos. Paulo disse que aprendeu o evangelho diretamente de Cristo, do mesmo modo que os outros. Ele

O EVANGELHO SEGUNDO PAULO

destacou a verdade que o cristianismo autêntico tem "um só Senhor, uma só fé, um só batismo" (Efésios 4:5).

Pelo fato de Paulo não ter sido membro do núcleo original do colegiado apostólico, e já que o seu ministério raramente se cruzou com o deles, sua plena concordância com eles não parece ter sido imediatamente óbvia para todos. Além disso, em certa ocasião, Paulo havia publicamente discordado de Pedro (Gálatas 2:11-21). Essa discordância não era a respeito de qualquer questão doutrinária; ela se referia ao comportamento potencialmente divisor de Pedro com relação aos irmãos gentios quando este estava na presença de alguns falsos mestres legalistas.

Porém, um olhar cuidadoso do registro bíblico revela que nem Paulo nem a sua mensagem se opuseram à pregação dos outros apóstolos. Até a expressão "o meu evangelho" (Romanos 2:16; 16:25; 2Timóteo 2:8) não era uma reivindicação de propriedade exclusiva ou de superioridade sobre os outros. A expressão simplesmente indica a devoção pessoal profunda de Paulo à mensagem que Cristo o tinha comissionado graciosamente para proclamar. Os apóstolos concordavam totalmente no que tangia ao conteúdo do evangelho, e ele estava preparado para provar isso, o que fez em Gálatas 1-2.

A biografia resumida de Paulo

Em meio à documentação da prova da sua concordância com os outros, Paulo, que normalmente evitava falar sobre si mesmo ou sobre as "visões e as revelações do Senhor" (2Coríntios 12:1), nos dá um detalhe raro de sua biografia pessoal. Ele era o último dos apóstolos a se converter e ser enviado de modo formal, "como um nascido fora do tempo" (1Coríntios 15:8). Humanamente falando, Paulo foi provavelmente a pessoa menos indicada no universo para inspirar a concordância e a aceitação dos outros apóstolos. Famoso e temido por toda a igreja primitiva como "Saulo de Tarso", ele surge nas páginas na Escritura como o perseguidor mais temido e cruel dos cristãos, apaixonadamente "respirava ameaças de morte contra os discípulos do Senhor" (Atos 9:1). Então, um dia Cristo admiravelmente o deteve no caminho de Damasco, transformando instantaneamente o seu coração e mudando de forma radical todo o rumo de sua vida (vv.

COISAS DE SUMA IMPORTÂNCIA

3-19). Em Filipenses 3, o próprio Paulo descreve o modo pelo qual a sua conversão transformou todo o seu modo de ver o mundo e a sua religião. (Estudaremos essa passagem na parte final deste livro.)

Considerando a reputação que Paulo havia alcançado como inquisidor brutal, seria obviamente complicado para ele ir imediatamente a Jerusalém para tentar se encontrar com os apóstolos dirigentes. Portanto, em vez disso, logo depois da sua conversão, ele foi para o deserto passar algum tempo sozinho. Em Gálatas 1:17 ele diz: "Parti para a Arábia". Essa é sem dúvida uma referência ao deserto da Arábia dos nabateus, uma região na maior parte desolada que abrange a península do Sinai (a região conhecida hoje como o Neguev). Ele retornou de lá para Damasco e iniciou o seu ministério público sem consultar (nem mesmo conhecer pessoalmente) nenhum dos doze apóstolos originais.

Nos primeiros quinze anos do ministério de Paulo, parece que o único dos Doze com o qual ele se encontrou foi Pedro. Isso aconteceu quando do Paulo finalmente voltou a Jerusalém, dessa vez como cristão. Naquela época, Paulo já havia crido em Jesus por pelo menos três anos. Ele ficou com Pedro por um pouco mais que duas semanas (Gálatas 1:18). Ele talvez ainda tentasse permanecer incógnito durante a visita, porque o único outro líder importante que Paulo conheceu foi "Tiago, o irmão do Senhor" (v. 19). O fato que Paulo estava tão interessado em provar quando ele registrou esses detalhes era que não tinha aprendido o que sabia sobre o evangelho a partir de outros apóstolos; ele aprendeu diretamente de Cristo por meio de uma revelação especial. "Irmãos, quero que saibam que o evangelho por mim anunciado não é de origem humana. Não o recebi de pessoa alguma nem me foi ele ensinado; ao contrário, eu o recebi de Jesus Cristo por revelação" (Gálatas 1:11-12).

Quatorze anos depois desse primeiro encontro com Pedro, Paulo voltou novamente a Jerusalém (Gálatas 2:1) — essa é provavelmente a mesma visita descrita em Atos 15. Os falsos mestres haviam divulgado em outros países a partir de Jerusalém que "alguns homens desceram da Judeia para Antioquia e passaram a ensinar aos irmãos: 'Se vocês não forem circuncidados conforme o costume ensinado por Moisés, não poderão ser salvos'" (Atos 15:1). Tendo em vista que esse ensino confundiu e dividiu as igrejas de maioria gentílica que Paulo havia plantado, tor-

O EVANGELHO SEGUNDO PAULO

nou-se urgentemente necessário aos apóstolos se reunirem para reagir aos falsos mestres e anunciar clara e publicamente sua concordância total com referência ao evangelho verdadeiro. Essa foi a razão do primeiro concílio da igreja, descrito em Atos 15.

Durante essa visita, um dos primeiros itens na agenda de Paulo foi encontrar-se em particular com os principais apóstolos para verificar se eles tinham o mesmo pensamento sobre o conteúdo do evangelho. Esse foi claramente o primeiro encontro de Paulo face a face com o apóstolo João (Gálatas 2:9).

Longe de precisar resolver qualquer discordância sobre o evangelho ou ajustar a sua pregação a uma mudança dispensacional, todos os apóstolos estavam em concordância total. Paulo descreve a cena de uma maneira que deixa bem clara sua total indiferença ao prestígio pessoal, aos títulos eclesiásticos ou a outros rótulos humanos. Igualmente importante é o fato de que ele não reivindica superioridade alguma para e também não exibe o seu currículo acadêmico nem cita as extraordinárias "visões e revelações do Senhor" que lhe tinham dado um entendimento tão profundo da mensagem do evangelho (2Coríntios 12:1). Não existe a tentativa de intimidar os outros nem com sofisticação nem com dissimulação. Ele escreve:

> Quanto aos que pareciam influentes — o que eram então não faz diferença para mim; Deus não julga pela aparência — tais homens influentes não me acrescentaram nada. Ao contrário, reconheceram que a mim havia sido confiada a pregação do evangelho aos incircuncisos, assim como a Pedro, aos circuncisos. Pois Deus, que operou por meio de Pedro como apóstolo aos circuncisos, também operou por meu intermédio para com os gentios. Reconhecendo a graça que me fora concedida, Tiago, Pedro e João, tidos como colunas, estenderam a mão direita a mim e a Barnabé em sinal de comunhão. Eles concordaram em que devíamos nos dirigir aos gentios, e eles, aos circuncisos. Somente pediram que nos lembrássemos dos pobres, o que me esforcei por fazer (Gálatas 2:6-10).

Quando Paulo diz que os líderes da igreja em Jerusalém "não o acrescentaram nada", ele quer dizer que eles não lhe deram nenhuma novidade sobre a verdade do evangelho. Eles não tentaram de forma alguma revisar o que ele estava pregando ou mudar a sua abordagem, mas viram imediatamente que Paulo havia sido ensinado pelo mesmo Mestre que os treinara.

Isso não aconteceria se Paulo estivesse pregando uma mensagem diferente. Como deixa claro nesse primeiro capítulo de Gálatas, ele mesmo não teria tolerado por um momento se soubesse que os outros apóstolos (ou mesmo um anjo do céu) estivessem pregando um evangelho diferente da verdade que ele havia aprendido de Cristo. Da mesma maneira, Pedro, Tiago e João não teriam recebido Paulo tão rapidamente se achassem que ele estava pregando algo diferente do que eles tinham aprendido de Cristo.

Portanto, quando Paulo fala do "evangelho dos gentios" e do "evangelho dos circuncisos" no versículo 7 da passagem citada, fica bem claro pelo contexto que ele está falando de dois *públicos* diferentes, não de dois *evangelhos* diferentes. Em outras palavras, o que diferenciava o ministério de Paulo do de Pedro era somente a etnia do povo sobre o qual eles concentravam os seus respectivos ministérios, não o conteúdo do que eles pregavam.

Paulo, então, começa a recordar a razão pela qual ele e Pedro tiveram a sua famosa discussão. Não era um desentendimento sobre a essência da mensagem do evangelho. Em vez disso, o problema era que Pedro não "estava andando de acordo com a verdade do evangelho" (Gálatas 2:14). Ele estava sendo hipócrita, negando sem querer pela sua conduta o que ele proclamava com a sua própria voz.

O propósito de Paulo ao relembrar esse incidente não é envergonhar ou desvalorizar a Pedro, mas sim defender a integridade do evangelho, que é infinitamente mais importante do que a dignidade ou o prestígio dos apóstolos mais eminentes, inclusive o próprio Paulo. A importância de entender o evangelho da forma correta está acima da honra do anjo mais sublime. Essa é a postura coerente de Paulo: "Mas ainda que nós ou um anjo dos céus pregue um evangelho diferente daquele que lhes pregamos, que seja amaldiçoado" (Gálatas 1:8)!

O EVANGELHO SEGUNDO PAULO

Pedro, de forma implícita, admitiu que ele merecia a repreensão de Paulo. Em sua segunda epístola, ele se referiu a Paulo como "nosso amado irmão". Pedro reconheceu "a sabedoria que foi dada a [Paulo]". De fato, ele citou os escritos de Paulo como "Escrituras". Ele admoestou seus leitores a prestar uma atenção cuidadosa aos escritos de Paulo, especialmente quando lidarem com as "coisas difíceis de entender" nos escritos deste, para que não distorçam a Palavra de Deus para a sua própria destruição (2Pedro 3:15-16).

Questões de suma importância

O próprio Paulo teria dito que a forma mais inaceitável de distorcer as Escrituras para a sua própria destruição é alterar o evangelho, ou até mesmo tolerar passivamente aqueles que pregam um evangelho alterado. Ele alertou os leitores rigorosamente a tomarem cuidado "se alguém lhes vem pregando um Jesus que não é aquele que pregamos, ou se vocês acolhem um espírito diferente do que acolheram ou um evangelho diferente do que aceitaram" (2Coríntios 11:4). Ele disse que os evangelhos alternativos se baseiam no mesmo tipo de engano que a serpente usou para enganar Eva (v. 3).

Portanto, esse tema ecoa por todas as epístolas inspiradas de Paulo: *só existe um evangelho verdadeiro.*

Esse fato se tornará ainda mais claro no momento em que estudarmos os textos principais sobre o evangelho nas epístolas de Paulo. Todas as verdades que ele defende baseiam-se no ensino de Cristo e se refletem na pregação da igreja primitiva. Cada uma das páginas do Novo Testamento está em perfeita harmonia com as demais. Desde o Sermão do Monte até o livro do Apocalipse, a mensagem é coerente. Ela reconhece a perdição da depravação humana, mas aponta para Cristo como o único remédio para esse dilema. Começando com os fatos históricos de sua morte e ressurreição, ela proclama a salvação pela graça divina (em vez das obras do próprio pecador); o perdão dos pecados total e gratuito; a provisão da justificação pela fé; o princípio da justiça imputada; e a posição eternamente segura do cristão diante de Deus. Todas essas verdades constituem a base genuína do evangelho. Essas são questões "de

COISAS DE SUMA IMPORTÂNCIA

suma importância" (1Coríntios,15:3, NASB), e era a função particular de Paulo destacar e explicar todos os aspectos da verdade do evangelho com a máxima clareza e precisão.

"O evangelho que lhes preguei"

Para todos aqueles que conhecem os escritos de Paulo, um dos textos mais fáceis de lembrar como um breve resumo do evangelho é o de 1Coríntios 15:1-5. O próprio Paulo identifica esta passagem como um apanhado das verdades essenciais do evangelho:

> Irmãos, quero lembrar-lhes o evangelho que lhes preguei, o qual vocês receberam e no qual estão firmes. Por meio deste evangelho vocês são salvos, desde que se apeguem firmemente à palavra que lhes preguei; caso contrário, vocês têm crido em vão. Pois o que primeiramente lhes transmiti foi o que recebi: que Cristo morreu pelos nossos pecados, segundo as Escrituras, foi sepultado e ressuscitou no terceiro dia, segundo as Escrituras, e apareceu a Pedro e depois aos Doze.

O versículo 3 seria mais bem traduzido assim: "Eu lhes transmiti as questões principais". Esse é o verdadeiro sentido do que ele está contando para eles. A versão Palavra Viva do Novo Testamento diz: "Pois eu entreguei a vocês o que era mais importante e o que também recebi". O que Paulo claramente tinha em mente eram os elementos da verdade do evangelho que estão em primeiro lugar em ordem de importância. Ele prossegue fazendo um esboço resumido dos fatos históricos em ordem cronológica. Paulo menciona quatro acontecimentos que constituem as quatro verdades culminantes de toda a narrativa do evangelho: a crucificação, o sepultamento, a ressurreição e as aparições posteriores do Cristo ressuscitado.

Isso é importante por várias razões. Primeiro, é um lembrete de que o evangelho é baseado na história real. A fé cristã não é uma teoria ou uma especulação, nem misticismo baseado no sonho ou na imaginação de alguém. Não é uma filosofia abstrata ou uma visão de mundo idealista.

39

O EVANGELHO SEGUNDO PAULO

Nem mesmo uma lista de doutrinas estéreis que têm sido relegadas a uma declaração formal de fé. O evangelho de Jesus Cristo é a verdade revelada por Deus confirmada no cumprimento histórico detalhado de várias profecias do Antigo Testamento, documentada por montanhas de provas irrefutáveis, confirmada por uma série de acontecimentos públicos que nenhum simples mortal poderia inventar, e corroborado por uma abundância de testemunhos oculares.

Por outro lado, ao relacionar os fatos da história como questões de suma importância, Paulo não está nem descartando nem minimizando de modo algum o conteúdo doutrinário da mensagem do evangelho; muito menos estaria sugerindo que a fé cristã se apoia somente em meros fatos históricos e testemunhos oculares. Por duas vezes nessa pequena passagem, Paulo nos recorda de que esses acontecimentos se deram "segundo as Escrituras". Essa, é claro, é a base verdadeira e o fundamento da fé salvadora. "A fé vem por se ouvir a mensagem, e a mensagem é ouvida mediante a palavra de Cristo" (Romanos 10:17). Não é fé simplesmente para acreditar que esses acontecimentos ocorreram. A verdadeira fé salvadora também aceitará o *sentido* bíblico do pecado, da expiação, da graça divina, e dos outros elementos da verdade do evangelho, as doutrinas que explicam a razão de esses fatos históricos serem tão importantes.

Com certeza, dentro da afirmação de que "Cristo morreu pelos nossos pecados segundo as Escrituras" encerra-se tudo o que a Escritura ensina sobre a pena do pecado, o princípio da expiação substitutiva e a perfeição sem pecado que qualificou Cristo a ser "o Cordeiro de Deus que tira o pecado do mundo" (João 1:29). Em outras palavras, o que Paulo diz em bem poucas palavras tem consequências importantes para a *hamartiologia* (a doutrina do pecado), a *soteriologia* (a doutrina da salvação) e a *cristologia* (as doutrinas sobre a pessoa e da obra de Cristo). Portanto, essa pequena lista de fatos históricos em 1Coríntios 15:3-8 está carregada de consequências doutrinárias bem profundas.

O problema em Corinto

O contexto é fundamental. Paulo escreveu este capítulo para lidar com um erro doutrinário, não com os fatos da história. Os coríntios já acreditavam

40

COISAS DE SUMA IMPORTÂNCIA

na morte e na ressurreição de Cristo. O que eles questionavam era a ressurreição corporal futura dos cristãos que morrem. Portanto, Paulo estava escrevendo para defender esse princípio da doutrina. Ele fez isso resumindo a mensagem do evangelho com uma lista de acontecimentos históricos que ninguém, na congregação coríntia de fiéis poderia questionar. "É isto que pregamos, e é isto que vocês creram", ele disse em 1Coríntios 15:11.

A sua revisão dos fatos do evangelho cridos em comum nos versículos 1-5, portanto, era somente uma introdução à ideia principal do capítulo. Paulo afirma esse ponto principal claramente nos versículos 16-17: "Pois, se os mortos não ressuscitam, nem mesmo Cristo ressuscitou. E, se Cristo não ressuscitou, inútil é a fé que vocês têm, e ainda estão em seus pecados". Em compensação, se Cristo ressuscitou dentre os mortos, então não há motivo para ter dúvidas sobre a ressurreição corporal dos fieis no futuro. "Se está sendo pregado que Cristo ressuscitou dentre os mortos, como alguns de vocês estão dizendo que não existe ressurreição dos mortos" (v.12)? Todo o capítulo 15 consiste na exposição desse argumento simples.

O que nos chama a atenção, no entanto, é o breve resumo do evangelho que Paulo faz nos versículos 3-5. Ele cita quatro acontecimentos da história para elaborar uma estrutura esquelética para a essência doutrinária de peso e para a importância espiritual da mensagem do evangelho. Como eu já mencionei, ao identificar esses quatro fatos históricos em vez de destacar a doutrina, Paulo não está sugerindo que o conteúdo doutrinário do evangelho seja algo irrelevante ou inconsequente. Paulo nunca se deixaria levar por esse tipo de reducionismo. (O livro inteiro de Gálatas prova como ele acreditava fortemente na integridade da doutrina, especialmente no que tange à pregação do evangelho.) Nessa passagem, ele está simplesmente resumindo e esboçando, mas não truncando a mensagem. Ao usar várias vezes a expressão "segundo as Escrituras", ele deixa claro que o entendimento correto e a crença verdadeira nesses quatro acontecimentos exigem uma visão adequada das consequências doutrinárias do evangelho.

Além disso, nada disso seria novidade para os coríntios. Paulo fundou essa igreja e a pastoreou por mais de dezoito meses antes de o seu ministério o levar para outro lugar (Atos 18:11, 18). Os coríntios tinham recebido ensino suficiente de Paulo, então, eles já conheciam muito bem as consequências doutrinárias fundamentais da afirmação "Cristo morreu pelos nossos pecados, segundo as Escrituras". Esse, com certeza, é o primeiro item do esboço que Paulo constrói.

A expiação

Paulo não quer destacar simplesmente o fato histórico de que Cristo morreu. Ele é bem mais específico: "Cristo morreu *pelos nossos pecados*". Essa é a linguagem da expiação. A afirmação de Paulo ecoa exatamente o que o apóstolo João escreveu em 1João 2:2: "Ele [Jesus] é a propiciação pelos nossos pecados". A palavra *propiciação* fala de um apaziguamento. Especificamente, ela significa a satisfação da justiça divina. Ou, para dizer a mesma coisa de forma diferente, a "propiciação" é o sacrifício ou oferta que aplaca a ira de Deus contra os pecadores.

Muitas pessoas acham esse conceito repugnante. Ela certamente desafia a noção popular de Deus como um vovô celestial que é sempre bonzinho e tolerante com relação ao pecado. Essa é uma doutrina que tende a trazer ressentimentos a qualquer pessoa que absorveu muito a religião modernista ou liberal (que incluiria, talvez, uma ampla maioria dos cristãos nominais no mundo atual). Nos últimos anos, um punhado de escritores e professores famosos no meio evangélico têm negado veementemente a afirmação bíblica de que a morte do próprio filho de Deus foi uma propiciação, rotulando a ideia de "abuso paternal cósmico". A teologia liberal simplesmente não consegue tolerar o ensino bíblico de que Deus "enviou o seu Filho para a propiciação de nossos pecados" (1João 4:10). Na verdade, esta é praticamente toda a base da religião liberal: ela destaca o amor de Deus em detrimento da sua justiça e da sua ira contra o pecado. Por isso, os liberais tipicamente adotam a posição de que a morte de Cristo sobre a cruz não foi nada além de um ato nobre de martírio exemplar.

Contudo, o argumento de Paulo em 1Coríntios 15:3 não era de que Cristo morreu *por causa dos nossos pecados*. Paulo não está afirmando que a morte de Cristo tinha alguma conexão vaga, mística ou etérea com a queda da humanidade, como se ele tivesse morrido só porque pessoas más em um acesso insensato o martirizaram. A ideia é de que Jesus voluntariamente "morreu pelos nossos pecados *de acordo com as Escrituras*" (ESV). Ele é o cumprimento de tudo o que o sistema sacrificial do Antigo Testamento simbolizava. Ele é a resposta ao enigma sobre como um Deus justo poderia perdoar a injustiça de ímpios pecadores. É só assim que se pode ter o entendimento correto da morte de Cristo, da sua verdadeira importância e do seu significado na sua totalidade.

"O salário do pecado é a morte" e "sem derramamento de sangue não há remissão" (Romanos 6:23; Hebreus 9:22). Esse princípio estava claramente estabelecido e explicado de forma concreta no espetáculo diário dos sacrifícios do Antigo Testamento. Em Levítico 17:11, o Senhor disse aos israelitas: "Pois a vida da carne está no sangue, e eu o dei a vocês para fazerem propiciação por si mesmos no altar; é o sangue que faz propiciação pela vida".

Portanto, os sacrifícios de animais encarnavam verdades importantes: a extrema abominação do pecado, a inflexibilidade do juízo sob a lei, o preço incompreensivelmente gigantesco da expiação, além da justiça e da misericórdia de Deus.

E o sangue não era o símbolo por acaso. Os sacrifícios causavam uma inundação de sangue, um lembrete propositalmente chocante do salário do pecado. Era impossível ficar sem entender. A passagem de Hebreus 9:18-22 indica que praticamente tudo no templo era aspergido com sangue, incluindo as pessoas que vinham oferecer os sacrifícios. Por isso, o sangue servia como um símbolo necessário de santificação, mostrando o preço alto da expiação e da purificação para todo aquele que é contaminado pelo pecado.

Porém, era óbvio que o sangue de animais não tinha valor real ou duradouro para a expiação. "É impossível que o sangue de touros e bodes tire pecados" (Hebreus 10:4). Os sacrifícios de sangue eram oferecidos diariamente (Êxodo 29:38-42). Incontáveis cordeiros da Páscoa também foram mortos anualmente a cada primavera. Touros e bodes eram sacrificados no Yom Kippur, o Dia da Expiação, a cada outono. A obra no Templo nunca parava. Os levitas, os músicos e o guardas trabalhavam "dia e noite" (1 Crônicas 9:33). Além disso, os sacerdotes no Antigo Testamento literalmente nem sentavam enquanto trabalhavam. Não havia cadeiras entre os acessórios do templo. "Todo sacerdote *permanece de pé* ministrando diariamente

O EVANGELHO SEGUNDO PAULO

e oferecendo repetidamente os mesmos sacrifícios, que nunca podem tirar os pecados" (Hebreus 10:11).

Para todos que refletiam sobre o sacerdócio e sobre o sistema sacrificial com cuidado, ficava claro que todos os sacrifícios e cerimônias não providenciavam uma expiação completa para o pecado. Eles eram simbólicos. Como, afinal de contas, poderia o sangue de um simples animal aplacar a justiça divina que exige a morte do pecador? Havia uma razão pela qual era necessário que os sacrifícios de animais fossem diários. Ele ressaltava a verdade que o sangue de um animal comum não é o substituto real para uma vida humana culpada.

Portanto, restava aos santos do Antigo Testamento um mistério desconcertante: se os sacrifícios de animais não traziam uma expiação completa e final, o que mais poderia tornar Deus propício aos pecadores? Afinal, o próprio Deus disse: "Não absolverei o culpado" e qualquer pessoa que justifica o ímpio é abominação para ele (Êxodo 23:7; Provérbios 17:15). Então, como Deus poderia justificar o ímpio sem comprometer a sua própria justiça?

A resposta é que Cristo voluntariamente morreu no lugar das pessoas que ele salva. Ele é o seu Substituto e, de forma diferente desses sacrifícios animais, ele é a propiciação perfeita. Finalmente, neste caso houve um sacrifício eficaz. Nas palavras de Pedro, "Cristo... sofreu pelos pecados uma vez por todas, o justo pelos injustos, para conduzir-nos a Deus" (1Pedro 3:18). Paulo concordou: "Deus tornou pecado por nós aquele que não tinha pecado, para que nele nos tornássemos justiça de Deus" (2Coríntios 5:21).

Estudaremos esse texto de 2Coríntios em um capítulo posterior, mas o princípio abordado (afirmado por Pedro e também por Paulo) é de que Cristo ocupou o lugar dos pecadores na cruz. Ele morreu como o seu procurador. Jesus absorveu a ira de Deus contra o pecado ficando no lugar deles. Ele sofreu a punição que nós todos merecemos. Tudo isso está incluído no sentido de Paulo quando ele diz: "Cristo morreu por nossos pecados, segundo as Escrituras". Esse é o princípio da *substituição penal*, e isso é vital para o entendimento correto do evangelho. Cristo pagou a pena pelos nossos pecados. Essa é a maneira pela qual "Cristo morreu pelos nossos pecados".

COISAS DE SUMA IMPORTÂNCIA

O sepultamento

Você pode achar estranho ver o sepultamento de Cristo em uma lista tão curta dos princípios essenciais do evangelho. O antigo Credo dos Apóstolos também o inclui. Esse credo conhecido, um dos mais antigos, um dos que permaneceu, e uma das declarações extrabíblicas de fé mais importantes, inclui a confissão formal de que Cristo "foi crucificado, morreu e foi sepultado".

No entanto, o sepultamento de Cristo é uma questão que não se encontra necessariamente nas tentativas evangélicas mais recentes de resumir as verdades essenciais do evangelho. Isso acontece principalmente porque não se trata de uma questão que os céticos geralmente contestariam de forma direta. Nem mesmo os inimigos mais antigos do cristianismo teriam buscado defender que o corpo de Cristo jamais fora sepultado. É um fato da história afirmado por todos que estavam envolvidos no enterro. Incluindo os líderes judeus, os oficiais romanos, os soldados, os discípulos de Cristo e as duas Marias que ajudaram a preparar o corpo para o sepultamento.

Então, por que Paulo o relaciona nessa passagem? De forma bem simples, ela fornece provas inegáveis de que Cristo de fato morreu. A cruz não foi um fingimento. Jesus não estava mais vivo, nem foi levado de forma oculta para algum local secreto e tratado em sua saúde. A história da crucificação de Cristo não é uma fábula criada astuciosamente, nem uma história de ficção com uma moral instrutiva. Cristo realmente morreu, e todos os que testemunharam a sua morte (tanto amigos quanto inimigos) confirmaram esse fato. Nenhuma testemunha ocular jamais afirmou que ele tenha sobrevivido ao suplício.

Os soldados que pregaram Jesus na cruz estavam sob o comando direto de Pôncio Pilatos. Eles tiveram a custódia do corpo de Cristo por todo o tempo em que Jesus esteve pendurado na cruz. Eram carrascos profissionais e inspecionar as crucificações era parte de sua profissão oficial. Eles possuíam todas as habilidades necessárias para definir com precisão brutal se as suas vítimas tinham realmente morrido. Eles não teriam permitido que o corpo fosse retirado da cruz ou encaminhado para o sepultamento

O EVANGELHO SEGUNDO PAULO

se houvesse alguma possível dúvida sobre o término do trabalho que lhes foi destinado executar.

A passagem de Marcos 15:34-37 diz que foi por volta da "hora nona" (três horas da tarde) que Jesus, "com um alto brado, expirou". Mateus 27:50 diz que, neste exato momento, "Jesus... entregou o espírito". João 19:30 diz: "Tendo-o provado, Jesus disse: 'Está consumado'! Com isso, curvou a cabeça e entregou o espírito".

Um pouco depois naquela tarde, Pilatos ordenou que as execuções do dia fossem apressadas "para que no sábado não ficassem os corpos na cruz" (João 19:31, AC). O método utilizado para apressar a crucificação era terrível: eles quebravam as pernas da vítima, tornando impossível para o criminoso condenado empurrar o seu corpo para cima, de modo a aliviar compressão do diafragma para conseguir respirar. Quebrar as pernas fazia a vítima morrer rapidamente por sufocamento. Mas, quando os soldados chegaram ao corpo de Jesus, eles "viram que Ele já estava morto" (v.33; BKJA), o que sugere que, naquele momento ele já estava morto tempo o suficiente para que os sinais de morte fossem visíveis. Isso incluiria o *livor mortis* (o acúmulo de sangue, dando a partes da pele a aparência de um hematoma imenso e empalidecendo o restante da pele), o *rigor mortis* (que começa dentro de três horas após a morte) e a opacidade e a descoloração dos olhos.

Diz Mateus 27:57 que a noite já tinha chegado quando José de Arimateia se dirigiu a Pilatos para lhe pedir o corpo. No momento em que Jesus foi retirado da cruz, o seu corpo já havia esfriado e se enrijecido muito. Ninguém tinha a mínima dúvida de que ele estava morto.

Mateus faz a descrição mais completa do sepultamento de Jesus:

> Ao cair da tarde chegou um homem rico, de Arimateia, chamado José, que se tornara discípulo de Jesus. Dirigindo-se a Pilatos, pediu o corpo de Jesus, e Pilatos ordenou que lhe fosse entregue. José tomou o corpo, envolveu-o num lençol limpo de linho e o colocou num sepulcro novo, que ele havia mandado cavar na rocha. E, fazendo rolar uma grande pedra sobre a entrada do sepulcro, retirou-se. Maria Madalena e a outra Maria estavam assentadas ali, em frente do sepulcro.

COISAS DE SUMA IMPORTÂNCIA

No dia seguinte, isto é, no sábado, os chefes dos sacerdotes e os fariseus dirigiram-se a Pilatos e disseram: "Senhor, lembramos que, enquanto ainda estava vivo, aquele impostor disse: 'Depois de três dias ressuscitarei'. Ordena, pois, que o sepulcro dele seja guardado até o terceiro dia, para que não venham seus discípulos e, roubando o corpo, digam ao povo que ele ressuscitou dentre os mortos. Esse último engano será pior do que o primeiro".

"Levem um destacamento", respondeu Pilatos. "Podem ir, e mantenham o sepulcro em segurança como acharem melhor." Eles foram e armaram um esquema de segurança no sepulcro; e além de deixarem um destacamento montando guarda, lacraram a pedra.

O "lacre" poderia ter sido um selo oficial com o próprio emblema de Pilatos, semelhante ao selo de cera utilizado para fechar e identificar um documento formal. Esse lacre não podia ser quebrado, exceto pela autoridade do governante ou do governo que ordenou o lacre. A guarda era um destacamento de soldados romanos sob a liderança direta de Pilatos. Eram forças especiais de elite, não pessoas rejeitadas pelo exército. Eles não eram do tipo que falhavam em seu trabalho ou dormiam em serviço. Isso lhes custaria a vida.

No entanto, eles poderiam ser sujeitos a suborno se o preço fosse bom. Além disso, quando o túmulo foi encontrado vazio na manhã da ressurreição, os guardas e os oficiais romanos estavam todos desesperados para esconder o que aconteceu:

Quando os chefes dos sacerdotes se reuniram com os líderes religiosos, elaboraram um plano. Deram aos soldados grande soma de dinheiro, dizendo-lhes: "Vocês devem declarar o seguinte: Os discípulos dele vieram durante a noite e furtaram o corpo, enquanto estávamos dormindo. Se isso chegar aos ouvidos do governador, nós lhe daremos explicações e livraremos vocês de qualquer problema". Assim, os soldados receberam o dinheiro, fizeram como tinham sido instruídos.

O EVANGELHO SEGUNDO PAULO

E esta versão se divulgou entre os judeus até o dia de hoje.
(Mateus 28:12-15)

Se houvesse a possibilidade mais remota de que eles pudessem convencer o público de que Jesus não tinha morrido de verdade, os sacerdotes e os soldados com certeza utilizariam essa história, em vez de contar uma história que poderia arriscar a sua própria subsistência.

Desse modo, o sepultamento de Jesus é uma parte vital da narrativa do evangelho, principalmente porque serve como mais um lembrete de que o evangelho é baseado na história, não na mitologia, nem na imaginação humana, nem na alegoria. As boas-novas não são uma lenda sujeita a interpretação. Não é uma visão do mundo maleável que pode ser harmonizada com a filosofia coríntia, com o ceticismo acadêmico, ou com as preferências pós-modernas. O sacrifício que Cristo ofereceu pelos pecados era um acontecimento real, visto por inúmeras testemunhas, verificado pelos oficiais romanos e selado pelo próprio Pilatos com o sepultamento do corpo do nosso Senhor.

A ressurreição

Com certeza, o sepultamento de Cristo não foi de modo algum o final da história. O ponto mais alto de todos esses acontecimentos, e a verdade gloriosa que faz do evangelho de Jesus Cristo uma notícia tão boa, é que ele "ressuscitou no terceiro dia, segundo as Escrituras" (1Coríntios 15:4). Nas palavras do anjo diante do túmulo vazio: "Ele ressuscitou, como tinha dito" (Mateus 28:6).

Lembre-se do contexto da nossa passagem. O cuidado principal em 1Coríntios 15 é a doutrina da ressurreição do corpo. Esse é de longe o maior capítulo das epístolas do Novo Testamento (e 1Coríntios é a maior de todas as epístolas). A sua importância é proporcional ao seu tamanho. De todas as verdades que os cristãos afirmam, nenhuma é mais essencial à nossa fé do que a crença em uma ressurreição literal e corporal. Isso começa, com certeza, com a ressurreição literal do corpo físico de Cristo, e (como Paulo defende com detalhes nesse longo capítulo) se estende à ressurreição literal do nosso próprio corpo. Sem esse artigo de fé, Paulo

COISAS DE SUMA IMPORTÂNCIA

diz, tudo no cristianismo perde a importância: "E, se Cristo não ressuscitou, inútil é a fé que vocês têm, e ainda estão em seus pecados. Neste caso, também os que dormiram em Cristo estão perdidos. Se é somente para esta vida que temos esperança em Cristo, somos, de todos os homens, os mais dignos de compaixão" (vv. 17-19).

O que segue imediatamente é uma confissão triunfante: "Mas de fato Cristo ressuscitou dentre os mortos" (v. 20). A ressurreição é o selo da aprovação da obra expiatória de Cristo. Na cruz, pouco antes de curvar a cabeça e entregar o seu espírito, Jesus disse "Está consumado!" Na ressurreição, Deus Pai acrescentou o seu "Amém". Em Romanos 1:4, Paulo escreveu que Cristo "mediante o Espírito de santidade foi declarado Filho de Deus com poder, *pela sua ressurreição dentre os mortos*". De modo semelhante, Paulo disse aos intelectuais de Atenas: "Pois estabeleceu um dia em que há de julgar o mundo com justiça, por meio do homem que designou. E deu provas disso a todos, ressuscitando-o dentre os mortos" (Atos 17:31). Em outras palavras, a ressurreição de Cristo é a prova final da verdade do evangelho. A ressurreição de Cristo é o ponto central ao redor do qual gira toda a verdade bíblica. Ela representa o clímax e o triunfo de toda expectativa de justiça que a precedeu, começando com Jó 19:25-27 ("Eu sei que o meu Redentor vive, e que no fim se levantará sobre a terra. E depois que o meu corpo estiver destruído e sem carne, verei a Deus. Eu o verei com os meus próprios olhos; eu mesmo, e não outro")! Ela é a base para a fé inabalável dos apóstolos e o ponto crucial da mensagem que eles proclamavam. É a garantia viva de cada promessa divina, do começo ao fim da Bíblia. Todos os outros milagres descritos na Escritura, incluindo a criação, perde a cor quando comparados à sua importância.

Ainda que todos os quatro evangelhos testemunhem que Cristo tinha previsto várias vezes a sua própria ressurreição (Mateus 20:19; Marcos 8:31; Lucas 9:22; João 2:19-21; 10:18), os discípulos não estavam predispostos a acreditarem nela. Eles foram claramente tomados de surpresa, e até tenderam ao ceticismo no momento em que encontraram o túmulo vazio. Tomé foi claro ao extremo: "Se eu não vir as marcas dos pregos nas suas mãos, não colocar o meu dedo onde estavam os pregos e não puser a minha mão no seu lado, não crerei" (João 20:25). Porém,

49

depois das suas várias aparições, geralmente na presença de inúmeras testemunhas, eles estavam tão firmemente convictos da verdade da ressurreição que nenhum argumento, nem ameaça, nem forma de tortura alguma poderia calar os seus lábios. Todos eles finalmente preferiram dar as suas vidas a negar a ressurreição. Afinal de contas, eles o tinham visto, tocado e participado de refeições com ele depois da ressurreição. Isso explica a ousadia surpreendente e a determinação com a qual eles transmitiram o evangelho para as nações. "Pois não podemos deixar de falar do que vimos e ouvimos" (Atos 4:20).

As provas

O testemunho ocular é o quarto e último ponto da história, citado por Paulo em seu esboço dos fatos do evangelho em 1Coríntios 15. Ele destaca o fato de que não foi somente o seu círculo íntimo de apóstolos que viu o Cristo ressuscitado. Houve literalmente centenas de testemunhas oculares da ressurreição: "mais de quinhentos irmãos de uma só vez, a maioria dos quais ainda vive, embora alguns já tenham adormecido" (v. 6).

É como se ele estivesse dizendo: "Não se contente com as minhas palavras.Vá perguntar a essas pessoas!" Elas, afinal de contas, eram fáceis de se encontrar, porque tinham sido espalhadas por todo o Império Romano e por todos os lugares conhecidos fora de suas fronteiras, proclamando a mensagem de Cristo. Nas palavras daqueles que os desprezavam, eles tinham basicamente "colocado o mundo de cabeça para baixo" (Atos 17:6).

A ressurreição não tem nada a ver com os falsos milagres realizados por charlatões religiosos na televisão nos dias de hoje. Peça a um tele-evangelista para sujeitar os seus testemunhos de milagres a qualquer tipo de exame cuidadoso e ele se negará ou dará desculpas. Os supostos milagres apresentados hoje em reuniões carismáticas ou são totalmente invisíveis (curas de dores nas costas ou enxaquecas) ou não passam de truques de mágica, como o alongamento de uma perna ou fazer pessoas caírem como se estivessem "mortas no espírito". Eles não são sujeitos a nenhum tipo de verificação. De vez em quando, algum charlatão afirma que ressuscitou alguém dos mortos em uma reunião obscura em um fim de mundo qualquer. Mas não espere ver esses milagres pela televisão; não se preocupe em

COISAS DE SUMA IMPORTÂNCIA

ir atrás de testemunhas idôneas; e não sujeite esse testemunho a nenhum tipo de investigação cuidadosa. Os operadores de milagres estão promovendo a credulidade, não a fé genuína. Peçam-lhes provas, e o seu desejo de ter acesso aos fatos será automaticamente criticado como sendo uma incredulidade cínica e pecaminosa.

Paulo convidava ao exame detalhado. Ele estava tão certo da verdade que apelava às pessoas para que investigassem as provas. E, para usar como exemplo, ele destacou a abundância de testemunhas oculares e a sua disposição para testemunhar.

Na verdade, aquelas pessoas estavam mais do que dispostos a dar o seu testemunho; mas a maioria preferiu dedicar sua vida a negar a ressurreição. Como nós refletimos, onze dos doze apóstolos foram mortos (a maioria deles sob torturas terríveis) e nenhum em momento algum se retratou de seu testemunho. O único que viveu até a velhice foi João, mesmo tendo sido perseguido, ameaçado, torturado e finalmente exilado em uma colônia penal porque se recusou a negar a ressurreição.

Considere somente o primeiro exemplo específico que Paulo cita como testemunha: Pedro. Por toda a epístola de 1 Coríntios (e em Gálatas 2:9), Paulo o chama de Cefas. Ele é o equivalente aramaico de *Pedro* (que é derivado da palavra grega para *rocha*). O seu nome original era Simão, mas quando ele encontrou Jesus pela primeira vez, o Senhor lhe deu o apelido de "Rocha", usando a versão aramaica, Cefas (João 1:42). Essa é a maneira pela qual Paulo normalmente se refere a ele. Considere a ressurreição pelo ponto de vista de Pedro. Deve ter sido surpreendente (e, sem dúvida, bem constrangedor) para Pedro que Cristo tenha aparecido a ele em primeiro lugar. Quando a vida de Jesus estava em perigo, Pedro o negou esbravejando, jurando que não o conhecia. Pedro estava completamente abalado. Ele parecia ser a pessoa menos provável de se afirmar como pregador da ressurreição, porque estava muito envergonhado; havia sido um covarde, daqueles bem resmungões. Ele chorou amargamente na última vez em que viu Jesus.

E, mesmo depois da ressurreição, Pedro tinha uma fé tão pequena que, quando Jesus disse para que ele fosse a Galileia e esperasse a sua visita, Pedro se programou para voltar ao ofício da pesca, porque se sentiu incapaz como apóstolo e pregador. Ele sabia mais do que ninguém quantas vezes

O EVANGELHO SEGUNDO PAULO

havia demonstrado ser infiel. Era a imagem de um fracassado, logo, não parecia ser um bom candidato a assumir o papel daquele que tomaria a iniciativa em Pentecostes e começaria a pregar de forma impactante sobre a ressurreição.

Contudo, Jesus veio a ele, obteve dele uma declaração tripla de seu amor por Cristo, e o enviou para pregar. No Pentecostes, Pedro era uma pessoa totalmente diferente. O fato de que era capaz de dar um testemunho tão corajoso sobre o Cristo ressuscitado é uma indicação clara de que ele, na verdade, o tinha visto. Pedro não estava disposto a inventar uma história falsa sobre a ressurreição de Cristo, nem estaria preparado a dar a sua vida por uma mentira que ele tivesse criado. O apóstolo, a mesma pessoa que antes havia se acovardado quando foi desafiado por uma serva jovem e tinha negado até que conhecia a Cristo, finalmente preferiu ser crucificado de cabeça para baixo a negar a verdade da ressurreição. A única coisa que poderia explicar essa transformação tão radical é a ressurreição de Cristo.

Como observaremos nos capítulos seguintes, Paulo não menciona necessariamente a ressurreição de Cristo de forma explícita em todas as vezes que ele resume o evangelho. Às vezes, o seu destaque reside no princípio da substituição. Em outras vezes, ele ressalta a justiça que é imputada aos cristãos. Em tantas outras, ele enfatiza o preço que foi pago para que fôssemos perdoados. Todos esses elementos constituem aspectos essenciais do evangelho segundo Paulo. Mas nós não podemos perder de vista o fato de que o evangelho se baseia em eventos históricos e, acima de tudo, é *o selo e a base da verdade do evangelho*. Em outra passagem, Paulo diz que Cristo "foi entregue à morte por nossos pecados e ressuscitado para nossa justificação" (Romanos 4:25). Cristo foi "mediante o Espírito de santidade foi declarado Filho de Deus com poder, pela sua ressurreição dentre os mortos" (Romanos 1:4). Reafirmamos que a ressurreição foi o selo de aprovação da propiciação que Cristo ofereceu. Sem a ressurreição, não haveria evangelho.

Cada elemento no esboço de Paulo tem a mesma importância. É um resumo criativo dos acontecimentos históricos principais da história do evangelho. Mas, como temos dito desde o início, o próprio Paulo seria o primeiro a destacar que há muitas outras verdades indispensáveis, dou-

COISAS DE SUMA IMPORTÂNCIA

trinas fundamentais, como a do pecado, a da justificação, a da expiação vicária, a da graça, incluindo a da segurança da salvação. Paulo explica essas doutrinas e acentua a sua importância por todas as epístolas, como observaremos. Mas aqui o seu propósito é o de dar o relato mais simples e resumido possível da história do evangelho que, ao mesmo tempo, abrange e implicitamente afirma todas as doutrinas vitais. Cada ponto que ele relaciona é, de fato, uma questão de suma importância: "Cristo morreu pelos nossos pecados segundo as Escrituras... ele foi sepultado... ele ressuscitou ao terceiro dia segundo as Escrituras, e... ele foi visto".

Esse é o evangelho na sua totalidade. O resto é explicação.

2

Em primeiro lugar, as más notícias

Mas a Escritura encerrou tudo debaixo do pecado, a fim de que a promessa, que é pela fé em Jesus Cristo, fosse dada aos que creem.

– Gálatas 3:22

A palavra *evangelho* é a versão portuguesa da palavra grega *evangelion*, que significa "boas notícias" ou "boa mensagem". O termo evoca a ideia de um pronunciamento de boas-vindas ou de uma declaração feliz. Portanto, é irônico que, bem frequentemente, o evangelho não seja recebido com alegria por aqueles que o ouvem. De modo semelhante, é irônico que, quando Paulo inicia essa apresentação mais abrangente da mensagem do evangelho, ele comece com uma afirmação que constitui *más* notícias: "Portanto, a ira de Deus é revelada dos céus contra toda impiedade e injustiça dos homens que suprimem a verdade pela injustiça" (Romanos 1:18). Paulo, então, prossegue pelo equivalente a dois capítulos, expondo o argumento de que toda a espécie humana é decaída e perversa, e se encontra irremediavelmente na escravidão do pecado. "Como está escrito: 'Não há nenhum justo, nem um sequer'" (Romanos 3:10). Além disso, "o salário do pecado é a morte" (6:23).

Obviamente, há uma conexão íntima entre essas duas ironias. Inúmeras pessoas ridicularizam as boas-novas porque elas não conseguem ir além do ponto de partida que exige de nós a confissão de nossos pecados. O pecador, por si só, não tem a disposição nem é capaz de se libertar da escravidão do pecado.[1] Portanto, em vez disso, eles "suprimem a verdade pela injustiça" (Romanos 1:18). Eles são objeto da ira de Deus, porque, "embora conheçam o justo decreto de Deus, de que as pessoas que praticam tais coisas merecem a morte, [eles] não somente continuam a praticá-las, mas também aprovam aqueles que as praticam" (v. 32).

As pessoas amam o seu pecado. Os pecadores respeitáveis tendem de uma forma especial a defender a sua abordagem gentil para com o pecado. Os pecadores brutais geralmente tendem com uma frequência maior a confessar o seu pecado e se voltar para Deus para receber a redenção. Jesus estava comentando esse fenômeno quando disse: "Não são os que têm saúde que precisam de médico, mas sim os doentes. Eu não vim para chamar justos, mas pecadores" (Marcos 2:17).

Esse aspecto do ensino de Jesus é bem diferente do senso comum da elite religiosa de todo este mundo. Praticamente todas as religiões mais importantes do mundo ensinam que a humanidade é essencialmente boa, ou que, pelo menos, existe em cada pessoa alguma centelha de divindade que nos dá a capacidade de nos redimirmos. Essas religiões afirmam que temos de cultivar a nossa bondade nativa. Esse é o caminho para se conquistar o céu, chegar ao nirvana, alcançar um nível superior de consciência na próxima reencarnação, ou algo semelhante.

Com certeza, várias religiões têm noções completamente diferentes sobre o que é "bom". Para alguns, a justiça se alcança silenciando a mente ou apagando as chamas do desejo humano. Para outros, a justiça significa travar uma guerra santa contra os infiéis. Porém, o que as religiões criadas pelos homens e as doutrinas de demônios têm em comum é que as recompensas da justiça podem ser alcançadas, e que se pode conquistar a redenção para si mesmo à medida que os princípios da religião escolhida são seguidos. Elas promovem o mérito em troca das boas obras, dos rituais religiosos e da força de vontade humana.

Isso se deve ao fato de que todas as religiões são *sistemas de realização humana*. Muitas são duras e rigorosas, com padrões difíceis (se forem possíveis) de serem atingidos. Outras apresentam um padrão tão ínfimo de justiça que somente os pecados mais graves são considerados dignos de alguma repreensão. De uma forma ou de outra, a maior parte das religiões falsas "chamam ao mal bem, e ao bem, mal, [eles] que fazem das trevas luz e da luz, trevas, do amargo, doce e do doce, amargo" (Isaías 5:20)! Elas ensinam as pessoas a serem "sábios aos seus próprios olhos e inteligentes em sua própria opinião" (v. 21)! No final das contas, todas elas são religiões baseadas em obras. O destaque se encontra em alguma coisa que a criatura deve fazer para Deus, ou, pior, para si mesma. (De fato, os sistemas reli-

EM PRIMEIRO LUGAR, AS MÁS NOTÍCIAS

giosos mais comprometidos com a maldade são aqueles que literalmente têm como objetivo a divinização do indivíduo, repetindo assim a promessa falsa que a serpente fez a Eva em Gênesis 3:4-5: "Certamente não morrerão... como Deus, serão...".)

Por sua vez, o evangelho de Jesus Cristo é *uma mensagem de realização divina*. É a proclamação de que Cristo já triunfou sobre o pecado e sobre a morte em favor de pecadores irremediáveis que recebem a sua redenção somente pela fé. Essa é a religião baseada na graça. O destaque está no que Deus já fez pelos pecadores.

No entanto, para avaliar a maneira pela qual está mensagem é boa, a pessoa tem que se reconhecer como um pecador miserável, incapaz de fazer uma expiação adequada e, portanto, incapaz de ganhar qualquer mérito justo para si mesmo, muito menos obter a redenção para si mesmo. O pecador tem que sentir o peso da sua culpa e saber que Deus é um Juiz justo que não aprova de maneira alguma o pecado. De fato, ele ou ela tem que estar preparado para confessar que essa justiça perfeita exige a condenação das almas culpadas.

Isso significa que uma mensagem bem clara sobre a realidade do pecado e sobre o estado irreparável da humanidade é o ponto de partida necessário para a boa notícia do evangelho. Por isso que o evangelho segundo Paulo começa com uma sentença que se aplica a toda a humanidade: "Todos pecaram e estão destituídos da glória de Deus" (Romanos 3:23). A pessoa sem Cristo "já está condenada" (João 3:18). Toda pessoa que "rejeita o Filho não verá a vida, mas a ira de Deus permanece sobre ele" (v. 36). Ou, como Paulo diz no preâmbulo do seu resumo brilhante do evangelho em Efésios 2:8-10, as pessoas não redimidas estão "mortas em suas transgressões e pecados", seguindo "a presente ordem deste mundo e o príncipe do poder do ar, o espírito que agora está atuando nos que vivem na desobediência", conduzindo a si mesmos nas cobiças de sua carne, "seguindo os seus desejos e pensamentos". Eles são "por natureza merecedores da ira", mortos nas transgressões (Efésios 2:1-3).

Observaremos mais de perto Efésios 2 em um capítulo posterior, mas, como notamos no primeiro parágrafo deste capítulo, Paulo também faz dessa verdade o ponto de partida para uma exposição mais ampla das doutrinas do evangelho na sua carta aos Romanos. O seu comentário sobre a

O EVANGELHO SEGUNDO PAULO

depravação humana vai de Romanos 1:18 a Romanos 3:23. Ele volta ao assunto do pecado em sua discussão sobre a santificação em Romanos 6-7. Tendo dito tudo isso, Paulo dedica mais espaço para a doutrina do pecado em Romanos do que a qualquer outro aspecto da doutrina do evangelho em particular.

A sentença condenatória universal

Em Romanos 3:9-18, Paulo faz o seguinte resumo daquele longo discurso de introdução no qual diz que toda a humanidade (toda tribo, língua e nação) está condenada diante de Deus:

> Que concluiremos então? Estamos em posição de vantagem? Não! Já demonstramos que tanto judeus quanto gentios estão debaixo do pecado.

Como está escrito:

> *"Não há nenhum justo, nem um sequer;*
> *não há ninguém que entenda,*
> *ninguém que busque a Deus.*
> *Todos se desviaram,*
> *tornaram-se juntamente inúteis;*
> *não há ninguém que faça o bem, não há nem um sequer."*
> *"Suas gargantas são um túmulo aberto;*
> *com suas línguas enganam."*
> *"Veneno de serpentes está em seus lábios."*
> *"Suas bocas estão cheias de maldição e amargura."*
> *"Seus pés são ágeis para derramar sangue;*
> *ruína e desgraça marcam os seus caminhos,*
> *e não conhecem o caminho da paz."*
> *"Aos seus olhos é inútil temer a Deus."*

Apesar de praticamente todas as pessoas gostarem de pensar que são basicamente boas, o testemunho da Palavra de Deus é exatamente o contrário disso. A Escritura afirma claramente que toda a espécie humana é má. Nas palavras da nossa época, a humanidade é inerentemente ruim e corrupta até o talo. Em termos teológicos, somos totalmente depravados.

Nós também somos natural, intuitiva e dolorosamente conscientes da nossa culpa. Ser uma criatura decaída envolve ter uma sensação de culpa sempre presente. Foi isso que fez Adão e Eva tentarem mascarar a nudez deles com folhas. Essa é a metáfora perfeita para a artimanha inútil de que as pessoas lançam mão para tentar encobrir a vergonha por sua iniquidade. Eles não querem enfrentá-lo; tentam eliminar esse sentimento de culpa adotando um tipo de moralidade mais conveniente, ou silenciando o clamor da sua consciência.

A cultura ao nosso redor está cheia de confortos e incentivos para que as pessoas se satisfaçam com os seus pecados de estimação, ignorem a sua própria culpabilidade, neguem a sua culpa e silenciem a sua consciência.[*] Na verdade, um sentimento forte de culpa geralmente é considerado uma doença mental. Ver a si mesmo como uma vítima é bem mais fácil e, com certeza, bem mais gratificante do que enfrentar a realidade do pecado. Uma das principais fontes da Internet que oferece conselhos médicos para o público geral, chamada WebMD.com, possui um artigo intitulado "Learning to forgive yourself [Aprendendo a perdoar a si mesmo]" que inclui a citação de um treinador clínico em um centro de reabilitação: "As pessoas fazem coisas, de propósito ou sem querer, que magoam os outros. Você pode não ter a intenção de magoar, mas isso não diminui a mágoa do outro". Nesse ponto, pode-se pensar que o artigo prosseguiria incentivando o ofensor e buscar o perdão da pessoa que ele ou ela ofendeu, mesmo que a ofensa não tenha sido de propósito. Mas lá não se vê nada disso. A próxima frase diz: "Nesse momento você precisa parar e se perdoar".[2]

Esse conselho é péssimo! Essa atitude com relação à culpa criou uma sociedade cheia de pessoas que só se encaram como vítimas, não como malfeitoras. Elas não descobrirão a sua própria culpabilidade, tampouco a confessarão; e, por isso, elas não conseguem ouvir as boas-novas do evangelho, o que dirá acreditar nelas.

Evidentemente, nós não gostamos da desonra para a qual o nosso pecado inevitavelmente nos leva. Naturalmente, queremos nos livrar do peso

---

[*] Escrevi um livro inteiro sobre esta desagregação dos alicerces morais da cultura ocidental. Veja John MacArthur, *Sociedade sem pecado* (São Paulo: Cultura Cristã, 2002).

O EVANGELHO SEGUNDO PAULO

da nossa culpa. Mas reprimir a culpa e negar a nossa pecaminosidade não é a resposta para o nosso problema do pecado. Esse é o argumento de Paulo em Romanos 1:18, antes de iniciar realmente a sua análise sobre o pecado: "suprimir a verdade em injustiça" é atrair a ira de Deus.

Viver sob o olhar severo da ira de Deus, sob a realidade da sua condenação e sob a ameaça de julgamento eterno é tremendamente pior do que enfrentar a própria culpa. Por mais triste que possa parecer a vida nesse mundo por causa da culpa e da vergonha, a vida no além será infinitamente mais triste para aqueles que têm de enfrentar o julgamento interminável de Deus.

Esses são os frutos inevitáveis do pecado: a tristeza na vida atual e uma infelicidade inimaginável na vida do porvir. As pessoas tentam abafar o seu desânimo terreno por meios artificiais como as diversões banais, a busca do prazer, do álcool, das drogas ou finalmente até pelo suicídio. Mas, ainda que aqueles que se entregam a essas coisas consigam manter alguma aparência de sanidade, a culpa permanecerá do mesmo modo, porque, de acordo com Romanos 2:15, os princípios básicos da lei moral foram escritos em nosso coração pelo próprio Deus. Romanos 2:15 também diz que a consciência humana mostra que essa lei existe. Portanto, ainda que os pensamentos da nossa mente nos acusem ou nos absolvam, a consciência denuncia a existência da culpa. Não importando a maneira pela qual tentemos suprimir, abafar ou gritar para não dar atenção à voz da consciência, no final, Paulo diz: "Isso tudo se verá no dia em que Deus julgar os segredos dos homens, mediante Jesus Cristo, conforme o declara o meu evangelho" (v. 16).

É um dilema universal. Todo o mundo é culpado diante de Deus (Romanos 3:19). Além do mais, Paulo é meticuloso ao justificar essa afirmação. Tanto os judeus quanto os gentios possuem uma lei escrita em seus corações. Os israelitas, ao saírem do Egito sob a liderança de Moisés, receberam a lei de forma mais explícita, escrita pelo dedo de Deus em tábuas de pedra. Foram registradas leis mais detalhadas e profecias em rolos de papiro. Isso sem mencionar que, nos dias de hoje, toda a Palavra de Deus está disponível para praticamente todas as pessoas, utilizando o papel ou os meios eletrônicos. Ninguém pode afirmar que não conhece, tampouco que é inocente.

EM PRIMEIRO LUGAR, AS MÁS NOTÍCIAS

No entanto, pior do que isso, ninguém é capaz de se libertar dessa condição pecaminosa. O pecado é uma escravidão amarga, e as pessoas sob o poder do pecado são absolutamente incapazes de se livrar da culpa nesta vida ou de escapar do julgamento no mundo vindouro. Esse não é um problema somente para pessoas abandonadas, para os assassinos em massa, para os ditadores malignos e para outros tipos de pecadores especialmente grosseiros. Em nosso estado natural de queda, "*todos* estamos debaixo do pecado" (Romanos 3:9). Além do mais, "ninguém será declarado justo diante dele baseando-se na obediência à Lei" (v. 20). Esse é o argumento de Paulo, e ninguém está isento.

Essa é a verdade que constitui o ponto de partida claro e principal do evangelho segundo Paulo: "Todos pecaram e estão destituídos da glória de Deus" (v. 23). Ninguém escapa dessa sentença. Nós não temos capacidade de nos libertarmos do nosso pecado ou de eliminar a sua culpa. Por nós mesmos, estaríamos condenados por toda a eternidade e merecemos isso.

As provas do Antigo Testamento

Paulo poderia ter demonstrado esse argumento de muitas maneiras. Por toda a sua Epístola aos Romanos, ele retorna a tal ponto e às vezes acrescenta outros que provam a pecaminosidade de toda a humanidade. Por exemplo, em Romanos 5:14, ele indica que a "morte reinou desde o tempo de Adão até o tempo de Moisés", mesmo antes que houvesse uma lei escrita definindo o que era pecado. Ele afirma que o pecado tem que ser universal, porque a morte é universal. O pecado é, afinal, a única razão pela qual as pessoas morrem. "Pelo pecado a morte [entrou no mundo]" (v. 12). "O salário do pecado é a morte" (6:23), e todos morrem. Essa estatística de cem por cento fornece provas inegáveis de que todos são pecadores.

Paulo poderia também ter argumentado a partir do ponto de vista dos julgamentos anteriores. Deus afogou o mundo inteiro com um dilúvio imenso porque "a perversidade do homem tinha aumentado na terra e... toda a inclinação dos pensamentos do seu coração era sempre e somente para o mal" (Gênesis 6:5). A crueldade e a extensão da maldade humana eram claramente enormes. Mesmo depois do dilúvio e de Noé e sua família darem um novo início à espécie humana, o Senhor disse: "o

O EVANGELHO SEGUNDO PAULO

seu coração é inteiramente inclinado para o mal desde a infância" (Gênesis 8:21). Posteriormente, Deus destruiu as civilizações inteiras de Sodoma e Gomorra porque "os homens de Sodoma eram extremamente perversos e pecadores contra o Senhor" (Gênesis 13:13).

Paulo poderia ter provado a universalidade do pecado com um apelo às provas empíricas. As provas da universalidade do pecado estão em toda parte. Os frutos e as frustrações do pecado são aspectos inevitáveis da experiência humana. Nenhuma pessoa coerente e racional poderia afirmar que não tem nenhuma culpa.

Mesmo aqueles que afirmam isso podem facilmente detectar a culpa dos outros. Sabendo ou não, a sua culpa também é óbvia para todos. Esse é um ponto da doutrina cristã para o qual não faltam provas irrefutáveis. Todos pecam. Como o apóstolo João diz: "*O mundo todo* está sob o poder do maligno" (1João 5:19). Além disso, "Pois tudo o que há no mundo (a cobiça da carne, a cobiça dos olhos e a ostentação dos bens) não provém do Pai, mas do mundo" (1João 2:16).

Em resumo, a história prova a universalidade do pecado. A sociologia a demonstra. A realidade da morte a evidencia. Mas a prova mais forte e sólida da pecaminosidade do homem se encontra na Bíblia. Por isso, quando termina de declarar a verdade sobre o pecado e sobre o dilema humano, Paulo a demonstra da forma mais conclusiva possível com uma série de citações do Antigo Testamento em Romanos 3:10-18.

Ele começa essa passagem com as palavras "Como está escrito", e tudo o que segue, até o fim do versículo 18, ou consiste em uma citação direta ou em uma paráfrase bem próxima da Escritura. Ele se baseia em várias fontes do Antigo Testamento.

Portanto, trata-se de Deus falando por meio de divina revelação sobre a extrema gravidade do pecado. Esse é o grande final depois do longo discurso sobre o pecado. Ele poderia ter se referido à história; poderia ter aplicado a lógica em um silogismo; poderia ter feito um apelo à consciência do leitor, pois era um grande mestre. Ele poderia ter engendrado um argumento filosófico cuidadoso ou citado algum dos poetas gregos antigos.

Em vez disso, ele cita a Escritura, porque ela é a Palavra de Deus. Essa, por sinal, é a estratégia básica por trás do evangelho segundo Paulo com relação ao modo pelo qual as boas-novas devem ser proclamadas: "Pregue a palavra... a tempo e fora de tempo, repreenda, corrija, exorte com toda a paciência e doutrina" (2Timóteo 4:2). Isso é precisamente o que Paulo faz no ponto mais alto do seu discurso sobre o pecado em Romanos 3. Aqui está o ápice da sua apresentação. Ele recorre a Deus como a sua testemunha final, deixando a Palavra de Deus falar sobre a questão da universalidade do pecado. E ela é convincente. Ele cita ou se refere a uma sequência longa de fontes do Antigo Testamento, incluindo Salmos 5:9; 10:7; 14:1-3; 36:1-3; 53:1-3; 140:3; Provérbios 1:16; Isaías 59:7-8 e Jeremias 5:16. Todos esses textos provam com autoridade a tese que Paulo desenvolveu por dois capítulos.

O modelo usado por Paulo é um padrão do direito clássico, isto é, ele usa os termos jurídicos e acompanha a sequência de um processo judicial em que coloca a espécie humana em julgamento. Existe a denúncia, depois a pronúncia e, finalmente, vem a sentença.

A denúncia

Nós começamos com a denúncia. Uma denúncia legal é o momento quando o acusado é trazido ao tribunal para responder por acusações formais. Nesse julgamento, o ser humano é trazido diante do eterno Juiz. A acusação contra ele é pronunciada em Romanos 3:9: "Que concluiremos então? Estamos em posição de vantagem? Não! Já demonstramos que tanto judeus quanto gentios estão debaixo do pecado".

"Que concluiremos então" simplesmente significa "Qual é o caso? Como devemos entender a situação?" O que se segue é a resposta a essa pergunta, dita com as próprias palavras de Deus.

Considere a estrutura do contexto anterior. Em Romanos 2:12, Paulo coloca o seu argumento resumidamente: "Todo aquele que pecar sem a Lei, sem a Lei também perecerá, e todo aquele que pecar sob a Lei, pela Lei será julgado". Isso é universal. Envolve cada um de nós, judeu e gentio, homem e mulher, escravo e livre.

Então Paulo prossegue, relatando a acusação com detalhes bem precisos. Em Romanos 2:14-16, ele acusa os gentios de pecado, ainda que eles não tenham recebido a lei escrita diretamente de Deus. Nos versículos

O EVANGELHO SEGUNDO PAULO

17-29, ele acusa o judeu de pecado como "transgressor da lei" (v. 27). Em 3:1-8, ele defende a justiça de Deus como Juiz. Depois, no versículo 9, um pouco antes de começar a lista longa de referências do Antigo Testamento, resume o que ele acaba de dizer e reafirma o ponto principal para que nenhum leitor possa perdê-lo de vista. "Já demonstramos que tanto judeus quanto gentios estão debaixo do pecado." Todo o mundo é "culpado diante de Deus" (v. 19).

Essa é a denúncia formal. A acusação é a culpa universal. Nenhum ser humano escapa dessa acusação. Paulo faz o máximo para ser direto e categórico, recusando-se a excluir a si mesmo. "Estamos em posição de vantagem?" (v. 9). "Nós" é uma clara referência a Paulo e aos seus companheiros missionários e, consequentemente, inclui a todos os cristãos. O mesmo pronome ("nós") é usado no versículo 8 ("alguns caluniosamente afirmam que dizemos"). O "nós" no versículo 9 claramente se refere às mesmas pessoas. É uma referência àqueles que proclamam o evangelho. Em outras palavras, "Nós que estamos acusando, indicando que judeus e gentios são pecadores perdidos, estamos propondo que somos alguma espécie diferente? De jeito nenhum!" Ele usa uma negação enfática. "Não pensamos isso de forma alguma! Nós somos pecadores miseráveis também!" Em outra passagem, em 1 Timóteo 1:13, Paulo se descreve como o principal dos pecadores, "blasfemo, perseguidor e insolente". Ele manteve uma consciência bem atenta de seu próprio pecado por toda a sua vida. Ele era um apóstolo maduro e experiente quando ele escreveu Romanos 7:14: "Eu sou carnal, vendido para o pecado", e o versículo 24: "Miserável homem que eu sou!"

Nesse momento, Paulo sente de maneira bem forte a sua própria queda. Ele não está se colocando como juiz do resto, mas simplesmente denunciando. Toda a espécie humana é decaída e pecaminosa, inclusive Paulo, os seus companheiros e todos os cristãos. Nós todos pertencemos a uma mesma raça amaldiçoada pelo pecado.

É bom lembrar que os cristãos não são nada além de pecadores remidos, salvos da condenação, não porque sejamos um pouco mais espertos, mais dignos, ou mais aceitáveis a Deus. Como Paulo mesmo testifica, "Sei que nada de bom habita em mim, isto é, em minha carne" (Romanos 7:18). "Pois é Deus quem efetua em vocês tanto o querer quanto o realizar, de acordo com a boa vontade dele (Filipenses 2:13). Longe de Cristo, nós todos estamos na mesma condição de culpa que o ser humano mais desclassificado está. Sem Cristo, nós estaríamos completamente sob o comando, sob o controle, sob o domínio e sob o poder condenatório do pecado. Na verdade, um dia nós caminhamos alinhados com o príncipe dos poderes do ar, Satanás. Lembre-se, em nosso estado natural e decaído, somos "como os outros, por natureza, merecedores da ira" (Efésios 2:3).

Essa é a denúncia, Paulo convoca toda a raça adâmica para o tribunal e, sob a autoridade da Palavra de Deus, ele lê a acusação mortífera contra nós: "Eles estão todos sob o pecado" (Romanos 3:9). A denúncia está feita.

A pronúncia

Em uma denúncia legal, o documento que detalha as acusações específicas contra o acusado é chamado de *pronúncia*. Essa pronúncia é o máximo do terror e da imponência. É uma acusação detalhada baseada totalmente em uma fonte infalível, a Escritura.

Existem treze acusações em Romanos 3:10-17, e cada uma delas é uma citação direta do Antigo Testamento:

1. Não há um justo, nem um sequer.
2. Não há ninguém que entenda.
3. Não há ninguém que busque a Deus.
4. Todos se desviaram.
5. Tornaram-se juntamente inúteis.
6. Não há ninguém que faça o bem, não há nem um sequer.
7. Suas gargantas são um túmulo aberto.
8. Com as suas línguas enganam.
9. Veneno de serpentes está em seus lábios.
10. Suas bocas estão cheias de maldição e amargura.
11. Seus pés são ágeis para derramar sangue.
12. Ruína e desgraça marcam os seus caminhos
13. Não conhecem o caminho da paz.

O versículo 18, então, resume a pronúncia com uma última citação do Antigo Testamento: "Aos seus olhos é inútil temer a Deus".

O EVANGELHO SEGUNDO PAULO

É uma pronúncia universal contra toda a humanidade. Por três vezes nessa passagem se usa a palavra *"ninguém"*. Por duas vezes essa expressão é destacada pela palavra *não, nenhum*. A palavra *"todos"* é usada nos versículos 9, 12 e 19; depois duas vezes mais no versículo 22; e por último no versículo 23, perfazendo um total de cinco vezes nessa explicação sobre a universalidade do pecado. Portanto, Essa é uma afirmação abrangente. Ninguém escapa a essa pronúncia.

A prática de juntar versículos e frases baseadas em várias fontes bíblicas era muito comum no ensino rabínico. Esse é um recurso didático chamado de *charaz* (literalmente "colar de pérolas"). Paulo extrai de várias fontes do Antigo Testamento várias frases paralelas sobre a universalidade do pecado, e as reúne como pérolas em um colar, mas o resultado não é nada bonito. O colar inteiro é uma pronúncia sufocante contra cada membro da espécie humana.

Não se trata de uma simples opinião de Paulo, nem de uma doutrina teórica seca. Ele começa de propósito com a frase "Como está escrito", para ressaltar a autoridade divina por trás dessa pronúncia. Ele está usando uma expressão comum na linguagem rabínica para apresentar citações bíblicas. É uma expressão usada muitas vezes por todo o Novo Testamento, muitas vezes pelo próprio Cristo.

O Nosso Senhor a usou quando estava sendo tentado por Satanás. O diabo atacou Jesus com três desafios sinistros. Em todas as três vezes, Cristo respondeu com citações diretas do Antigo Testamento, dizendo: "Está escrito... também está escrito... Retire-se, Satanás! Pois está escrito..." (Mateus 4:4, 7, 10). A expressão "está escrito" é usada mais de sessenta vezes no Novo Testamento. (É usada mais de doze vezes no Antigo Testamento também). É um apelo formal à mais alta de todas as autoridades, um reconhecimento implícito de que, quando a Escritura fala, é Deus quem está falando.

A expressão grega é um *perfeito do indicativo passivo*, querendo dizer que ela descreve uma ação definida com uma importância permanente. A ideia que transmite é: "Isto permanece escrito como uma verdade eterna". O tempo perfeito sempre é importante no grego *koinê* (o idioma do Novo Testamento). Nessa expressão, o tempo verbal serve para destacar a finalidade e a autoridade contínua da Escritura como a imutável e eterna

Palavra de Deus. O que permanece escrito "sempre está firmado nos céus" (Salmos 119:89). Nas palavras de Jesus: "Enquanto existirem céus e terra, de forma alguma desaparecerá da Lei a menor letra ou o menor traço, até que tudo se cumpra" (Mateus 5:18).

Portanto, essa é a Palavra de Deus definitiva, revestida de autoridade sobre a depravação irremediável da humanidade decaída.

A pronúncia de Paulo vem em três partes. A primeira lida com o caráter, a segunda, com a conversação e a terceira, com a conduta. Em outras palavras, a corrupção do pecado afeta a nossa própria natureza, se revela no que dizemos e se manifesta no modo pelo qual agimos.

O pecado corrompe o nosso caráter

Se estivéssemos usando uma metáfora médica, poderíamos dizer que essa parte da epístola de Paulo inclui um exame total do pecador, começando com um tipo de exame de ressonância magnética espiritual. Revela-se em Romanos 3:10-12 a maneira pela qual a corrupção está presente em nosso ser interior, bem no coração e na alma do pecador. Nas palavras de Jeremias 17:9, "O coração é mais enganoso que qualquer outra coisa e sua doença é incurável". Paulo diz a mesma coisa com uma série de referências do Antigo Testamento trazem afirmações negativas, descrevendo o caráter corrompido de todas as pessoas em seu estado natural decaído. Nesse ponto, Paulo expressa diretamente o quanto nós somos completamente corruptos por causa do nosso pecado.

No versículo 10, ele diz: "Não há um justo, nem um sequer". Essa é uma paráfrase e um resumo dos três primeiros versos dos Salmos 14 e 53.

Falando nisso, esses dois salmos seguem, de forma bem semelhante, a mesma progressão de pensamento com palavras praticamente iguais. Salmos 53 usa *elohim* quatro vezes nas passagens em que Salmos 14 usa *YHWH* e, por todo o salmo 53, usam-se expressões praticamente iguais para ecoar e transmitir várias ideias com a ordem exata do salmo 14, usando ritmos praticamente idênticos. Então, esses são claramente salmos gêmeos. Ao que parece, Salmos 53 é uma adaptação de Salmos 14, cantado para uma ocasião especial após uma vitória militar, porque a segunda parte da segunda metade do verso 5 inclui isto: "Pois foi Deus quem espalhou os ossos dos que atacaram você; você os humilhou porque Deus os rejeitou". Esse é o único verso que não se repete nos dois salmos e só se encontra em Salmos 53. Com a exceção disso, Salmos 53 se aproxima muito de Salmos 14.

Os três primeiros versos dos dois salmos contêm várias expressões que Paulo citará em Romanos 3. O verso 1 de Salmos 14 diz: "Corromperam-se e cometeram atos detestáveis; não há ninguém que faça o bem". Salmos 53:1 diz: "Corromperam-se e cometeram injustiças detestáveis; não há ninguém que faça o bem". A passagem de Romanos 3:10 é uma paráfrase abreviada desses dois versos praticamente idênticos, com o acréscimo destas palavras no final: "não há nenhum sequer". (Essa expressão final é tomada de empréstimo do verso 3 dos dois salmos.) A escolha das palavras nessa paráfrase é proposital. A *justiça* é o tema central de toda a carta de Paulo aos Romanos. Tal palavra e os seus cognatos aparecem pelo menos trinta vezes. Isso acontece porque o tema da mensagem do evangelho segundo Paulo é o modo pelo qual o pecador pode ser "justo", ou justificado para com Deus.

Por isso, desde o princípio, ele deixa bem claro que ninguém é justo e, para se assegurar de que não percamos o foco ou procuremos uma válvula de escape, ele acrescenta estas palavras do final de Salmos 14:3 e 53:3: "*Não há nenhum sequer*".

A propósito, a palavra grega traduzida por "justo" (nessa e em outras passagens do Novo Testamento) é a mesma palavra traduzida por "declarado justo" em alguns versículos à frente, em Romanos 3:20: "Portanto, ninguém será *declarado justo* diante dele". Ninguém é justo e ninguém pode se tornar justo pelos seus próprios esforços, não importando o quanto a pessoa se aplique sob a lei de Deus.

Paulo reafirmará esse princípio da forma mais clara possível em Romanos 8:7-8: "A mentalidade da carne é inimiga de Deus porque não se submete à Lei de Deus, nem pode fazê-lo. Quem é dominado pela carne não pode agradar a Deus. De fato, o único padrão aceitável para Deus é a perfeição absoluta. No seu famoso Sermão do Monte, Jesus disse: "Pois eu lhes digo que se a justiça de vocês não for muito superior à dos fariseus e mestres da lei, de modo nenhum entrarão no Reino dos céus" (Mateus 5:20). Ele prosseguiu ensinando que a ira tem a mesma essência do

EM PRIMEIRO LUGAR, AS MÁS NOTÍCIAS

assassinato, e que a malícia tem o mesmo sabor de pecado do adultério. Posteriormente, ele estabelece o padrão da forma mais alta possível: "Sejam perfeitos como perfeito é o Pai celestial de vocês (v. 48). Essa é uma repetição de Levítico 11:44, onde Deus diz aos israelitas: "Sejam santos, porque eu sou santo". Esse mandamento se repete mais do que uma dúzia de vezes por toda a Escritura.

Se nós não nos inteirarmos da nossa perdição ao lermos o que a Escritura tem a dizer sobre o pecado, certamente sentiremos isso quando entendermos a essência da santidade que Deus exige de nós. Nenhum simples mortal já chegou a esse padrão; não temos o potencial nem de nos aproximarmos dele.

A pronúncia do nosso caráter continua em Romanos 3:11, agora destacando a pecaminosidade do intelecto humano. Ele está seguindo a ordem dos Salmos 14 e 53. O verso 2 nos dois salmos diz que "Deus olha lá dos céus para os filhos dos homens, para ver se há alguém que tenha entendimento, alguém que busque a Deus". Paulo observa a referência do salmista ao "entendimento" e afirma a conclusão claramente expressa nos dois salmos: "Não há ninguém que entenda".

Essa é a realidade do pecado. Ele cega o intelecto humano. A humanidade decaída não tem uma percepção verdadeira da realidade de Deus, uma vez que o pecador não possui uma compreensão correta de Deus e, portanto, não pode discernir o que é a justiça de fato. Paulo diz a mesma coisa com outras palavras em 1Coríntios 2:14: "Quem não tem o Espírito não aceita as coisas que vêm do Espírito de Deus, pois lhe são loucura; e não é capaz de entendê-las, porque elas são discernidas espiritualmente".

Essa é uma pronúncia severa, mas totalmente verdadeira. Toda a espécie humana é decaída e carnal. Em nosso estado natural, nós não temos justiça, nem mesmo um entendimento correto da justiça, e nós odiamos o que não entendemos. Todos nós temos sido "insensatos e desobedientes, vivíamos enganados e escravizados por toda espécie de paixões e prazeres. Vivíamos na maldade e na inveja, sendo detestáveis e odiando uns aos outros" (Tito 3:3). Em outra passagem, Paulo diz que as pessoas decaídas passam a vida "na inutilidade dos seus pensamentos. Eles estão obscurecidos no entendimento e separados da vida de Deus por causa da ignorância em que estão, devido ao endurecimento do seu coração. Tendo perdido toda a sensibilidade, eles se entregaram à depravação, cometendo com avidez toda espécie de impureza" (Efésios 4:17-19). É difícil ver como o estado da humanidade decaída pode ser ainda pior.

Mas a realidade é pior: "Não há ninguém que busque a Deus" (Romanos 3:11, ainda repetindo o verso 2 de Salmos 14 e 53). Nenhum pecador, de maneira natural, quer saber de Deus. Simplesmente ninguém busca a Deus com motivação própria. "Em sua presunção o ímpio não o busca; não há lugar para Deus em nenhum dos seus planos" (Salmos 10:4).

Essa é uma questão que as pessoas, às vezes, querem debater. Afinal de contas, existem muitos versículos conhecidos da Bíblia que convidam os pecadores a buscarem a Deus, prometendo que aqueles que o buscam o acharão. "E lá procurarão o Senhor, o seu Deus, e o acharão, se o procurarem de todo o seu coração e de toda a sua alma" (Deuteronômio 4:29). "Alegre-se o coração dos que buscam o Senhor" (1 Crônicas 16:10). "Busquem o Senhor enquanto é possível achá-lo; clamem por ele enquanto está perto" (Isaías 55:6). "Vocês me procurarão e me acharão quando me procurarem de todo o coração" (Jeremias 29:13). "Peçam, e lhes será dado; busquem, e encontrarão; batam, e a porta lhes será aberta" (Lucas 11:9). "Sem fé é impossível agradar a Deus, pois quem dele se aproxima precisa crer que ele existe e que recompensa aqueles que o buscam" (Hebreus 11:6). Existem literalmente mais de cem versículos como esses nas Escrituras, incentivando os pecadores a buscar a Deus e prometendo bênçãos a aqueles que o fazem.

Nos últimos anos, muitas igrejas têm baseado toda a sua filosofia ministerial na suposição de que muitas pessoas que não creem estão buscando a Deus. Essas igrejas reformularam a sua música, o seu ensino e a sua adoração pública com a meta declarada de serem "amigáveis para os que buscam". Para atingir essa meta, os líderes eclesiásticos se baseiam em pesquisas de opinião e em uma fixação quase obstinada nas tendências culturais para medir os gostos e as expectativas dos incrédulos. Depois, cada característica de suas reuniões coletivas é remodelada com cuidado, suavizada ou banalizada de propósito para que os incrédulos se sintam à vontade.

Porém, as pessoas não estão realmente buscando a Deus, se elas estiverem procurando por uma experiência religiosa onde a música, o entretenimento e os tópicos da pregação são cuidadosamente calculados para agradar às preferências populares. Esse tipo de "pessoa que busca" está só procurando por uma capa de piedade em um contexto em que também possa receber afirmação, autogratificação e companheirismo com pessoas que tenham os mesmos pensamentos.

O evangelho segundo Paulo aponta para a direção oposta. Ele entendia completamente as necessidades percebidas e as expectativas culturais de seus vários públicos: "Os judeus pedem sinais milagrosos, e os gregos procuram sabedoria" (1Coríntios 1:22). Mas a reação do apóstolo era diametralmente oposta à "sensibilidade ao que busca": "Nós, porém, pregamos a Cristo crucificado, o qual, de fato, é escândalo para os judeus e loucura para os gentios (v. 23). Os gregos, que desejavam um discurso sobre a sabedoria, ouviam uma mensagem que Paulo sabia que lhes pareceria loucura; e os judeus que exigiam um sinal milagroso recebiam, em vez disso, "uma pedra de tropeço e uma rocha de ofensa" (Romanos 9:33). Mas os dois grupos ouviam exatamente a mesma mensagem da parte de Paulo. Vemos novamente nesse ponto que ele só conhecia um evangelho: "Pois decidi nada saber entre vocês, a não ser Jesus Cristo, e este, crucificado" (1Coríntios 2:2).

Buscar a Deus é o que os pecadores decaídos devem fazer, e Deus tem todo o direito para ordenar que o façam. Mas eles não vêm e desobedecem aos seus mandamentos, pois essa é a sua prática comum. Na verdade, eles não podem vir, porque amam demais o seu pecado. O seu apego ao pecado acarreta em um tipo de escravidão que seria impossível para eles se libertarem sozinhos. Jesus reconheceu isso em João 6:44: "Ninguém pode vir a mim, se o Pai, que me enviou, não o atrair". Ele repetiu esse princípio uns poucos versículos à frente: "Ninguém pode vir a mim, a não ser que isto lhe seja dado pelo Pai" (v. 65).

Paulo explica claramente o problema com detalhes bem no início do seu longo discurso sobre o pecado:

> Porque, tendo conhecido a Deus, não o glorificaram como
> Deus, nem lhe renderam graças, mas os seus pensamentos
> tornaram-se fúteis e o coração insensato deles obscureceu-se.

O EVANGELHO SEGUNDO PAULO

Dizendo-se sábios, tornaram-se loucos e trocaram a glória do Deus imortal por imagens feitas segundo a semelhança do homem mortal, bem como de pássaros, quadrúpedes e répteis.

Por isso Deus os entregou à impureza sexual, segundo os desejos pecaminosos do seu coração, para a degradação do seu corpo entre si. Trocaram a verdade de Deus pela mentira, e adoraram e serviram a coisas e seres criados, em lugar do Criador, que é bendito para sempre. Amém.

Por causa disso Deus os entregou a paixões vergonhosas. Até suas mulheres trocaram suas relações sexuais naturais por outras, contrárias à natureza. Da mesma forma, os homens também abandonaram as relações naturais com as mulheres e se inflamaram de paixão uns pelos outros. Começaram a cometer atos indecentes, homens com homens, e receberam em si mesmos o castigo merecido pela sua perversão.

Além do mais, visto que desprezaram o conhecimento de Deus, ele os entregou a uma disposição mental reprovável. (Romanos 1:21-28)

Eles pecaram, suprimindo as verdades básicas que sabiam ser corretas sobre a existência de Deus e sobre alguns dos seus atributos. Essa rejeição proposital trouxe o julgamento sobre eles. Deus os entregou à sua própria depravação. Eles, portanto, são cegos judicialmente, negligentes para ouvir, ignorantes da verdade que eles mesmos lutaram tanto para suprimir, e escravizados irremediavelmente pelas suas próprias paixões. É claro que alguns levam a sua rebelião mais longe do que os outros. Mas o princípio que Paulo prova nessa passagem é que, em nossa condição de caídos, nós todos somos culpados de nos afastarmos de Deus. Ninguém, por sua livre e espontânea vontade, adora a Deus e deseja que a sua majestade soberana seja revelada. Por si só, ninguém quer naturalmente se alimentar da Palavra de Deus, viver em sua presença, obedecer aos seus mandamentos, orar a ele, confiar nele em tudo e declarar o seu louvor. Quando temos a oportunidade livre e irrestrita de escolha, cada um de nós já demonstrou que a rebelião contra Deus está ligada ao nosso coração.

Portanto, a humanidade decaída está em uma condição desesperadora. Ninguém é justo. Ninguém entende e ninguém busca a Deus.

Retorna-se ao Salmo 14 em Romanos 3:12 e é citada ainda outra expressão do versículo 3, desta vez palavra por palavra: "Todos se desviaram". Ou, em outras palavras, todos saíram do caminho, sem exceção. Eles são desviados. A expressão grega é um verbo ativo *ekklin* que significa "desviar-se" ou "evitar". Isso não é algo que simplesmente lhes aconteceu. Eles se afastaram do caminho da verdade e fugiram. É uma palavra usada no grego clássico para descrever soldados desertores que deram as costas e fugiram no calor da batalha.

Toda a espécie humana se afastou do caminho de Deus e desertou do caminho estreito da verdade: "Todos nós, tal qual ovelhas, nos desviamos, cada um de nós se voltou para o seu próprio caminho" (Isaías 53:6).

Paulo não termina por aí. A próxima frase em Romanos 3:12 intensifica a pronúncia: "Tornaram-se juntamente inúteis". Tanto Salmos 14 quanto Salmos 53 dizem: "Igualmente se corromperam".

A mesma palavra hebraica é traduzida como "corromper" nos dois salmos; é uma palavra utilizada sobre o leite que azedou. Ela fala de algo que está azedo ou manchado. Ou poderia se referir a uma ferida imunda e cheia de pus. Uma tradução possível da palavra é "cheirar mal". É o modo do salmista de expressar a corrupção moral. A mesma palavra é usada em Jó 15:16, onde Elifaz descreve a espécie humana como "impuro e corrupto e que bebe iniquidade como água!" Paulo traduz o pensamento com um verbo grego que significa "tornar-se inútil". É uma palavra que não se encontra em nenhum outro lugar da Bíblia, mas Homero a usa na sua *Odisseia* para se referir à risada sem noção de um tolo. A afirmação de Paulo está na voz passiva (significando neste ponto que ele está descrevendo algo que aconteceu à humanidade em vez de algo que nós tenhamos feito). Essa é a consequência imprevista da rebelião proposital da humanidade: a espécie humana tem sido "inutilizada", como sal sem sabor, como o leite azedo, ou um ovo que passou do ponto.

Esse é o fim da nobreza da espécie humana. A avaliação de Paulo é radicalmente diferente do antropólogo ou do guru religioso comum.

E ele ainda está longe de terminar.

Continuando na linha de pensamento dos Salmos 14 e 53, ele retorna ao ponto de partida: "Não há ninguém que faça o bem, não há nem um sequer". Essa é, na verdade, uma nova acusação na pronúncia. A ideia aqui é que ninguém faz o que segue a moral e é correto.

O EVANGELHO SEGUNDO PAULO

A sexta alegação, condenando o caráter da humanidade é uma condenação abrangente, importante e grave: as pessoas decaídas não fazem nada que seja realmente bom. O caráter humano, em seu estado decaído, é *totalmente depravado*. (Esse é o termo comum que os teólogos usam para descrever este aspecto da antropologia bíblica.) Isso não quer dizer que as pessoas estejam no máximo da sua maldade. Em vez disso, significa que o pecado contaminou todos os aspectos do caráter humano: a mente, a vontade, as paixões, a carne, os sentimentos e as intenções. Nada do que façamos foge à mancha do pecado. Isso inclui os nossos melhores atos de generosidade ou altruísmo.

Para todas as pessoas, essa talvez seja a doutrina mais difícil de receber. Nós naturalmente queremos ver a nós mesmos como basicamente bons, valiosos, íntegros, compassivos, generosos e nobres. Além disso, a Escritura de fato reconhece e descreve alguns exemplos surpreendentes da virtude humana, como a gentileza do bom samaritano ou a compaixão da filha de Faraó ao resgatar e adotar o bebê Moisés.

Deus graciosamente limita a expressão total da depravação humana (Gênesis 20:6; 31:7; 1Samuel 25:26; 2Tessalonicenses 2:7). A limitação do pecado e o abrandamento das consequências do pecado são expressões da *graça comum*, o cuidado benevolente que Deus oferece a toda a sua criação. De forma bem simples, as coisas não são tão más como poderiam ser neste mundo decaído porque "o Senhor é bom para todos; a sua compaixão alcança todas as suas criaturas" (Salmos 145:9).

Mas, repetindo, a Escritura também deixa bem claro que até a melhor das nossas boas obras não são verdadeiramente boas o suficiente para alcançar algum mérito com Deus. "Somos como o impuro, todos nós! Todos os nossos atos de justiça são como trapo imundo" (Isaías 64:6). Até as coisas "boas" que nós fazemos se acrescentam à nossa culpa, porque as nossas intenções são (no máximo) misturadas com o egoísmo, a hipocrisia, o orgulho, o desejo do elogio dos outros, ou um monte de outras motivações más. Para retratar a nós mesmos ou a nossa obra como "boa", nós temos que admitir toda sorte de concessão em nossa definição do que é bom, e esse procedimento, por si só, é uma transgressão diabólica. Boa parte da cultura contemporânea chega ao extremo de chamar ao "mal bem, e ao bem, mal". Eles "fazem das trevas luz e da luz, trevas, do amargo, doce

EM PRIMEIRO LUGAR, AS MÁS NOTÍCIAS

e do doce, amargo!" (Isaías 5:20) Mas, a partir do momento em que nós entendemos que a perfeição absoluta do próprio Deus é o único padrão aceitável do bem (Mateus 5:48), fica fácil de entender a razão pela qual a Escritura diz "ninguém faz o bem, não há nem um sequer".

Esse é o ponto de partida da antropologia bíblica: a humanidade está decaída. A criatura humana está totalmente depravada, fundamentalmente má: ignorante, rebelde, traiçoeira e inútil em si mesma. O nosso caráter se corrompeu e é definido pela nossa pecaminosidade.

E tem mais!

O pecado corrompe a nossa conversação

Jesus disse: "A boca fala do que está cheio o coração" (Mateus 12:34). A língua é comparada em Tiago 3:3-10 ao fogo, levando uma conflagração de destruição e maldade por toda parte. A passagem de Provérbios 10:32 diz que a boca do ímpio fala o que é perverso. Lemos em Provérbios 15:2: "a boca dos tolos derrama insensatez". A Escritura descreve frequentemente a boca do pecador como fonte do mal. A fala da pessoa revela o caráter verdadeiro do homem ou da mulher. E, pior de tudo, "a língua, porém, ninguém consegue domar. É um mal incontrolável, cheio de veneno mortífero" (Tiago 3:8).

Paulo prova exatamente isso e ressalta a aplicação universal com um jogo rápido de citações de Salmos 5:9; 140:3 e 10:7. "Suas gargantas são um túmulo aberto; com suas línguas enganam'. 'Veneno de serpentes está em seus lábios'. 'Suas bocas estão cheias de maldição e amargura'" (Romanos 3:13-14).

A maldade do pecador é evidente no momento em que ele abre a sua boca. Observe também a progressão da garganta para a língua, e da língua para os lábios, passando por uma boca que está cheia de maldição e amargura. O próximo versículo (Romanos 3:15) passa para os pés. É como se ele quisesse retratar a maldade sendo regurgitada da humanidade como um vômito.

Paulo (como o salmista antes dele) está pintando um quadro revoltante de propósito: "Suas gargantas são um sepulcro aberto" (Salmos 5:9). Para o leitor judeu em particular, nada seria mais abominável do que um sepulcro aberto com um corpo em decomposição exalando o seu cheiro

O EVANGELHO SEGUNDO PAULO

insuportável. Mas não se trata de um mau hálito; mas de algo hediondo: uma alma totalmente corrupta com um coração podre em estado de decomposição. E, devido ao fato do sepulcro estar aberto, o mal se manifesta, e a sua imundície bem podre se espalha pelo ambiente.

Além disso, "com as suas línguas enganam" (Romanos 3:13). Na verdade, eles *continuam a praticar o engano.* Isso é o que expressa o tempo verbal grego. Eles não somente foram culpados (no passado) de astúcia e trapaça. Mas, como diz na NASB, eles "continuam a enganar". Eles são incansáveis em sua falsidade e no seu jogo duplo.

Essa ideia inclui tudo, desde a adulação (como o texto original de Salmos 5:9 diz) até os tipos mais cínicos de corrupção e traição.

Além disso, todo esse mal procedente da boca, não é simplesmente impuro, ele traz a morte, como o "veneno das serpentes". Essa é uma citação direta de Salmos 140:3. A fala vil, desonesta e prejudicial é viciosamente destrutiva como o veneno. A comparação é adequada. As presas mortais da cobra, geralmente não se podem ver até que a cobra esteja pronta para dar o bote, mas suas mordidas podem trazer uma destruição incalculável. De modo semelhante, a adulação e o engano podem brevemente esconder o potencial maligno da fala perversa, mas somente o manto da desonestidade torna o poder destrutivo dessas palavras ainda mais sinistro.

Paulo não está exagerando para causar um impacto. As palavras podem realmente ser mortais. Muitos conflitos mortais se iniciaram com palavras, desde as guerras entre as nações aos conflitos que destroem famílias inteiras.

Ninguém que escuta a fala que domina o mundo atual negaria que a boca do homem "está cheia de maldição e amargura", uma fala irritada, vil, indecente, blasfema, orgulhosa, maliciosa, agressiva, mentirosa, enganosa e destrutiva. De um modo que talvez seja mais claro na superfície do que todos os outros aspectos do comportamento humano, os assuntos e o sentido da conversação humana trazem provas irrefutáveis de que o coração humano está decaído e cheio de maldade, amplamente corrompido pelo pecado. Existem alguns males graves que as pessoas nunca *fariam* por causa das consequências. Mas, na cultura atual, as pessoas *falam* livremente do mal, com pouco ou nenhum limite.

EM PRIMEIRO LUGAR, AS MÁS NOTÍCIAS

O pecado rebaixa a nossa conduta

A leitura da pronúncia passa a seguir ao problema da conduta humana: "'Seus pés são ágeis para derramar sangue; ruína e desgraça marcam os seus caminhos, e não conhecem o caminho da paz'" (Romanos 3:15-17). Citando Isaías 59:7 "Seus pés correm para o mal, ágeis em derramar sangue inocente", ele chama a atenção para o crime do assassinato e acusa toda a humanidade com a culpa desse crime.

O pecado do assassinato está, de fato, enfronhado na trama da história humana. O primeiro filho que nasceu de Adão e Eva matou o seu próprio irmão. Uma sede perversa de sangue contamina toda a raça e, se você imagina qual é o modo pelo qual essa acusação se aplica a todos, sem exceção, lembre-se o que Jesus disse sobre o assassinato. Ele citou o sexto mandamento ("Não matarás") e observou a pena ("Quem matar estará sujeito a julgamento" [Mateus 5:21]). Depois ele disse: "Mas eu lhes digo que qualquer que se irar contra seu irmão estará sujeito a julgamento. Também, qualquer que disser a seu irmão: 'Racá', será levado ao tribunal. E qualquer que disser: 'Louco!', corre o risco de ir para o fogo do inferno" (v. 22). O apóstolo João esclareceu essa ideia ao máximo: "Quem odeia seu irmão é assassino" (1João 3:15).

A inclinação da humanidade para o ódio e para a violência deixou um rastro de destruição por toda a história, e Paulo observa esse fato retornando novamente a Isaías 59:7-8: "Ruína e destruição marcam os seus caminhos. Não conhecem o caminho da paz." A expressão traduzida por "ruína e destruição" em nossa versão literalmente significa "calamidade devastadora." A ideia é maior do que a simples miséria (ainda que a inclua). Ela significa o sofrimento real, doloroso e físico. Além disso, não há como negar que a calamidade causada pelo homem e a miséria que ele trouxe a si próprio têm estado sempre no centro da experiência humana. No seu comentário clássico de Romanos, o comentarista do início do século XIX Robert Haldane escreveu, "Os animais mais selvagens não destroem tantos os de sua própria espécie para satisfazer a sua fome como o homem destrói os seus companheiros para saciar a sua ambição, a sua vingança, ou a sua cupidez [apetite desordenado]."[3] "Não conhecem o caminho da paz."

Essas são as treze acusações.

Paulo termina e resume a sua pronúncia da espécie humana com uma última frase extraída dos Salmos: "Aos seus olhos é inútil temer a Deus" (Romanos 3:18). Ela vem de Salmos 36:1, um salmo de Davi. Ele é (nas palavras de Davi) "um oráculo... a respeito da maldade do ímpio." Essa é tanto a motivação por trás da culpa humana quanto a expressão final da depravação humana. Porque a própria essência da insensatez se encontra na falta do temor de Deus. "O temor do Senhor é o princípio da sabedoria" (Salmos 111:10; Provérbios 9:10). "Temer o Senhor é odiar o mal" (Provérbios 8:13). "Com o temor do Senhor, o homem evita o mal" (Provérbios 16:6). De todos os males que essa sequência de referências do Antigo Testamento atribui à humanidade decaída, nenhum é tão desprezível quanto a falta de respeito descarada, convencida e apática que as pessoas manifestam com relação ao seu Criador e Juiz. De todos os defeitos que arruínam a humanidade, esse é o mais condenável de todos.

Desse modo se completa a pronúncia.

A sentença de condenação

A conclusão da matéria é clara e inevitável: "Sabemos que tudo o que a Lei diz, o diz àqueles que estão debaixo dela, para que toda boca se cale e todo o mundo esteja sob o juízo de Deus" (Romanos 3:19). A sentença de condenação é inequívoca.

Claramente, algo está faltando nesse ponto que normalmente seria encontrado em qualquer cena de julgamento. O acusado não apresentou defesa alguma. O motivo é porque ela não existe. "Portanto, ninguém será declarado justo diante dele baseando-se na obediência à Lei, pois é mediante a Lei que nos tornamos plenamente conscientes do pecado" (v. 20). Nós permanecemos culpados conforme fomos acusados. Não temos nada que tenha um mínimo de credibilidade para oferecer em nossa defesa. Tomando emprestado as palavras do profeta Isaías: "Ai de mim! Estou perdido! Pois sou um homem de lábios impuros" (Isaías 6:5). Ele foi um dos melhores profetas do Antigo Testamento e, mesmo assim, ele teve que confessar que a sua garganta era, na verdade, um sepulcro aberto.

EM PRIMEIRO LUGAR, AS MÁS NOTÍCIAS

Todos nós somos culpados sob a lei de Deus e diante do tribunal da justiça divina. Toda boca se cala. Enquanto isso, um juiz justo tem uma responsabilidade: cumprir a lei.

Isso nos faz retornar a um dilema aparentemente insolúvel. Deus, o Legislador e Juiz perfeito, não pode simplesmente ignorar o pecado da humanidade. "Absolver o ímpio e condenar o justo são coisas que o Senhor odeia" (Provérbios 17:15). Deus não pode baixar o padrão alto da sua própria justiça perfeita para se ajustar ao pecado da humanidade. O pecado tem que ser punido e o salário do pecado é a morte. O pecador tem uma dívida que ele nunca poderia esperar pagar.

Se nós parássemos neste ponto, ninguém teria qualquer motivo para pensar que o evangelho consiste em boas-novas. Felizmente, a Bíblia não para por aí. Começando no versículo 21, a glória verdadeira do evangelho de repente entra em cena.

3

Como uma pessoa pode ser justa diante de Deus?

Se tu, Soberano Senhor, registrasses os pecados, quem escaparia?

- Salmos 130:3

O discurso longo e incansável sobre a depravação humana tem o seu ápice em uma sentença condenatória arrasadora que faz com que "toda boca... se cale e todo o mundo... sob o juízo de Deus" (Romanos 3:19). Ele, então, pontua esta condenação indicando que a lei de Deus não oferece solução para a situação difícil do homem: "Portanto, *ninguém será declarado justo diante dele* baseando-se na obediência à Lei, pois é mediante a Lei que nos tornamos plenamente conscientes do pecado" (v. 20).

Para aqueles que tendem a pensar que Deus, na sua misericórdia, poderia simplesmente deixar a sua lei de lado e ignorar o seu pecado, a lei está cheia de afirmações veementes contra isso. Ainda que Deus seja "muito paciente e grande em fidelidade, e perdoa a iniquidade e a rebelião... *não deixa o pecado sem punição*" (Números 14:18).

Os lembretes desse fato vêm do próprio Deus. Por exemplo, quando Moisés estava no topo do monte Sinai, pronto para receber a lei inscrita em tábuas de pedra, o Senhor "passou diante de Moisés, proclamando: 'Senhor, Senhor, Deus compassivo e misericordioso, paciente, cheio de amor e de fidelidade, que mantém o seu amor a milhares e perdoa a maldade, a rebelião e o pecado. Contudo, *não deixa de punir o culpado*'" (Êxodo 34:6-7). Em Êxodo 23:7, Deus afirmou categoricamente: "não absolverei o culpado". De fato, "absolver o ímpio e condenar o justo são coisas que o Senhor odeia" (Provérbios 17:15).

Todo aquele que leva as questões espirituais a sério entenderá imediatamente o quanto é complicada a situação do pecador. Se Deus não finge

O EVANGELHO SEGUNDO PAULO

que não vê o pecado, nem simplesmente olha para o outro lado; se aquele que pecou já está condenado e não pode expiar o seu próprio pecado; se a pessoa decaída não pode conquistar o seu retorno para o favor de Deus nem quando segue rigorosamente a lei de Deus com o melhor da sua capacidade, qual é a esperança que resta?

A perplexidade de Jó

Jó, uma das pessoas mais respeitáveis que já viveu, fez exatamente esta famosa pergunta: "como pode o mortal ser justo diante de Deus?" (Jó 9:2). Mesmo estando próximo da metade do cânon do Novo Testamento, ele foi provavelmente o primeiro livro da Bíblia a ser escrito.[*] Então, a pergunta de Jó é a afirmação original de um mistério que reaparece várias vezes em pontos críticos de toda a história bíblica. É exatamente o mesmo problema que explica as tentativas fracassadas de Adão e Eva de cobrir a sua nudez com folhas de figueira e se esconderem da presença de Deus (Gênesis 3:7-8). É uma pergunta colocada de várias formas nos salmos e nas profecias do Antigo Testamento: "Se tu, Soberano Senhor, registrasses os pecados, quem escaparia?" (Salmos 130:3) "Ninguém é justo diante de ti [Deus]" (Salmos 143:2). "Somos como o impuro, todos nós! Todos os nossos atos de justiça são como trapo imundo" (Isaías 64:6).

Talvez ninguém tenha feito essa pergunta com um desespero tão comovente quanto o do profeta Miqueias. Ele pergunta: "Com que eu poderia comparecer diante do Senhor e curvar-me perante o Deus exaltado? Deveria oferecer holocaustos de bezerros de um ano? Ficaria o Senhor satisfeito com milhares de carneiros, com dez mil ribeiros de azeite? Devo oferecer o meu filho mais velho por causa da minha transgressão, o fruto do meu corpo por causa do pecado que eu cometi? (Miqueias 6:6-7).

---

[*] Os detalhes da história de Jó sugerem que ele deve ter vivido no tempo dos patriarcas. A sua vida longa é um indício importante sobre a época a qual ele pertence. Ele tinha dez filhos adultos quando a sua provação começou; ainda era jovem o bastante para ser pai de mais filhos no final da história, então ele teria entre trinta e cinco e setenta anos quando nós o encontramos pela primeira vez na Escritura. Diz Jó 42:6 que ele viveu 140 anos depois que a sua provação terminou, dando a entender que ele tinha que ter entre 175 e 250 anos quando morreu. Baseado na trajetória da expectativa de vida humana apresentada nas genealogias bíblicas, Jó deve ter vivido em uma época próxima à de Abraão. As gerações de Abraão e de Moisés eram separadas por mais de quatro séculos. (Gálatas 3:17 diz que cerca de 430 anos se passaram entre a aliança abraâmica e a entrega da lei em Sinai). Então, caso a história de Jó tenha sido escrita na época da vida de Jó ou em uma época próxima, trata-se do livro mais antigo da nossa Bíblia.

COMO UMA PESSOA PODE SER JUSTA DIANTE DE DEUS?

O cenário da história de Jó é instrutivo. Ele é apresentado em 1:1 como o melhor dos homens, "íntegro e justo; temia a Deus e evitava fazer o mal". O próprio Deus por duas vezes usa essas mesmas palavras para exaltar a virtude de Jó (1:8; 2:3). No entanto, como a maioria dos leitores deve saber, Jó foi testado por Satanás num esforço de levá-lo a amaldiçoar a Deus e renegar a sua fé. Todos os filhos de Jó morreram de forma trágica; as suas propriedades terrenas lhe foram tomadas; o seu corpo foi assolado com "feridas terríveis, da sola dos pés ao alto da cabeça" (2:7); e Jó "apanhou um caco de louça e com ele se raspava, sentado entre as cinzas" (v.8), refletindo sobre a amargura de todas as suas desgraças, enquanto tentava encontrar o sentido do dilema humano. Mas lembre-se: Ele era o melhor dos homens. Não havia "ninguém na terra como ele" (1:8). Isso não nega que ele seja pecador. De fato, como todas as pessoas verdadeiramente espirituais, Jó conhecia bem a sua própria pecaminosidade. Ele oferecia com cuidado os sacrifícios exigidos para o pecado, até se esforçando para criar uma provisão para a possibilidade de que a culpa de algum pecado insensato ou acidental pudesse trazer o desprazer de Deus sobre a sua família (1:5).

Porém, Jó tinha alguns amigos que tinham certeza de que o seu sofrimento era um sinal de que ele era secretamente culpado de algum pecado hediondo contra Deus. Eles o pressionaram com acusações repreensivas e lhe deram alguns conselhos incrivelmente ruins. Eles insistiam na existência de algum pecado monstruoso, clandestino na vida de Jó, do qual ele não tinha se arrependido. "Quando os seus filhos pecaram contra ele, ele os castigou pelo mal que fizeram" (8:4). Então, Bildade se concentrou nas suspeitas pessoais contra Jó: "Mas, se você procurar a Deus e implorar junto ao Todo-poderoso, se você for íntegro e puro, [*certamente*] ele se levantará agora mesmo em seu favor e o restabelecerá no lugar que por justiça cabe a você" (vv. 5-6). Ao finalizar, Bildade disse: "Deus não rejeita o íntegro" (v. 20).

Enquanto isso, Jó estava claramente buscando entender o que a sua própria consciência lhe estava dizendo. Ele sabia que não tinha cometido pecado algum do qual não tivesse se arrependido, nem tinha nenhum segredo sob o manto da hipocrisia. Além disso, sabia que era um ser sujeito a pecar.

O EVANGELHO SEGUNDO PAULO

Paulo enfrentou esse mesmo problema. Em 1Coríntios 4:4, ele escreveu: "Embora em nada minha consciência me acuse, nem por isso justifico a mim mesmo; o Senhor é quem me julga". Jó certamente faria um lamento desesperado parecido com esse escrito por Paulo, no momento em que contemplou a sua própria natureza decaída: "Miserável homem que eu sou! Quem me libertará do corpo sujeito a esta morte" (Romanos 7:24)?

Essa mesma frustração leva à pergunta de Jó: "como pode o mortal ser justo diante de Deus?" (Jó 9:2). A pergunta pesa muito sobre a cabeça de Jó porque não parece haver uma resposta satisfatória. Na verdade, ele faz esta pergunta posteriormente com outras palavras: "Quem pode extrair algo puro da impureza? Ninguém!" (Jó 14:4).

Até Bildade finalmente entende e, depois de alguns capítulos, repete a pergunta de Jó. Ele até a embeleza com a metáfora concreta do verme: "Como pode então o homem ser justo diante de Deus? Como pode ser puro quem nasce de mulher? Se nem a lua é brilhante e nem as estrelas são puras aos olhos dele, muito menos o será o homem, que não passa de larva, o filho do homem, que não passa de verme!" (25:4-6). Bildade está bem longe de ser o melhor conselheiro, ou o conselheiro que tem mais tato; essa é uma pergunta para a qual ele admite não ter resposta alguma.

O dilema humano

A essa altura, você já deve ter percebido que Jó faz a mesma pergunta que o evangelho responde: *Como podemos ser justos diante de Deus?* Quanto maior for o cuidado com o qual refletirmos sobre esta pergunta, mais nós sentiremos a amargura do pecado e da situação terrível do homem. Será realmente possível para o pecador encontrar o favor de Deus? E se for possível, de que maneira ele pode fazê-lo?

Seja qual for o texto do evangelho ao qual recorramos, surge essa mesma pergunta. De fato, é impossível entender o evangelho sem considerar, em primeiro lugar, o dilema da queda do homem e reconhecer francamente todas as barreiras aparentemente impossíveis que o pecado coloca entre Deus e o pecador.

A dúvida de Jó evoca várias perguntas complementares sobre as questões que já abordamos. Evite pular esta parte só porque parece que estamos

COMO UMA PESSOA PODE SER JUSTA DIANTE DE DEUS?

lidando com o que já sabemos. Essas são questões que todo indivíduo sensível inevitavelmente precisa enfrentar: Se todos nós somos culpados diante de Deus, sem nenhuma desculpa para o nosso pecado, como alguém pode se manter de pé perante esse julgamento? Se as obras de justiça não podem expiar a nossa obra má, como pode o pecador ser salvo da culpa e da escravidão do pecado? Se Deus exige a perfeição total e nós já somos incorrigivelmente imperfeitos, que esperança há para nós? Se a justiça divina de forma absoluta exige que o salário do pecado seja totalmente pago, como poderia Deus justificar o pecador sem violar a sua própria integridade? De fato, ele diz de forma categórica que "não absolverá o culpado" (Êxodo 23:7); será que isso então significa que a nossa condenação já está selada? *Como o Deus justo poderia justificar o ímpio?*

As respostas consistentes do evangelho para essas perguntas certamente remam contra a maré da opinião pública. Todos os sistemas de crenças que já foram criados pela mente humana respondem a essas questões fundamentais de forma errada. De um modo ou de outro, todas as religiões mundiais (e também todas as ideologias políticas principais, neste particular) ensinam que as pessoas precisam conquistar a justiça por si mesmas por meio de algum tipo de sistema baseado no mérito. Os meios pelos quais eles buscam fazer isso são tão diferentes quanto às várias divindades do panteão do mundo. Algumas destacam ritos e rituais. Outras enfatizam a abnegação e o ascetismo. No ocidente pós-moderno, a pessoa simplesmente inventa um deus imaginário para o qual o pecado não tem importância, pensando que as suas "boas obras" serão levadas em conta no julgamento, e que o seu pecado será simplesmente ignorado. Mas, no extremo oposto, existe um grande número de pessoas defendendo a guerra santa, ou algum tipo grotesco de fanatismo.

No Antigo Testamento, as pessoas às vezes queimavam os seus filhos pequenos vivos como sacrifício a Moloque, pensando que alcançariam o favor de uma divindade irada e implacável. Mas, se você acha que essa atrocidade cruel e egoísta só pertence ao passado distante, leve em consideração que as multidões nos dias de hoje são ativamente a favor do aborto (o assassinato proposital de bebês que ainda não nasceram) porque elas querem ser politicamente corretas. Elas estão desesperadas para parecerem "corretas" diante dos olhos do mundo.

85

Todas essas coisas são fruto de um desejo incansável que esconde uma necessidade pecaminosa de justificar a si mesmo dentro de cada coração decaído. Por natureza, todo pecador tem um impulso depravado, mas poderoso, de ter a convicção interior de que eles são justos (cf. Lucas 18:9). Mesmo os secularistas mais dogmáticos sentem a necessidade de se justificarem moralmente. Por isso, eles geralmente dizem a si mesmos que a filantropia generosa pode expiar praticamente qualquer mal. Ou eles podem defender o direito dos animais, a redistribuição da riqueza, ou alguma outra noção "progressiva" de bondade. Todas essas ideias (tanto das religiões antigas quanto das ideologias recentes) estão fatalmente erradas. Todas elas estão partindo fundamentalmente do mesmo princípio falso: acreditar de forma insensata que é possível ou obrigatório alcançar a justificação para si mesmo.

Essa é a pior de todas as mentiras que a pessoa diz para si mesma. Na verdade, é um delírio que traz a condenação eterna imaginar que podemos alcançar a nossa própria justificação através de algum meio. Um dos ensinamentos mais cristalinos da Bíblia é o de que ninguém adquire o favor de Deus pelo esforço próprio, muito menos aqueles que identificam a si mesmos como justos. Na verdade, Paulo disse que esse era o motivo exato pelo qual muitos dos seus compatriotas permaneciam na incredulidade e sob a condenação de Deus: "Ignorando a justiça que vem de Deus e procurando estabelecer a sua própria" (Romanos 10:3).

Simplesmente não existe caminho algum para o homem decaído se libertar da escravidão e da culpa do pecado e, menos ainda, da desaprovação do Deus santo, aquele contra o qual ele pecou. Aquele que pensa de outro modo é culpado de presunção arrogante. Essa arrogância somente agrava a sua condenação. Querendo ele enfrentar isso de forma honesta ou não, a sua condição é bem tenebrosa, deplorável e terrível. Nem mesmo a lei inspirada por Deus tem poder para redimir o pecador. Ela simplesmente revela o seu pecado e o condena por ele. Isso é exatamente o que faz da sentença condenatória universal de Paulo tão devastadora: "Portanto, ninguém será declarado justo diante dele [de Deus] baseando-se na obediência à Lei, pois é mediante a Lei que nos tornamos plenamente conscientes do pecado" (Romanos 3:20). Esse versículo é o ponto mais alto de todo o argumento de Paulo sobre os efeitos devastadores do pecado. Ele trouxe

COMO UMA PESSOA PODE SER JUSTA DIANTE DE DEUS?

o seu leitor a um ponto que ele pode se fazer a mesma pergunta urgente que Jó sempre fazia.

Nesse caso, quem pode ser salvo?

É a mesma pergunta que os discípulos fizeram depois do encontro que Jesus teve com o administrador jovem: "Neste caso, quem pode ser salvo?" (Mateus 19:25; Marcos 10:26; Lucas 18:26). Tudo o que temos visto até agora na longa análise do problema do pecado da humanidade parece fazer da redenção uma completa impossibilidade. E, do ponto de vista do pecador, esse é precisamente o caso. A resposta de Jesus à pergunta dos discípulos começou reconhecendo a perdição do pecador: "Para o homem é impossível" (Mateus 19:26).

"Mas", o Nosso Senhor continuou, "para Deus todas as coisas são possíveis". Paulo diz a mesma coisa de um modo parecido em Romanos 3. Depois de sua análise detalhada sobre o problema do pecado, culminando em sua declaração retumbante sobre o desespero do dilema humano, o apóstolo repentinamente muda de tom e de direção no versículo 21: "Mas agora..."

O horror desses três capítulos iniciais instantaneamente dá lugar à esperança. É no momento em que chegamos ao ponto neste horizonte tão deprimente em que nada poderia aparecer para nos ajudar ou incentivar, Paulo muda de repente o seu raciocínio, e chegamos à razão pela qual o evangelho é uma notícia tão boa: "Mas agora se manifestou uma *justiça que provém de Deus, independente da Lei*" (v. 21).

Faça uma pausa para assimilar cada palavra nessa afirmação profunda. O assunto agora é a justiça perfeita de Deus, contrastando com os trapos de imundícia das nossas obras mesquinhas e manchadas de pecado. É uma justiça manifesta "independente da lei", a saber, algo diferente de uma simples reafirmação dos mandamentos da lei. E não é somente a parte jurídica que está envolvida na lei, a justiça que exige total retribuição pelo nosso pecado.

"Se tivesse sido dada uma lei que pudesse conceder vida, certamente a justiça viria da lei" (Gálatas 3:21). Mas a lei nem pode nos justificar, nem nos vivificar. A lei é necessária para nos ensinar o que é a justiça, mas não

O EVANGELHO SEGUNDO PAULO

oferece ajuda alguma para o pecador. Ela exige a nossa obediência completa e condena a nossa desobediência, mas ela não pode nos tornar justos.

O evangelho revela uma justiça "independente da lei" que realiza a redenção do pecador. Sob os termos da própria lei, a redenção do pecador pareceria impossível. Mas Paulo está descrevendo um aspecto incrível da justiça divina que contribui para o benefício (em vez da condenação) de todo aquele que crê. Isso foi sugerido fortemente no Antigo Testamento, em textos como Gênesis 15:6, Salmos 32:1,2 e Isaías 61:10. Agora é revelado em sua plenitude no evangelho. É a *"justiça de Deus mediante a fé em Jesus Cristo para todos os que creem"* (Romanos 3:22).

Observe que essa justiça desce a nós; não é oferta alguma que elevamos a Deus, mas é imputada (creditada na conta) a todo pecador que renuncia ao pecado e confia em Cristo como Salvador. Nós sabemos por certo que é isso que Paulo tinha em mente, porque, em alguns versos à frente, ele cita Salmos 32, onde "Davi... fala da felicidade do homem a quem Deus credita justiça independente de obras" (Romanos 4:6). Ele também diz a fé do pecador que crê é *"creditada* como justiça" (v. 5). Os verbos *imputar* e *creditar* são termos técnicos que descrevem um procedimento jurídico onde o pecador arrependido é creditado formalmente com a justiça perfeita do próprio Deus.

O conceito da imputação é fundamental para o entendimento do evangelho segundo Paulo. A própria palavra é um termo *forense*, significando que ele descreve um cálculo jurídico, como a transferência de uma dívida ou de um bem de uma pessoa para outra. A ideia não é que Deus infunde ou injeta virtude na alma, mas que ele credita totalmente ao pecador que crê com uma justiça perfeita que não é dele. Não é algo conquistado ou inventado pelas obras que eles pratiquem. É uma justiça *alheia*, a justiça de outro. Nesta passagem, Paulo a chama de "justiça de Deus". Mais especificamente, é a perfeição total da justiça divina manifestada em Jesus Cristo homem. O mérito total da justiça de Cristo é imputado para todos que estão unidos com ele pela fé, exatamente da mesma forma que a nossa culpa foi imputada a Ele. (2Coríntios 5:21).[*]

Essa verdade profunda, porém simples, ressurge várias vezes sempre que examinamos os textos principais de Paulo sobre o evangelho. Não

---

[*] Veja o capítulo 5 para o estudo detalhado sobre 2Coríntios 5:21 e as suas consequências.

existe princípio mais importante para um entendimento correto da justificação pela fé. E, já que a doutrina da justificação é o ponto mais alto do ensino de Paulo sobre o evangelho, simplesmente não é possível entender ou explicar de maneira adequada a soteriologia paulina sem se recorrer à linguagem e ao princípio da imputação.

Nenhum mérito próprio

Pensando nestas verdades, observe bem de perto, palavra por palavra, as consequências dessa afirmação fundamental: "Mas agora se manifestou uma justiça que provém de Deus, independente da Lei, da qual testemunham a Lei e os Profetas, justiça de Deus mediante a fé em Jesus Cristo para todos os que creem" (Romanos 3:21-22).

"Mas agora... se manifestou"

Em primeiro lugar, Paulo estava dizendo que o evangelho de Jesus Cristo nos dá um entendimento mais completo do caminho da salvação do que tudo que já tinha sido revelado antes. Essa verdade se encontrava no Antigo Testamento, mas ela estava oculta em sombras. Em sua maior parte, ela estava embutida na tipologia e no simbolismo. Por exemplo, o sistema sacrificial do Antigo Testamento estava cheio de representações da expiação substitutiva. Os rituais intensos e sangrentos recordavam os fiéis de um modo poderoso que o salário terrível do pecado tem que ser pago.

Os sacrifícios de animais representavam a morte de um ser que leva o pecado, mostrando que a pena do pecado poderia ser levada por um substituto adequado. Contudo, essas ofertas têm que ser feitas várias vezes, provando que os sacrifícios de animais "que nunca podem remover os pecados" (Hebreus 10:11). Os sacrifícios do Antigo Testamento eram meramente simbólicos, apontando para o futuro, para um sacrifício maior e mais adequado que seria verdadeiramente eficaz. "Pois é impossível que o sangue de touros e bodes tire pecados" (v. 4). Mas onde poderia se achar um substituto aceitável? Sob a lei, a resposta para esta pergunta permanecia oculta em mistério.

Além disso, o sistema sacrificial estava concentrado quase totalmente sobre o *castigo* que a lei exigia. E a *obediência* que a lei exigia?

O EVANGELHO SEGUNDO PAULO

Como a justiça perfeita exigida pela lei seria cumprida? Essa questão era um enigma sem resposta sob o ponto de vista dos santos do Antigo Testamento.

As duas respostas vieram na encarnação de Cristo: "Porque, aquilo que a Lei fora incapaz de fazer por estar enfraquecida pela carne, Deus o fez, enviando seu próprio Filho, à semelhança do homem pecador, como oferta pelo pecado. E assim condenou o pecado na carne, a fim de que as justas exigências da Lei fossem plenamente satisfeitas em nós, que não vivemos segundo a carne, mas segundo o Espírito" (Romanos 8:3-4).

A expressão "mas agora" em Romanos 3:21 se refere à era que foi inaugurada com a encarnação de Cristo. Ela constituiu literalmente na guinada da história e o momento central e decisivo do plano divino da redenção. Gálatas 4:4-5 a descreve desta maneira: "Mas, quando chegou a plenitude do tempo, Deus enviou seu Filho, nascido de mulher, nascido debaixo da Lei, a fim de redimir os que estavam sob a Lei."

De forma específica, o nascimento de Cristo foi o prenúncio de uma nova era da revelação na qual as respostas para o dilema de Jó e todas as questões relacionadas a ele seriam esclarecidas. Por meio do ministério terreno de Cristo e das palavras divinamente inspiradas do Novo Testamento, o véu foi tirado desses mistérios do Antigo Testamento.

Muitas coisas que tinham sempre se mantido vagas e obscuras foram esclarecidas de repente. O escritor de Hebreus destaca a superioridade da revelação do Novo Testamento na sua frase inicial: "Há muito tempo Deus falou muitas vezes e de várias maneiras aos nossos antepassados por meio dos profetas, mas nestes últimos dias falou-nos por meio do Filho" (1:1-2). Paulo reconhece de forma parecida que "o mistério que esteve oculto durante épocas e gerações... foi manifestado a seus santos" (Colossenses 1:26). Ele agora foi revelado "pela manifestação de nosso Salvador, Cristo Jesus" (2Timóteo 1:10).

"A justiça de Deus"

"Agora", de modo inédito e maravilhoso, "se manifestou uma justiça que provém de Deus, independente da Lei, da qual testemunham a Lei e os Profetas" (Romanos 3:21). A expressão "a Lei e os Profetas" em um contexto como esse simplesmente é uma expressão abreviada comum que

COMO UMA PESSOA PODE SER JUSTA DIANTE DE DEUS?

significa todo o cânon do Antigo Testamento. Quem ou o que foi predito por todo o Antigo Testamento?

A resposta é clara. Paulo está falando sobre Jesus Cristo que, com certeza, por ser Deus encarnado, personifica a justiça divina. Todo o Antigo Testamento dá testemunho sobre ele. (João 1:45; 5:39, 46).

Além disso, vindo à terra como verdadeiro homem, nascido sob a lei, Jesus teve uma vida sem pecado, tornando-se assim também a concretização perfeita da justiça humana. Ele (e somente ele), portanto, está qualificado perfeitamente para ser o "Mediador" entre Deus e os homens, o nosso Grande Sumo Sacerdote (1 Timóteo 2:5). Ele também é o único que pode se oferecer como uma oferta perfeita pelo pecado, o Cordeiro de Deus sem mancha "que tira o pecado do mundo" (João 1:29). De fato, "este sacerdote acabou de oferecer, para sempre, um único sacrifício pelos pecados, [e, assim,] por meio de um único sacrifício, ele aperfeiçoou para sempre os que estão sendo santificados" (Hebreus 10:12, 14).

Como Jesus Cristo aperfeiçoa aqueles que creem nele? Obviamente, a sua morte paga completamente a pena pelos seus pecados, limpando a sua culpa por meio dela e apagando a dívida. Além disso, a sua justiça impecável, a única justiça humana que poderia subsistir diante da justiça perfeita de Deus, é concedida aos que creem por imputação.

"Por meio da fé em Jesus Cristo, para todos os que creem"

Essa é única solução possível para o nosso pecado. Uma justiça tem que descer sobre nós, uma justiça que é alheia a nós. "Vocês, céus elevados, façam chover justiça; derramem-na as nuvens. Abra-se a terra, brote a salvação, cresça a retidão com ela; eu, o Senhor, a criei" (Isaías 45:8).

A justiça imputada é a única base da justificação do pecador. Deus aceita o pecador, não por causa de algo bom ou louvável que ele encontre neles. Lembre-se, "Somos como o impuro, todos nós! Todos os nossos atos de justiça são como trapo imundo" (Isaías 64:6). As nossas boas obras não ajudam em nada para a nossa posição de justiça. Repetindo, se confiar em sua própria bondade, você está perdido (Lucas 18:8). Deus só aceita a perfeição absoluta, que não existe na esfera humana, exceto em Cristo.

O EVANGELHO SEGUNDO PAULO

No entanto, essa é a boa notícia: o cristão verdadeiro está unido com Cristo "por meio da fé" (Efésios 3:17) e, portanto, ele também está "em Cristo" (Romanos 12:5; 1Coríntios 1:30). Deus o aceita e o abençoa com base nesse fato (Efésios 1:6). Esse é o modo pelo qual ele "justifica o ímpio" (Romanos 4:5). Ele o credita com uma justiça que não é dele, uma justiça alheia, creditada na sua conta.

Paulo espelha claramente essa verdade em seu próprio testemunho. O desejo do seu coração, ele disse, era de "ser encontrado nele, não tendo a minha própria justiça que procede da Lei, mas a que vem mediante a fé em Cristo, a justiça que procede de Deus e se baseia na fé" (Filipenses 3:9).

Observe que Paulo está confessando: o próprio Deus teve que vir para socorrê-lo. Somente ele pode salvar. O mesmo que deu a lei a qual nos condena também fornece a justiça necessária para nos salvar. Esse, por sinal, é o único mérito que precisamos para sermos justificados diante dele.

Essa é "a luz do evangelho da glória de Cristo" (2Coríntios 4:4), e é o único modo pelo qual uma pessoa pode ser justa diante de Deus.

4

Sola fide

Abrão creu no Senhor, e isso lhe foi creditado como justiça.

– Gênesis 15:6

Antes de sairmos de Romanos 3, precisamos ter uma visão panorâmica da parte onde Paulo explica a base do seu evangelho: os versículos 21 a 26. Essa é uma passagem forte e absolutamente fundamental para o entendimento adequado do evangelho segundo Paulo. Mas também é um texto que apresenta alguns desafios interpretativos formidáveis. Esse é o parágrafo completo de uma vez:

Mas agora se manifestou uma justiça que provém de Deus, independente da Lei, da qual testemunham a Lei e os Profetas, justiça de Deus mediante a fé em Jesus Cristo para todos os que creem. Não há distinção, pois todos pecaram e estão destituídos da glória de Deus, sendo justificados gratuitamente por sua graça, por meio da redenção que há em Cristo Jesus. Deus o ofereceu como sacrifício para propiciação mediante a fé, pelo seu sangue, demonstrando a sua justiça. Em sua tolerância, havia deixado impunes os pecados anteriormente cometidos; mas, no presente, demonstrou a sua justiça, a fim de ser justo e justificador daquele que tem fé em Jesus.

Uma das características especiais do estilo da escrita de Paulo é a maneira pela qual ele injeta comentários pequenos que divagam. Nessa passagem, por exemplo, imediatamente depois de apresentar as boas-novas do evangelho ("Mas agora se manifestou uma justiça que provém de Deus, independente da Lei"), ele retorna diretamente para as más notícias. Ele inclui uma digressão composta de uma sentença que reafirma, resume e reforça criativamente o argumento fundamental que ele está expondo com cuidado por dois capítulos e meio: "Não há distinção, pois todos pecaram e estão destituídos da glória de Deus" (vv. 22-23). É um comentário

O EVANGELHO SEGUNDO PAULO

breve, adicionado de propósito bem na altura em que Paulo faz a transição para uma explicação do motivo pelo qual o evangelho traz verdadeira-mente boas-novas. Ele quer ter toda a certeza de que o leitor não deixará de lado rapidamente a verdade que constitui o ponto de partida essencial do evangelho.

Quando percebemos que a sentença é uma digressão retórica, só uma breve recapitulação da primeira argumentação de Paulo, a lógica inspirada do texto se torna clara como um cristal. Acontece que a verdade dessa passagem é simples e profunda. Essa é a sua essência: *Devido ao fato de que "a justiça de Deus independente da lei" é imputada a "todos os que creem", eles são "justificados livremente pela sua graça através da fé da redenção que está em Cristo Jesus".*

Essa é a doutrina da justificação pela fé, o coração e a pedra angular do evangelho segundo Paulo. Apesar de ele se considerar "o menor dos apóstolos" (1Coríntios 15:9), é importante que, dentre todos os escritores do Novo Testamento, Paulo foi o elemento principal que o Espírito Santo usou para proclamar claramente este princípio, para o expor de forma abrangente e para o defender de forma agressiva nos momentos em que o evangelho sofria ataques dos falsos mestres e dos legalistas. A proliferação de tantos mestres falsos e de doutrinas que negavam o evangelho nos primeiros anos da história da igreja é impressionante e mostra o quanto o diabo se dedica a semear joio no meio do trigo (Mateus 13:24-30).

"Não por obras de justiça"

Paulo apresenta em Romanos 3:21-26 a característica definitiva do seu ensino sobre o evangelho. Ele reafirma sucintamente alguns versos depois com estas palavras: "Deus imputa a justiça sem as obras" (4:6). Esse é o princípio que os reformadores denominaram de *sola fide* (expressão latina para "somente pela fé").

A fé como o único instrumento de justificação é a doutrina que a Igreja Católica Romana tem amaldiçoado formal e categoricamente desde o Concílio de Trento em meados do século XVI.* Os apologistas da

---

* O cânon IX, da sexta seção do Concílio de Trento, declara, "Se alguém disser que somente pela fé o ímpio é justificado; querendo dizer deste modo, que nada mais se exige para cooperar para se obter a

SOLA FIDE

posição romana geralmente afirmam que eles não conseguem achar essa doutrina em nenhuma passagem das Escrituras. Porém, na passagem estudada, podemos vê-la em termos claros. Na verdade, é o primeiro princípio que Paulo defende no momento em que muda da má notícia da complicada situação humana para as boas-novas do evangelho: para aqueles "que creem", o próprio Deus provê toda a justiça necessária para a sua justificação (Romanos 3:22).

Os críticos do *sola fide* desejam indicar que Paulo não usa as palavras exatas "somente pela fé". Mas não há como escapar do seu sentido; o contexto imediato o deixa claro. Lembre-se daquela conclusão final e devastadora da análise extensa sobre o pecado: "Portanto, ninguém será declarado justo diante dele baseando-se na obediência à Lei, pois é mediante a Lei que nos tornamos plenamente conscientes do pecado" (v. 20). Em outras palavras, as obras são inúteis para a justificação. Além disso, a próxima afirmação de Paulo é exatamente que a "justiça de Deus mediante a fé em Jesus Cristo [é concedida] para todos os que creem (v. 22). Essa é uma afirmação clara do princípio do *sola fide*.

A maior parte dos teólogos católicos romanos (e uma corrente relativamente recente de protestantes nominais[*] que rejeitam os princípios do *sola fide*) têm afirmado que, no contexto em que Paulo fala das "obras da lei", ele se refere somente aos rituais formais e outras características cerimonias da lei: a circuncisão, as regras que governam a pureza cerimonial, etc.[**] Mas o uso de Paulo dessa expressão não pode ser simplesmente limi-

---

graça de Justificação, e que não é de modo algum necessário que ele esteja preparado e disposto pelo movimento da sua própria vontade; que ele seja anátema!" Philip Schaff, ed., *The Creeds of Christendom*, 3 vols. (Nova York: Harper, 1877), 2:112.

[*] Os três principais representantes da chamada Nova Perspectiva sobre Paulo, E. P. Sanders, James D. G. Dunn e N. T. Wright, são todos ecumenistas que se autodenominam protestantes e, pelos últimos vinte anos, as suas ideias (as opiniões de Wright em particular) têm exercido uma influência considerável entre os evangélicos americanos. Um dos princípios centrais de sua hipótese é uma negação categórica de que o ensino do apóstolo Paulo sobre a justificação pela fé tenha alguma semelhança com o princípio *sola fide* da Reforma. Esse foi o princípio material da Reforma Protestante, justamente a doutrina sobre a qual toda a controvérsia começou. Os reformadores e os seus herdeiros evangélicos têm sempre defendido este princípio livremente. Os defensores da Nova Perspectiva ou a minimizam ou a negam. Na verdade, o aspecto mais controvertido do ensino da Nova Perspectiva tem sido a redefinição que o movimento faz da doutrina da justificação, uma inovação que parece ser motivada principalmente pelo impulso ecumênico.

[**] N. T. Wright, por exemplo, insiste que, no contexto em que Paulo fala de "obras da lei", essas "não são

O EVANGELHO SEGUNDO PAULO

tado desse modo, em um esforço herético para dar aos pecadores algum crédito pela sua salvação.

Em Romanos 7, por exemplo, no momento em que Paulo quis exemplificar a total incapacidade da lei para justificar os pecadores, o preceito que ele escolheu destacar como exemplo é o décimo mandamento: "Não cobiçarás" (v. 7; cf. Êxodo 20:17). A cobiça é seguramente o menor de todos os pecados mencionados no Decálogo. Ele lida com o desejo. Resistir ou cometer esse pecado não é algo que envolva algum tipo de ação. Então, quando Paulo fala das "obras da lei", ele está usando esta expressão no sentido mais amplo possível. O seu sentido não pode ser limitado aos rituais e às características cerimoniais da lei. É bem o oposto: a expressão "obras da lei" do modo como Paulo emprega incluiria qualquer pensamento, ação ou atitude que vise a obter a aprovação de Deus por meio de uma demonstração de obediência a um dos 613 mandamentos do Antigo Testamento. Seja qual for o rigor pelo qual o pecador tenta seguir a lei, buscar a justificação diante de Deus desse modo é uma prática fútil.

A Escritura é perfeitamente clara sobre isso. Nenhuma boa obra de qualquer tipo traz mérito algum para a justificação do pecador diante de Deus. Toda a justiça do homem (que não seja a justiça perfeita do Cristo que se fez carne) é fruto da carne decaída e, portanto, é fatalmente imperfeita. Mais uma vez: "Somos como o impuro, todos nós! Todos os nossos atos de justiça são como trapo imundo" (Isaías 64:6).

Por meio dessa parte da Epístola aos Romanos, Paulo várias vezes destacou tal verdade, e ele continuará a mencioná-la. Logo depois da passagem que estamos estudando, Paulo defende que a justificação pela fé não deixa margem alguma para o orgulho pessoal e diferencia claramente as *obras* da *fé*: "O motivo de vanglória? É excluído. Baseado em que princípio? No da obediência à Lei? Não, mas no princípio da fé" (Romanos 3:27). Depois,

---

as 'boas obras' morais que a tradição reformada ama odiar. Elas são as coisas que dividem o judeu do gentio." *Justification: God's Plan & Paul's Vision* (Downer's Grove: InterVarsity, 2009), p. 117. Wright insiste que, para Paulo, a justificação é um princípio ecumênico, e de modo algum trata da salvação pessoal. Paulo nem mesmo está tentando refutar a ideia da salvação pelas obras de justiça. Wright diz, "Esse modo de ler Romanos tem sistematicamente violentado este texto por centenas de anos, e... está na hora do próprio texto ser ouvido novamente... Paulo pode concordar ou não com Agostinho, Lutero, ou qualquer outro sobre o modo pelo qual as pessoas chegam ao conhecimento pessoal de Deus em Cristo; mas ele não usa a linguagem da 'justificação' para denotar esse acontecimento ou processo." *What Saint Paul Really Said* (Grand Rapids: Eerdmans, 1997), p. 117.

SOLA FIDE

ele reitera este ponto central: "Pois sustentamos que o homem é justificado pela fé, independente da obediência à Lei" (v. 28). Mesmo que ele não utilize a expressão "somente pela fé", ele está claramente defendendo o princípio do *sola fide*. Ele transmite a mesma ideia em Romanos 4:5: "Todavia, àquele que não trabalha, mas confia..., sua fé lhe é creditada como justiça". Essa é uma afirmação tão clara de *sola fide* como a de qualquer reformador protestante.

Portanto, é impressionante que alguém possa acreditar que as obras do próprio pecador ou da própria pecadora possam ter uma participação na sua justificação, mas a mão de ferro da predisposição humana para a autojustificação é poderosa e difícil de quebrar. Por isso, como nós observamos nos capítulos 2 e 3, as religiões principais do mundo (incluindo o catolicismo romano) insistem que alguma parcela de justificação ou aprovação divina deva ser merecida por causa de suas boas obras pessoais.

Paulo argumenta poderosamente de outra forma. Na verdade, essa é praticamente a essência da verdade do evangelho: "não por causa de atos de justiça por nós praticados, mas devido à sua misericórdia, ele nos salvou" (Tito 3:5).

Apesar de todos os anátemas papais e de todas as teses ecumênicas que unem as suas forças contra o princípio do *sola fide*, simplesmente não existe um modo legítimo de contornar o fato claro de que essa é a característica mais forte do evangelho segundo Paulo: "E, se é pela graça, já não é mais pelas obras; se fosse, a graça já não seria graça. Mas se é por obras, já não é mais a graça; se assim fosse, as obras já não seriam obras (Romanos 11:6). Qualquer religião que diga às pessoas que elas podem receber mérito para se acertarem com Deus está seguindo um falso evangelho, e aqueles que corrompem a verdade desse modo somente selam a sua própria perdição (Gálatas 1:8, 9).

Somente pela fé

A essa altura, a importância monumental da justificação pela fé e a função de destaque que essa doutrina desempenha no ensino de Paulo sobre o evangelho deve ser óbvia. Toda a essência da carta de Paulo aos Romanos é a explicação sistemática do evangelho e das suas consequên-

O EVANGELHO SEGUNDO PAULO

cias. A justificação do pecador domina a análise do princípio ao fim. Em outras epístolas ela também é dominante, em todo contexto onde Paulo se incumbe de explicar ou defender o evangelho, ele sempre destaca essa doutrina. Isso acontece porque todos os ataques principais contra o evangelho verdadeiro acabam corroendo sutilmente ou atacando abertamente o princípio da justificação somente pela fé. É uma verdade que sempre tem sido negada fortemente pelos legalistas e pelos sacramentalistas de todo tipo, dos falsos mestres originais que estavam perturbando as igrejas da Galácia até os católicos romanos e os protestantes liberais da atualidade. Ela é exagerada pelos antinomistas. Ela é sempre atacada na esfera acadêmica por especialistas orgulhos que tem um apetite insaciável pelas novidades e tratam cada expressão da ortodoxia com grande desprezo. Ela é alvejada por praticamente todas as seitas pseudocristãs, além de ser infelizmente negligenciada pela maioria no ramo tradicional do movimento evangélico atual.

No entanto, para Paulo, essa era a doutrina principal do evangelho: "Pois sustentamos que o homem é justificado pela fé, independente da obediência à Lei" (Romanos 3:28). Os reformadores protestantes originais e todos os seus herdeiros espirituais diriam de forma semelhante que, dentre todos os preceitos cardeais do cristianismo, nenhum é mais importante do que a doutrina da justificação pela fé.

Era a isso que Martinho Lutero se referia quando escreveu: "Se esse artigo se mantiver de pé, a igreja se manterá de pé; se esse artigo desabar, a igreja desaba com ele."* Lutero também disse: "Não se pode relaxar nem ceder nesse artigo, porque nesse momento os céus e a terra cairiam."[1] João Calvino chamava a doutrina da justificação "o fundamento principal na qual a religião tem que se basear".[2]

Definida de forma simples, a doutrina bíblica da justificação ensina que Deus declara o pecador que crê perfeitamente justo por causa de Cristo. Ele não somente perdoa os seus pecados, mas também imputa a ele o mérito total da justiça imaculada de Cristo. Ele, portanto, é justificado diante de Deus, não por causa de alguma coisa boa que tenha feito (ou fará), mas somente por causa da obra de Cristo em seu favor.

---

* *"Quia isto articulo stante stat Ecclesia, ruente ruit Ecclesia."* Citação da edição de Weimar das obras de Martinho Lutero 40/III.352.1-3.

SOLA FIDE

A Confissão de Fé de Westminster foi ratificada pela Assembleia de Westminster em 1646 e permanece desde aquela época como a mais importante e influente de todas as confissões protestantes. Ela explica essa doutrina vital com termos parecidos:

> Àqueles que Deus efetivamente chamou, ele também livremente justificou; não infundindo a justiça a eles, mas perdoando os seus pecados, levando em conta e aceitando as pessoas como justas; nem por nada formado neles, ou feito por eles, mas somente por causa de Cristo; nem imputando a própria fé, o ato de crer, ou qualquer outra obediência evangélica a eles, como sua própria justiça; mas imputando a obediência e a satisfação de Cristo a eles, desde que eles recebam e descansem nele e na sua justiça pela fé que não vem deles mesmos e que é dom de Deus.[3]

Isto é precisamente o que Paulo quer dizer quando menciona que os pecadores são "justificados gratuitamente por sua graça [de Deus]" (Romanos 3:24). Como sempre faz Paulo, o destaque está na graça extravagante do evangelho. A justificação é um dom, não é um salário ou uma recompensa.

Portanto, todas as lições que possamos aprender legitimamente da soteriologia bíblica aponta para a glória de Deus, não para a autoestima do pecador. O parágrafo que estudamos em Romanos 3 indica quatro maneiras pelas quais a justificação dos pecadores, somente pela graça e somente pela fé, exalta a glória de Deus.

A justificação demonstra a justiça de Deus

Toda a criação declara a glória de Deus em "seu eterno poder e natureza divina" (Romanos 1:20). Em outras palavras, "o que de Deus se pode conhecer" por meio da sua grandeza onipotente e divindade é óbvio pelo testemunho singular da natureza para todo aquele que a consciência não esteja totalmente cauterizada, "porque Deus lhes manifestou" (v. 19).

Mas o que dizer da sua justiça perfeita? É verdade que os princípios básicos da lei são escritos no coração humano, portanto, um certo sentido

O EVANGELHO SEGUNDO PAULO

da retidão divina é intrínseco à consciência humana (Romanos 2:14-15). Mas a natureza por si só não consegue nem começar a transmitir a profundidade e a riqueza da justiça divina, não incluindo somente o ódio feroz de Deus contra o mal, mas também o seu amor pela misericórdia e pela graça. Essas verdades certamente foram reveladas parcialmente nas Escrituras do Antigo Testamento, mas (como nós observamos no capítulo anterior) grande parte estava oculta em mistério sob a dispensação da lei.

Paulo diz: "Mas agora se manifestou uma justiça que provém de Deus, independente da Lei" (Romanos 3:21). Somente o evangelho manifesta a retidão de Deus de modo que se apaga todo o mistério que persistia sob a lei. Parece bem paradoxal em vários níveis, mas Deus demonstra da melhor maneira a sua própria justiça justificando o pecador.

O verbo do Novo Testamento traduzido por "justificar" é a palavra grega *dikaio*, que quer dizer precisamente isso: "declarar justo", ou "justificar". As palavras derivadas da mesma raiz incluem o substantivo *dikaiosun* ("justiça" ou "justificação") e o adjetivo *dikaios* (justo).

Esses termos apimentam todas as análises paulinas sobre o evangelho, e Romanos 3 está cheio deles. A forma verbal tem conotações forenses ou jurídicas. Ela significa um decreto formal, como o momento em que o juiz no tribunal pronuncia uma sentença de absolvição.

Como nós já vimos, o pecador que crê é declarado justo por causa da justiça alheia que lhe é imputada pelo cálculo divino. As boas obras do pecador são consideradas como esterco inútil (Filipenses 3:7-8). Então nenhuma parte da justificação exalta o pecador. "Cristo Jesus, o qual se tornou sabedoria de Deus para nós, isto é, justiça, santidade e redenção, para que, como está escrito: 'Quem se gloriar, glorie-se no Senhor'" (1Coríntios 1:29-31). Resumindo: "o motivo da vanglória... é excluído (Romanos 3:27).

Ao mesmo tempo, a retidão de Deus é gloriosamente manifesta neste ato, demonstrando um aspecto da justiça divina que a lei nunca poderia revelar (v. 21). Assim, o próprio Senhor recebe toda a glória em nossa salvação. Nós devemos tudo a sua justiça, não a nossas boas obras. Como pecadores remidos, "somos criação de Deus realizada em Cristo Jesus para fazermos boas obras, as quais Deus preparou antes para nós as praticarmos" (Efésios 2:10).

SOLA FIDE

A justificação exalta a graça de Deus

A justificação dos pecadores, além disso, exalta a Deus "para o louvor da sua gloriosa graça" (Efésios 1:6).

Mais uma vez dizemos que toda vez que Paulo lida com o evangelho, sempre há um grande destaque sobre a graça de Deus. Em Romanos 3, ele demonstra o princípio de que, mesmo estando todos nós destituídos da glória de Deus, aqueles que voltam para ele com fé são "justificados gratuitamente pela sua graça" (v. 24). O termo *graça* geralmente denota o favor de Deus, mas é um termo multiforme com uma profundidade de significado difícil de transmitir em uma só palavra do nosso idioma. A palavra no grego é *charis*, às vezes traduzida por "favor" (Lucas 1:30; 2:52; At 7:46). Ela pode denotar também um presente ou um benefício. Ela tem conotações de gentileza bem-intencionada, encanto e misericórdia. Normalmente no Novo Testamento (e no uso padrão, técnico e teológico) a palavra é carregada de todas essas nuances de sentido e significa o favor misericordioso de Deus, dado livremente para os pecadores que creem, que na verdade não merecem nada senão ira e a justa retribuição.

Existe também um aspecto dinâmico da graça, como estudaremos nos capítulos futuros. A graça treina e nos capacita para "viver de maneira sensata, justa e piedosa" (Tito 2:12; veja também Filipenses 2:13). Em outro lugar, falei sobre a graça como "a influência livre e benevolente do Deus santo que opera soberanamente na vida de pecadores que não merecem."[4]

Em Romanos 3:24, Paulo acrescenta o advérbio *gratuitamente*, portanto, o destaque claro é no fato de que o favor de Deus é completamente imerecido pelo pecador remido. Rejeite o princípio do *sola fide* e, na verdade, terá negado que o pecador é "justificado gratuitamente." Rejeite o princípio do *sola fide*, e não terá opção senão buscar a justificação pelas obras. O resultado é devastador. Aqueles que fazem isso estão "separados de Cristo... decaídos da graça" (Gálatas 5:4).

Para colocar na linguagem mais clara possível, a ideia de que as obras do próprio pecador podem contribuir com algum mérito para a justificação é uma noção arrogante e demoníaca. Não é simplesmente uma doutrina errada; ela é anticristã e destrutiva do evangelho.

O EVANGELHO SEGUNDO PAULO

Essa crença denigre a graça de Deus e exalta de forma ilegítima ao pecador. O seu fruto é a perdição em vez da justificação (Gálatas 1:8-9). Essa foi a ideia principal em sua Epístola aos Gálatas: "Não anulo a graça de Deus; pois, se a justiça vem pela Lei, Cristo morreu inutilmente!" (2:21).

A *graça* é a razão total, resumida em uma só palavra, pela qual o evangelho é uma notícia tão boa! Essa também é a razão pela qual Paulo dedicou tanto espaço para a pronúncia "demonstrando que tanto judeus como gentios estão debaixo do pecado" (Romanos 3:9). Não era porque ele tinha algum prazer doentio em atacar com as palavras das más notícias. Mas essa longa análise sobre o pecado e sobre a depravação estabelece um quadro tenebroso em contraste com a glória do evangelho que brilha com fulgor infinito.

Além disso, a realidade desesperadora do pecado é o que força os que creem a recorrer à graça de Deus como a sua única esperança (cf. Lucas 18:13-14). "Mas a Escritura encerrou tudo debaixo do pecado, a fim de que a promessa, que é pela fé em Jesus Cristo, fosse dada aos que creem" (Gálatas 3:22). Deste modo, a graça de Deus é exaltada.

Com certeza, a disposição de Deus em perdoar, a sua benignidade e a sua misericórdia para com aqueles que se arrependem também são temas fundamentais do Antigo Testamento, mas é o evangelho que coloca cada aspecto da graça divina sob uma nova luz. Lembre-se, no Antigo Testamento não estava claro o modo pelo qual Deus poderia justificar os pecadores. No capítulo anterior, você recordará que nós consideramos algumas perguntas sugeridas pela situação terrível de Jó. A pergunta proferida pelo próprio Jó em Jó 9:2 ("Como pode um mortal ser justo diante de Deus?") é claramente respondida pelo perdão de pecados e pela imputação da justiça divina.

Portanto, será que a resposta para o outro lado da questão seria a mesma? *Se a justiça exige a retribuição contra o pecado, como pode um Deus justo justificar o ímpio?* Como *Deus* pode ser justo se ele nos justificar? Mesmo parecendo tão gloriosa, será que a graça é justa de verdade? Se é uma abominação condenar o justo, ou justificar o ímpio, será que a justificação do pecador viola a própria lei de Deus?

SOLA FIDE

Nós refletimos sobre essas perguntas nos capítulos 1 e 3. Elas surgem com frequência no ensino de Paulo sobre o evangelho porque elas estavam no centro daquilo que o mistificava como um fariseu não regenerado, quando ele estava lutando para conquistar o favor de Deus, obedecendo as exigências que a lei prescrevia para a sua vida. Além disso, a resposta a essas perguntas claramente o alegraram e o impactaram como cristão. A própria conversão de Paulo o trouxe para uma descoberta profunda de que todas essas perguntas são respondidas de forma completa e satisfatória pela doutrina da justificação.

A justificação cumpre a exigência da justiça de Deus

Como mencionamos anteriormente, Paulo não foi o único estudioso do Antigo Testamento que teve dificuldades com a questão sobre a maneira como Deus poderia ignorar os pecados dos seus santos, perdoando almas culpadas e cobrindo os seus delitos com um perdão abundante, sem comprometer ou diminuir a sua própria justiça. Uma das características singulares da Escritura é a sua total ausência de reservas ou discrição quando se refere a relatar as transgressões dos seus próprios heróis. Os pecados dos santos são contados de forma tão franca quanto as suas virtudes. Com muito poucas exceções, conta-se sobre os pecados específicos cometidos por praticamente todos os personagens principais do Antigo Testamento e, muitos deles, por sinal, eram pecadores odiosos. Até a galeria dos heróis da fé em Hebreus 11 é bem temperada com pessoas que foram culpadas de atos grosseiros de injustiça chocante. Moisés matou um egípcio (Êxodo 2:12). Raabe ganhava a vida como prostituta (Josué 2:1). Sansão (isso sem mencionar a maioria dos outros juízes) frequentemente deixava os desejos carnais controlarem a sua vida e quase perdeu a cabeça completamente por causa do seu comportamento insensato (Juízes 16). Davi cometeu adultério com Bate-Seba e ordenou que seu marido Urias fosse assassinado (2Samuel 11:15). Se "Deus é um juiz justo, um Deus que manifesta cada dia o seu furor", como ele pode ignorar as falhas morais intencionais dessas pessoas (Salmos 7:11)?

O EVANGELHO SEGUNDO PAULO

Além disso, é evidente que o Senhor, às vezes, permite que aqueles que creem e procuram viver vidas justas sofram, enquanto descrentes ímpios prosperam. O profeta Habacuque expressou esse dilema com grande emoção: "Teus olhos são tão puros que não suportam ver o mal; não podes tolerar a maldade. Então, por que toleras os perversos? Por que ficas calado enquanto os ímpios devoram os que são mais justos que eles?" (Habacuque 1:13). Até os incrédulos da época de Malaquias observaram a aparente injustiça, dizendo: "Todos os que fazem o mal são bons aos olhos do Senhor, e ele se agrada deles" e também quando perguntam: 'Onde está o Deus da justiça?" (Malaquias 2:17).

De forma semelhante, Hebreus 11 reconhece que alguns que pareceriam ser os mais merecedores da bênção de Deus frequentemente, em vez disso, passam por problemas e perseguição. Afinal de contas, muitos heróis na Escritura foram torturados e recusaram ser libertados para poderem alcançar uma ressurreição superior; outros enfrentaram zombaria e açoites; outros ainda foram acorrentados e colocados na prisão, apedrejados, serrados ao meio, postos à prova, mortos ao fio da espada. Andaram errantes, vestidos de pele de ovelhas e de cabras, necessitados, afligidos e maltratados... Vagaram pelos desertos e montes, pelas cavernas e grutas.

Todos esses receberam bom testemunho por meio da fé; no entanto, nenhum deles recebeu o que havia sido prometido (Hebreus 11:35-39).

Esses fatos levantaram perguntas sérias, mesmo na mente dos fiéis, sobre o modo pelo qual Deus finalmente equilibraria a balança da justiça. A expectativa predominante era que, no momento em que o Messias viesse, ele conquistaria os malfeitores e estabeleceria um reino onde reinaria com justiça perfeita. Tudo o que estivesse errado seria acertado.

É por isso que, no momento em que Cristo apareceu e as pessoas começaram a perceber que ele tinha todas as indicações certas, eles estavam prestes a "proclamá-lo rei à força" (João 6:15). Afinal de contas, ele havia demonstrado o seu poder absoluto para curar os doentes, ressuscitar os mortos, expulsar demônios, alimentar as multidões e silenciar os seus inimigos. Além disso, ele era o modelo da justiça verdadeira. Não é à toa que Pedro e seus discípulos simplesmente não conseguiam entender que ele seria "entregue nas mãos de homens pecadores e crucificado" (Lucas 24:7).

SOLA FIDE

A crucificação de Cristo foi o ato mais perverso cometido pelas mãos dos homens ímpios: o assassinato injusto do Filho de Deus, sem pecado, o mesmo sobre o qual o próprio Deus tinha testemunhado: "Esse é o meu Filho amado, de quem me agrado" (Mateus 3:17). Aqui estava uma vítima verdadeiramente inocente sofrendo uma dor inconcebível, indignidades insuportáveis, uma zombaria indevida, e uma morte totalmente imerecida. A morte, por sinal, é o salário do pecado; mas Cristo era "santo, inculpável, puro, separado dos pecadores" (Romanos 6:23; Hebreus 7:26).

E, mesmo assim, esse ato em particular manifestou de forma mais viva a justiça de Deus do que se Deus tivesse mandado uma catástrofe que varresse todo o mal da face da terra para sempre.

Como? Por quê?

Paulo resume a resposta com algumas palavras conhecidas: Cristo fez "propiciação por seu sangue" (Romanos 3:25). Lembre-se da nossa análise dessa palavra no Capítulo 1. Ela fala de um apaziguamento para aplacar a ira de uma divindade ofendida. A morte de Cristo na cruz foi o pagamento da pena que satisfez totalmente a ira e a justiça de Deus, e é isso que torna possível aos pecadores que creem serem justificados sem nenhum mérito próprio.

A simples menção da palavra propiciação pode provocar uma discussão acalorada em alguns grupos. Essa doutrina envolve todos os fatores principais que fazem da cruz de Cristo "uma pedra de tropeço e uma rocha que faz cair" (Romanos 9:33; 1Coríntios 1:23). Os teólogos liberais desprezam completamente esse conceito. Todos aqueles cujo pensamento é moldado pelo humanismo em vez de pela Bíblia terá reservas quanto a isso. Na verdade, um dos primeiros princípios a serem rejeitados categoricamente por praticamente todos aqueles que negam a autoridade da Escritura é Hebreus 9:22: "sem derramamento de sangue não há perdão".

Francamente, não é difícil perceber as dificuldades que essa verdade traz para todo aquele que não possui o entendimento (nem o compromisso) com a doutrina bíblica da expiação. A ideia de acalmar uma divindade irada era uma característica dominante da maior parte das religiões pagas antigas do Oriente Médio. Além disso, o meio de apaziguamento

O EVANGELHO SEGUNDO PAULO

geralmente era monstruoso. Aqueles que adoravam Moloque, você deve lembrar, acreditavam que eles precisavam satisfazer o seu deus pelo sacrifício de criancinhas vivas em um altar de fogo. A Escritura condena várias vezes este tipo de superstição. O Antigo Testamento também se ocupa muito em diferenciar o caráter do Deus verdadeiro da selvageria cruel e dos caprichos temperamentais das divindades dos filisteus e de outras divindades pagãs.

Mesmo assim, é fato que os sacrifícios de sangue eram essenciais e muito importantes no judaísmo do Antigo Testamento. "Segundo a Lei, quase todas as coisas são purificadas com sangue" (Hebreus 9:22). Não é porque Deus por si só tenha sede de sangue, seja cheio de ira, isto é, relutante em perdoar. Pelo contrário, o Antigo Testamento destaca continuamente a sua disposição de perdoar: "O Senhor é misericordioso e compassivo, paciente e transbordante de amor. O Senhor é bom para todos; a sua compaixão alcança todas as suas criaturas" (Salmos 145:8-9).

Mesmo no Sinai, enquanto o Senhor se preparava para inscrever as tábuas de pedra com a sua lei e formalizar a aliança, "E passou diante de Moisés, proclamando: 'Senhor, Senhor, Deus compassivo e misericordioso, paciente, cheio de amor e de fidelidade, que mantém o seu amor a milhares e perdoa a maldade, a rebelião e o pecado'" (Êxodo 34:6-7).

Então, pode-se ver claramente que a razão pela qual a propiciação é necessária não é tornar Deus propício ao perdão. Ele não é uma divindade enfurecida precisando de algo para acalmá-la. A sua ira contra o pecado é um ódio judicial contra todo o pecado; não é um mau humor que precisa de subterfúgios para que melhore. A "satisfação" oferecida na expiação é o pagamento da pena jurídica do pecado. Ela quita o débito com a justiça e, portanto, tira todo o obstáculo para o perdão. Significa que Deus pode se dispor favoravelmente para com o pecador sem comprometer a sua própria justiça ou revogar as exigências de sua lei. É nesse sentido que a sua ira contra o pecado é afastada. Essa é a maneira, como diz a nossa passagem, que a obra de propiciação de Cristo demonstra a justiça de Deus, "a fim de ser justo e justificador daquele que tem fé em Jesus" (Romanos 3:26). Isso, por sua vez, responde à pergunta persistente sobre o modo e o motivo pelo qual um Deus justo,

SOLA FIDE

"em sua tolerância, havia deixado impunes os pecados anteriormente cometidos" (v. 25).

Os pecados, deixados impunes no Novo Testamento, não incluíam somente as transgressões dos eleitos (os quais foram perdoados), mas também as da maior parte dos males cometidos pelas pessoas ímpias, as quais Deus "suportou com grande paciência" (Romanos 9:22). Como Paulo explicou aos filósofos de Atenas, Deus não levou em conta os "tempos da ignorância" (Atos 17:30). "Contudo, ele foi misericordioso; perdoou-lhes as maldades e não os destruiu. Vez após vez conteve a sua ira, sem despertá-la totalmente. Ele adiou o seu julgamento sobre os ímpios; perdoou os pecados dos fiéis e manifestou grande misericórdia e longanimidade, mesmo enquanto não estava claro o modo pelo qual um juiz verdadeiramente justo poderia ser tão tolerante.

Mas agora ("no tempo presente") a justiça de Deus tem sido claramente demonstrada "através da redenção que está em Cristo Jesus" (Romanos 3:24). Paulo está demonstrando o princípio no qual a crucificação de Cristo nos mostra que a paciência de Deus, (deixando impunes os pecados que foram anteriormente cometidos") foi sempre baseada na questão jurídica, porque ele mesmo tinha preordenado o plano pelo qual a expiação total para o pecado seria garantida por meio do sacrifício propiciatório de Cristo. Essa é a base para a graça salvadora para todos os eleitos, desde Adão até a última alma redimida, e é até mesmo a base da graça comum para os depravados, a razão completa pela qual os juízos de Deus são adiados com tanta frequência.

Observe cuidadosamente o que Paulo está dizendo: "Deus o ofereceu [seu próprio Filho] como... propiciação pelo seu sangue" (Romanos 3:25). O sacrifício que Cristo entregou não foi oferecido somente *para* Deus; ele também foi iniciado *por* ele. "Foi assim que Deus manifestou o seu amor entre nós: *ele enviou o seu Filho Unigênito ao mundo*, para que pudéssemos viver por meio dele... ele nos amou e enviou *seu Filho como propiciação pelos nossos pecados.* (1João 4:9-10). Longe de precisar acalmar uma divindade irada e relutante, somos salvos totalmente pela iniciativa amorosa de Deus. A cruz encarna e ilustra a sua disposição de perdoar (mesmo sob custo infinito para a sua divindade). Ela também demonstra a santidade que o

O EVANGELHO SEGUNDO PAULO

impulsionou a garantir a expiação para o nosso pecado que o possibilitaria a manter a sua justiça e ao mesmo tempo justificar os pecadores "a fim de ser justo e justificador daquele que tem fé em Jesus" (Romanos 3:26). Desse modo, a justiça de Deus está totalmente comprovada. "A misericórdia e a verdade se encontraram; a justiça e a paz se beijaram" (Salmos 85:10, Almeida Corrigida). Deus tanto é extremamente gracioso quanto extremamente justo. Esse é o desenrolar da *propiciação* na doutrina cristã.

A justificação confirma a lei de Deus

É importante que os cristãos não ignorem, nem encubram, nem tentem se evadir do princípio bíblico da propiciação, mesmo que ele seja uma das principais razões pelas quais a cruz se constitui em pedra de tropeço para tanta gente. A maioria das pessoas (incluindo, acredito, muitos que se identificam como cristãos) fala do perdão de Deus como uma anistia incondicional e descompromissada na qual Deus simplesmente ignora ou revoga as exigências da sua própria lei. *Se Deus está disposto a perdoar*, eles acham, *não é necessária expiação alguma*. Eles acham que o perdão e o pagamento são conceitos incompatíveis; os pecados ou podem ser perdoados ou expiados, nunca os dois juntos.

Isso pode parecer que faz sentido para algum senso de justiça intuitivo, mas é uma noção que claramente não é bíblica. É uma contradição total com tudo o que a Bíblia ensina sobre expiação, como se extrai em Hebreus 9:22: "sem derramamento de sangue não há perdão".

O perdão sem expiação exigiria a anulação total da lei de Deus. Como acabamos de estudar, a obra expiatória de Cristo torna o perdão total e gratuito possível de uma maneira que confirma e até estabelece a lei de Deus. Romanos 3 termina com o apóstolo provando exatamente isso: "Anulamos então a Lei pela fé? De maneira nenhuma! Ao contrário, confirmamos a Lei" (Romanos 3:31).

Eu espero que você possa perceber o motivo pelo qual (para parafrasear as palavras de Calvino) a justificação pela fé é a principal articulação de toda a religião e o tema central do evangelho de Paulo. Essa doutrina agrupa e espelha claramente todas as principais características da verdade

SOLA FIDE

do evangelho: a retidão, a graça, a justiça e a lei de Deus. Ela demonstra a sua retidão; ela reconcilia a sua misericórdia com a sua ira contra o pecado; e ela provê o perdão total e gratuito, ao mesmo tempo que cumpre perfeitamente as exigências da lei de Deus. Todas as facetas dessa verdade inspiram reverência e adoração.

Eu amo tudo o que a crucificação de Cristo conquistou pelos pecadores, mas é ainda mais profundo e emocionante considerar que tudo o que a cruz conquistou sob a perspectiva de Deus, em sua expressão do seu amor, a demonstração da sua retidão, a comprovação da sua justiça, e a confirmação da sua lei. Esse é o evangelho segundo Paulo.

5

A grande troca

Que diz a Escritura? "Abraão creu em Deus, e isso lhe foi creditado como justiça... "As palavras "lhe foi creditado" não foram escritas apenas para ele, mas também para nós, a quem Deus creditará justiça, a nós, que cremos naquele que ressuscitou dos mortos a Jesus, nosso Senhor. Ele foi entregue à morte por nossos pecados e ressuscitado para nossa justificação.

– Romanos 4:3, 23-25

Nas palavras iniciais da Primeira Epístola de Paulo aos Coríntios, ele escreveu: "Pois Cristo não me enviou para batizar, mas *para pregar o evangelho*" (v. 17). Em poucos versículos adiante, ele escreveu: "nós pregamos a *Cristo crucificado*" (v. 23). Depois de mais um ou dois parágrafos, ele escreveu novamente: "Pois decidi nada saber entre vocês, a não ser *Jesus Cristo, e este, crucificado*" (2:2).

Dessa maneira, Paulo, de forma organizada, resumiu a essência do evangelho: é a declaração sobre a obra expiatória de Cristo.

Na pregação de Cristo e dos apóstolos, o evangelho era sempre pontuado pelo chamado estridente para a fé contrita. Mas não é somente um apelo para o bom comportamento, nem uma liturgia de cerimônias religiosas e sacramentos. Não é o apelo para a autoestima e para a dignidade humana, nem o manifesto para guerreiros culturais, nem o grito de guerra dos políticos fanáticos. Nem mesmo o mandato para o domínio terrestre, nem a filosofia moral sofisticada buscando conquistar a admiração e a aprovação da elite intelectual do mundo, nem o discurso sobre os males da divisão cultural e racial. Tampouco o apelo para a "justiça social". Ele também não é uma dissertação sobre as questões de gênero, nem a receita de uma "cultura redentora". Nos últimos cinco anos, tenho visto todas essas ideias vendidas como "evangelho" em vários livros, blogs e pregações.

O EVANGELHO SEGUNDO PAULO

Elas são todas desvios e distrações do evangelho verdadeiro proclamado por Paulo.

A cruz de Jesus Cristo é a plenitude e o foco do evangelho segundo Paulo: "Nós pregamos a Cristo crucificado" (1Coríntios 1:23). "Que eu jamais me glorie, a não ser na cruz de nosso Senhor Jesus Cristo" (Gálatas 6:14). Além disso, na teologia paulina, a cruz é o símbolo da expiação. "Cristo crucificado" é a mensagem sobre a redenção dos pecadores.

Qual é a importância dessa verdade, e qual a importância de o mensageiro se ater a esse ponto? Mudar a essência do evangelho para qualquer outro assunto é abandonar o cristianismo bíblico. O ensino de Paulo passa longe de dar algum duplo sentido sobre isso. É a própria definição do que ele quis dizer quando falou do "meu evangelho". De forma bem simples, o evangelho é a boa notícia para a humanidade no que se refere ao modo pelo qual os pecados são expiados, os pecadores são perdoados, e os que creem se reconciliam com Deus.

A ofensa da cruz

Isso pode não parecer muito elegante ou chique. Além disso, com certeza não é uma mensagem criada para agradar às modinhas banais e às questões culturais da época atual. Contudo, o nosso Senhor não chamou os seus discípulos para proclamar uma mensagem maleável que precisava ser reformulada a cada geração, nem a missão da igreja é conquistar a admiração do mundo.

Muitos estrategistas evangélicos famosos e praticantes do método "missional" não parecem dominar esse princípio simples. Constantemente, incentivam os jovens evangélicos a "se envolverem na cultura" e concordarem com as regras do politicamente correto. Quando eles aplicam esse conselho a planos práticos de ação, geralmente isso se resume a acompanhar a moda, como se o simples fato de se ter uma aparência popular fosse o segredo de um ministério eficiente.[*]

---

[*] Veja um exemplo típico: Um artigo no site do *Christian Post* descreve "o esforço mais recente de uma megaigreja de Nova Jersey de se envolver mais com a cultura adotando algumas músicas mais populares da cultura pop... A Liquid Church está usando músicas como 'Rolling in the Deep' da cantora Adele e 'Grenade' de Bruno Mars como parte de sua série de pregações chamada de 'Pop God' (Deus Pop)". Brittany Smith, "Secular Music in the Church Endangers Sacredness?" Christianpost.com, 15 de

Não se encontra nada parecido nas exortações de Paulo aos jovens ministros. Pelo contrário, como estudamos, Paulo reconhece com franqueza que o evangelho é "escândalo para os judeus e loucura para os gentios" (1Coríntios 1:23). De fato, "a mensagem da cruz é loucura para os que estão perecendo, mas para nós, que estamos sendo salvos, é o poder de Deus" (v. 18). Portanto, ele diz: "Nós pregamos Cristo crucificado" (v. 23).

No que consiste, precisamente, "a mensagem da cruz?" Como a morte de Cristo efetuou a expiação pelo pecado? Os maus teólogos, por gerações, têm atacado a resposta correta para essa pergunta. Foram propostas várias "teorias da expiação" concorrentes.*

Para ficar registrado, eu rejeito a palavra fraca "teoria" quanto a isso, porque a Bíblia apresenta a doutrina da expiação em termos bem longe de ser opcional ou hipotética. Como estudamos, o simbolismo da expiação na Escritura é bem claro e impactante. "Quase todas as coisas são purificadas com sangue" (Hebreus 9:22). O Novo Testamento, várias vezes, nos diz que toda a pompa sangrenta desses sacrifícios de animais simbolizava e prefigurava a obra de Cristo na cruz. "Dia após dia, todo sacerdote apresenta-se e exerce os seus deveres religiosos; repetidamente oferece os mesmos sacrifícios que nunca podem remover os pecados. Mas quando este sacerdote acabou de oferecer, para sempre, um único sacrifício pelos pecados, assentou-se à direita de Deus" (Hebreus 10:11, 12). "Pois vocês sabem que não foi por meio de coisas perecíveis como prata ou ouro que vocês foram redimidos da sua maneira vazia de viver, transmitida por seus antepassados, mas pelo precioso sangue de Cristo, como de um cordeiro sem mancha e sem defeito" (1Pedro 1:18-19).

Esses textos (e outros parecidos) são claros. A morte de Cristo conquistou a expiação para os pecados do seu povo. Porém, as conotações da expiação pelo sangue são brutalmente ofensivas para a sensibilidade refi-

---

fevereiro de 2012. Disponível em: http://www.christianpost.com/news/secular-music-in-the-church-endangers-sacredness-69590/. Isso nem é novidade nem é incomum. As séries de pregações baseadas nos últimos lançamentos de filmes (ou outros temas emprestados da cultura popular) são comuns atualmente. Com certeza, a julgar pelo que recebe mais publicidade e promoção no meio evangélico, parece que as homilias rasas que lidam com artigos culturais são bem mais frequentes do que sermões que contenham exposições bíblicas. As igrejas que baseiam os seus ministérios no que está na moda não estão "redimindo" ou "se envolvendo" na cultura, elas estão absorvendo os seus modismos e os seus valores.

* Veja o apêndice 1 deste livro. Consulte também o apêndice 1 em "Como devemos entender a expiação" em John MacArthur, *A liberdade e o poder do perdão* (Goiânia: Primícias, 2014), p. 193-204.

nada daqueles que se acham mais requintados do que a Bíblia. (É a mesma atitude repulsiva que faz com que as mentes "progressistas" tremam diante do termo *propiciação*.) Vários escritores e teólogos, portanto, têm proposto teorias espúrias sobre a expiação. A maior parte delas tentam, de propósito, eliminar ao máximo possível a ofensa da cruz. Todos eles oferecem algum tipo de alternativa falsa à verdade de que a morte de Cristo era uma oferta a Deus que visava a satisfazer e aplacar a sua ira justa contra o pecado.

Quais são essas teorias abomináveis?* Existe a *teoria da influência moral*, a crença de que a morte de Cristo foi simplesmente um exemplo de sacrifício pessoal e de amor que entrega a si mesmo, e que, de modo algum, constitui o pagamento do preço da redenção. Essa é a visão que a maioria dos teólogos liberais adota. Por razões que devem ser óbvias, a sua perspectiva sobre a expiação inevitavelmente dá origem à religião baseada nas obras. Se a obra de Cristo fosse simplesmente um modelo a seguir, e não um sacrifício substitutivo, a salvação teria de algum modo de ser conquistada por meio do esforço pessoal.

A *teoria do resgate* (uma crença que era comum na época pós-apostólica do século I) é a noção de que a morte de Cristo foi um resgate pago a Satanás pelas almas dos fiéis. É claro que não existe uma base bíblica para essa teoria. Ela surgiu de um entendimento errado do termo resgate, que simplesmente significa "preço de redenção". Mas essa teoria não consegue levar em conta todos os dados bíblicos. A Escritura deixa bem claro que a morte de Cristo na cruz era "uma oferta e um sacrifício a Deus" (Efésios 5:2; cf. Hebreus 9:14).

A *teoria governamental* foi proposta por Hugo Grócio, um doutor em direito do início do século XVII. Ele disse que a cruz não era de modo algum um resgate; era simplesmente uma demonstração simbólica da ira de Deus contra o pecado e, portanto, permanece como uma confirmação do governo moral de Deus. A visão de Grócio foi adotada pelo avivalista norte-americano Charles Finney, bem como por outros teólogos importantes da Nova Inglaterra dos séculos XVIII e XIX e resgatada para o centro das atenções por um grupo de arminianos radicais. Eles tipicamente favore-

---

* Para um panorama mais detalhado das várias teorias sobre a expiação e a história da opinião sobre essas questões, recomendo Archibald Alexander Hodge, *The Atonement* (Filadélfia: Presbyterian Board of Publication, 1867).

A GRANDE TROCA

cem esse pensamento porque ele descarta a ideia de que Cristo morreu como o substituto de alguém, uma verdade que eles consideram injusta (ainda que a Escritura destaque o fato de que Cristo voluntariamente assumiu essa função).

Outra opinião que está ganhando uma firme popularidade no último quarto de século é a *teoria do Christus victor*. Essa ideia é apoiada por muitos teólogos do novo modelo (incluindo a maioria dos arquitetos do movimento agora falido da Igreja Emergente).[*] Ao seu ver, a morte e a ressurreição de Cristo não significaram nada mais do que o seu triunfo sobre todos os inimigos da humanidade decaída, incluindo o pecado, a morte, o diabo, e especialmente a lei de Deus. Eles querem diminuir a importância da obra expiatória de Cristo para uma faixa bem limitada do que ele realmente conquistou. É bem verdade que Cristo "cancelou a escrita de dívida, que consistia em ordenanças e que nos era contrária..., tendo despojado os poderes e as autoridades..." Contudo, o tema da vitória sobre os inimigos da espécie humana simplesmente não faz jus a tudo o que a Bíblia diz sobre a cruz. É um pensamento centrado no homem e gravemente truncado no que diz respeito à expiação. Aqueles que adotam a *teoria do Christus victor* preferem a linguagem triunfal e evitam termos bíblicos como *sacrifício pelo pecado* ou *propiciação*. A maioria dos que adotam essa visão negaria categoricamente que Cristo se ofereceu a Deus como sacrifício na cruz. No final das contas, essa somente é outra visão não bíblica que finge exaltar e enobrecer o amor de Deus, evitando ou eliminando a exigência que a lei faz de que se faça justiça.

Todas essas teorias tentam evitar o princípio bíblico da propiciação. A maioria delas o faz de propósito, porque estão baseadas em uma versão distorcida do que é o amor divino. As pessoas chegam a essas crenças por meio de um pressuposto falso, a saber, de que a misericórdia de Deus é basicamente incompatível com a sua justiça. Eles acreditam que Deus seja obrigado a renunciar as exigências da justiça para perdoar e concluem que a justiça divina não precisa de satisfação; Deus simplesmente deixará

---

[*] " Com certeza, [essa] teoria sobre a expiação em particular explodiu em popularidade." Mark Galli, "The Problem with Christus Victor," *Christianity Today*, 7 de abril de 2011. Para a explicação e a crítica do movimento da Igreja Emergente, veja John MacArthur, *A guerra pela verdade* (São José dos Campos: Ed. Fiel, 2010).

O EVANGELHO SEGUNDO PAULO

de lado a sua própria justiça e apagará todas as dívidas a sua justiça por causa do pecado. Por causa desses pressupostos falhos, a morte de Cristo tem de ser explicada em termos que evitem quaisquer sugestões de justiça retributiva.

A *doutrina da substituição penal* é a única visão que incorpora toda a gama de princípios bíblicos referentes à expiação pelo pecado. No Capítulo 1 deste livro, próximo do final da seção que trata da expiação, usei essa expressão uma vez, mas não parei naquele contexto para explicar a terminologia. A *substituição penal* pode parecer um termo técnico misterioso, mas na verdade é bem simples. A palavra *penal* denota punição, uma pena que é infligida porque uma ofensa foi cometida. A substituição fala de uma troca ou de uma procuração. A *expiação pela substituição penal é*, portanto, uma troca direta em que uma pessoa cumpre a pena que outra pessoa merece. A morte de Cristo sobre a cruz foi uma substituição penal. Ele levou a culpa e a pena pelos pecados do seu povo.

Essa não é uma "teoria", mas sim o ensino claro da Escritura. Em praticamente todos os textos onde os escritores do Novo Testamento mencionam a importância da morte de Cristo, eles usam principalmente a linguagem da expiação pela substituição. "Cristo morreu pelos ímpios" (Romanos 5:6). "Cristo morreu em nosso favor quando ainda éramos pecadores" (v. 8). "Ele foi entregue à morte por nossos pecados e ressuscitado para nossa justificação (4:25). Ele "morreu pelos nossos pecados, segundo as Escrituras" (1Coríntios 15:3). Ele "se entregou a si mesmo por nossos pecados" (Gálatas 1:4). "Nele temos a redenção por meio de seu sangue, o perdão dos pecados" (Efésios 1:7). "Assim também Cristo foi oferecido em sacrifício uma única vez, para tirar os pecados de muitos" (Hebreus 9:28). Ele "mesmo levou em seu corpo os nossos pecados sobre o madeiro" (1Pedro 2:24). Ele "sofreu pelos pecados uma vez por todas, o justo pelos injustos, para conduzir-nos a Deus" (3:18). "Ele é a propiciação pelos nossos pecados" (1João 2:2). "Jesus Cristo deu a sua vida por nós" (3:16). "Nisto consiste o amor: não em que nós tenhamos amado a Deus, mas em que ele nos amou e enviou seu Filho como propiciação pelos nossos pecados" (4:10). Todos os escritores do Novo Testamento concordam nisto: Cristo, sem pecado, foi o nosso Substituto, e ele morreu para pagar a pena por nossos pecados.

A GRANDE TROCA

Uma passagem importante sobre a substituição penal

Uma das minhas passagens favoritas orientadas para o evangelho nas epístolas do Novo Testamento é 2Coríntios 5:18-21. De todas as passagens em que Paulo explica a mensagem do evangelho, poucas são tão fortes como a frase final desses versículos.

Tudo isso provém de Deus, que nos reconciliou consigo mesmo por meio de Cristo e nos deu o ministério da reconciliação, ou seja, que Deus em Cristo estava reconciliando consigo o mundo, não levando em conta os pecados dos homens, e nos confiou a mensagem da reconciliação. Portanto, somos embaixadores de Cristo, como se Deus estivesse fazendo o seu apelo por nosso intermédio. Por amor a Cristo lhes suplicamos: Reconciliem-se com Deus. *Deus tornou pecado por nós aquele que não tinha pecado, para que nele nos tornássemos justiça de Deus.*

Esse versículo em destaque explica o modo pelo qual Paulo via a expiação. Ele firma o princípio da substituição penal. Ela mostra o motivo pelo qual a doutrina da justificação é tão importante para o entendimento correto do evangelho, revela a fonte da justiça imputada aos que creem e ajuda a explicar a importância da vida de Cristo, bem como da sua morte.

A reconciliação é obviamente o termo principal nessa passagem. A palavra ou um de seus cognatos é usada cinco vezes no contexto de três versículos. Esse foi o propósito completo para Cristo vir à terra: "buscar e salvar o que está perdido" (Lucas 19:10); para "salvar o seu povo dos seus pecados" (Mateus 1:21). Além disso, a maneira pela qual a missão de salvação se realizou, foi reconciliando os pecadores com Deus. Não se trata de pagar um resgate a Satanás, nem de dar novas diretrizes aos perdidos ou dar um bom exemplo para imitar. A referência à "reconciliação" nesse contexto não tem nada a ver com quebrar as barreiras raciais, étnicas ou religiosas. Trata-se de "Deus... em Cristo reconciliando o mundo consigo mesmo" (2Coríntios 5:19).

A passagem volta a sua atenção novamente a uma verdade conhecida. O tema principal nesse contexto, e a essência do próprio evangelho, é a declaração sobre o que Deus fez pelos pecadores (não vice-versa). Deus, na pessoa de seu Filho que se fez carne, interveio pela humanidade

O EVANGELHO SEGUNDO PAULO

pecadora para reverter o nosso afastamento dele. Como Paulo disse em outra passagem, "Antes vocês estavam separados de Deus e, na mente de vocês, eram inimigos por causa do mau procedimento de vocês. Mas agora ele os reconciliou pelo corpo físico de Cristo, mediante a morte" (Colossenses 1:21-22).

Paulo está descrevendo a obra expiatória de Cristo. Durante esse processo, ele faz um resumo criativo e nítido do evangelho. É um breve panorama dos princípios evangélicos, ponderado de forma diferente da abordagem mais longa e sistemática que ele adotou em Romanos. Mas todas as características essenciais do evangelho estão presentes, algumas de forma implícita e outras de forma explícita. A passagem pressupõe, por exemplo, o problema do pecado. Nós sabemos que toda a humanidade está decaída, perdida e em inimizade com Deus, porque vimos a maneira detalhada pela qual Paulo procedeu para explicar essa doutrina em Romanos 1-3.

Nessa passagem, a verdade terrível da depravação humana está implícita no argumento, de modo que desta vez ele não aplica nenhum esforço para prová-la. Além disso, encontramos nela algumas afirmativas claras sobre o princípio da imputação. O tópico é primeiramente mencionado pelo nome no versículo 19, no qual Paulo explica o princípio de que as transgressões daqueles que foram reconciliados com Deus não lhes são imputadas. (Essa é uma referência clara a Salmos 32:2 e Romanos 4:6-8.) Além disso, posteriormente, no versículo 21, ele descreve a imputação positiva do pecado daquele que crê para Cristo e o crédito da justiça de Cristo para aquele que crê. Mesmo que ele não utilize nenhuma terminologia clássica de contabilidade, tudo o que Paulo diz nesse versículo claramente depende do princípio da imputação. (Voltaremos a tal questão quando chegarmos a essa parte do texto.)

Reflita agora sobre o que se destaca mais claramente no cenário dessa passagem.

A vontade de Deus

Lembre-se de qual é o tema dominante desta porção da Escritura: a salvação é uma obra criativa de Deus, não é um projeto que o pecador executa

A GRANDE TROCA

por si mesmo. Um versículo citado e que ilustra essa verdade é o de 2Co-ríntios 5:17: "Portanto, se alguém está em Cristo, é nova criação. As coisas antigas já passaram; tudo se fez novo!"

O sentido dessa afirmação deve estar claro: a salvação é efetuada única e soberanamente por Deus. Gerar "uma nova criatura", por definição, é algo que Deus faz; não é fruto de reforma própria do pecador. "Porque somos criação de Deus realizada em Cristo Jesus" (Efésios 2:10). Portanto, Paulo começa essa passagem sobre a substituição penal ressaltando clara-mente esta verdade: "Tudo isso provém de Deus, que nos reconciliou con-sigo mesmo" (2Coríntios 5:18). Deus é aquele que vai ao encontro, inicia e efetua a redenção de criaturas decaídas que se colocaram em posição de inimizade contra ele. Sem a intervenção soberana de Deus, nenhum pecador poderia ser salvo. Ele faz por eles o que eles nunca poderiam fazer por si mesmos. Considere o que isso diz sobre os que creem. Todos os cristãos eram anteriormente adversários de Deus que se reconciliaram com ele. "Quando éramos inimigos, nós fomos reconciliados com Deus" (Romanos 5:10). Mas a nossa salvação não é obra nossa. A redenção não é algo que adquirimos para nós mesmos. Até a nossa fé é dom de Deus, não uma escolha independente, de livre vontade, que fazemos por nós mesmos. "Pois a vocês foi dado o privilégio de [...] crer em Cristo" (Filipenses 1:29). Deus é aquele que concede o arrependimento aos pecadores, "levando-os ao conhecimento da verdade" (2Timóteo 2:25). Paulo, portanto, recorda àqueles que reagiram positivamente que até a fé que dá energia ao seu caminhar diário é um dom gracioso de Deus: "pois é Deus quem efetua em vocês tanto o querer quanto o realizar, de acordo com a boa vontade dele" (Filipenses 2:13). A Escritura sempre destaca a soberania de Deus na salvação. Os cristãos são nascidos de novo "por descendência natural, nem pela vontade da carne nem pela vontade de algum homem, mas nasceram de Deus (João 1:13). "*Por sua decisão* ele nos gerou pela palavra da verdade, a fim de sermos como que os primeiros frutos de tudo o que ele criou" (Tiago 1:18). O próprio Jesus várias vezes afirmou a soberania de Deus na salvação. Ele disse que os remidos creem porque são eleitos, não vice-versa.

Aos seus discípulos, ele disse: "Vocês não me escolheram, mas eu os escolhi para irem e darem fruto, fruto que permaneça, a fim de que o Pai lhes conceda o que pedirem em meu nome" (João 15:16). Para os incré-

O EVANGELHO SEGUNDO PAULO

dulos endurecidos, ele disse: "Vocês não creem, porque não são minhas ovelhas" (10:26). Por outro lado, ele disse:"Todo aquele que o Pai me der virá a mim" (6:37).

Nenhum autor destaca a soberania de Deus com maior frequência ou mais claramente do que o apóstolo Paulo. É um dos seus assuntos principais de discussão toda vez que se toca no assunto do evangelho. Por isso ele sempre começa com o assunto do pecado, para estabelecer o princípio de que todos os homens e mulheres no seu estado decaído estão "separados da comunidade de Israel, sendo estrangeiros quanto às alianças da promessa, sem esperança e sem Deus no mundo" (Efésios 2:12). A pessoa não regenerada está absolutamente escravizada ao pecado (Romanos 6:20; João 8:34). Ela transgrediu contra Deus e se fez sua inimiga e, por isso, ela não tem absolutamente meio algum para se redimir. "Quem não tem o Espírito não aceita as coisas que vêm do Espírito de Deus, pois lhe são loucura; e não é capaz de entendê-las, porque elas são discernidas espiritualmente" (1Coríntios 2:14).

Se o pecador receber a salvação, será somente por Deus, não pelos seus próprios esforços e totalmente independente de qualquer mérito da sua parte. "Portanto, isso não depende do desejo ou do esforço humano, mas da misericórdia de Deus" (Romanos 9:16).

Ainda que Paulo tenha a consciência completa de que essa é uma doutrina que os pecadores tendem a diminuir ou negar, ele não vacila em dizê-la de forma clara. De fato, ele destaca essa verdade a cada oportunidade. Para Paulo, a convicção de que a salvação dos pecadores é obra total de Deus, feita de acordo com a sua própria vontade soberana, é absolutamente vital para o entendimento do evangelho.

> Houve tempo em que nós também éramos insensatos e desobedientes, vivíamos enganados e escravizados por toda espécie de paixões e prazeres. Vivíamos na maldade e na inveja, sendo detestáveis e odiando uns aos outros. Mas quando, da parte de Deus, nosso Salvador, se manifestaram a bondade e o amor pelos homens, não por causa de atos de justiça por nós praticados, mas devido à sua misericórdia, ele nos salvou pelo lavar regenerador e renovador do Espírito Santo, que ele derramou sobre nós generosamente, por meio de Jesus Cristo, nosso Salvador. (Tito 3:3-6)

Paulo nunca ensinou que a salvação é um esforço conjunto entre Deus e o pecador. "A mentalidade da carne é inimiga de Deus porque não se submete à Lei de Deus, nem pode fazê-lo. Quem é dominado pela carne não pode agradar a Deus" (Romanos 8:7-8). Por conta própria, o pecador continuaria indefinidamente na sua rebelião. A vontade obstinada e o coração enganoso da criatura decaída não têm a capacidade de reformar o seu próprio ser. O pecador não pode reformar o seu coração, do mesmo modo que o leopardo não pode mudar as suas manchas ou o etíope mudar a cor da sua pele (Jeremias 13:23). O próprio Jesus foi bem claro sobre isso: "Ninguém pode vir a mim, se o Pai, que me enviou, não o atrair" (João 6:44); "Ninguém pode vir a mim, a não ser que isto lhe seja dado pelo Pai" (v. 65). A vontade de Deus é o fator determinante para trazer o pecador para Cristo.

A palavra da reconciliação

Mesmo assim, a mensagem do evangelho inclui um convite aberto: um chamado geral à fé, que se estende de forma indiscriminada a todos que vêm pelo som da mensagem. De fato, é "como se Deus estivesse fazendo o seu apelo por nosso intermédio. Por amor a Cristo lhes suplicamos: Reconciliem-se com Deus" (2Coríntios 5:20). A palavra grega traduzida como "fazendo o apelo" é *parakale*. Fala de uma exortação, advertência ou apelo. A palavra traduzida como "suplicamos" (*deomai*) é ainda mais forte. Ela tem a conotação de rogar. É a mesma palavra usada pelo pai de um rapaz endemoninhado em Lucas 9:38, clamando a Jesus por auxílio: "Mestre, *rogo-te* que dês atenção ao meu filho. Esse é o tom adequado do convite do evangelho, ao qual Paulo se refere como "a palavra da reconciliação" (2Coríntios 5:19). Por isso Deus envia os seus embaixadores para pregar: "Por amor a Cristo lhes suplicamos: Reconciliem-se com Deus" (v. 20). Não é uma sugestão fria, ou mesmo uma instrução severa. É um apelo sincero e urgente encaminhado pela própria autoridade de Deus, ternamente advertindo ao pecador para reagir com uma fé contrita.

É o dever de todo cristão transmitir esta mensagem ao mundo. Deus "nos deu o ministério da reconciliação" (v. 18). Por isso, é fundamental para os cristãos entender o evangelho corretamente e ser capaz de apresentá-lo de forma clara e persuasiva. Deus nos enviou para ser seus embaixadores, não somente para proclamar o fato de que "Deus em Cristo estava reconciliando consigo o mundo, não levando em conta os pecados dos homens" (v. 19), mas também para sermos persistentes com o nosso *apelo* "Reconciliem-se com Deus" (v.20). Nessa incumbência, somos "embaixadores de Cristo" falando "da parte de Cristo" e "como se Deus estivesse fazendo o seu apelo por nosso intermédio". Não ignore a importância rica da palavra *embaixadores*. O embaixador é o enviado delegado oficialmente com a tarefa de entregar a mensagem em favor do governo que ele representa. Quando fala, o faz com a autoridade completa do seu legítimo chefe de estado. Ele não tem a permissão de moldar a mensagem de acordo com o seu gosto ou personalidade ou com o gosto ou a personalidade do destinatário. Ele não é um doutor de redação ou de escrita. Ele recebe uma mensagem para transmitir e não tem o direito de reescrevê-la, resumi-la, acrescentar algo a ela ou alterá-la de qualquer maneira. Ele não tem autoridade para omitir partes da mensagem que possam não ser de seu agrado, e não pode revesti-la com as suas próprias opiniões. A sua tarefa é entregar a mensagem exatamente como lhe foi dada. Por um lado, a cruz de Cristo claramente demonstra a gravidade do julgamento divino. "Uma vez que conhecemos o temor ao Senhor, procuramos persuadir os homens" (2Coríntios 5:11). Além disso, "o amor de Cristo nos constrange" (v. 14). Nenhuma ameaça ou sofrimento pode nos fazer desistir, nem a rejeição, a perseguição ou o completo desprezo deste mundo. Nós temos que implorar aos pecadores da forma mais persuasiva possível: "Reconciliem-se com Deus".

No texto grego, a palavra traduzida como "reconciliação" é *katallag*. Como o seu equivalente em português, ela significa favor restaurado, boa vontade e relações amistosas entre duas partes que estavam antes em desavença. O termo grego era usado comumente em transações financeiras com um sentido levemente diferente. Nesses contextos significava uma troca, ou mesmo um troco. Cada compra envolvia esta troca; em troca do dinheiro que o cliente dá ao comerciante, ele recebe os bens e serviços que ele está adquirindo, além do troco suficiente para igualar o valor do seu dinheiro. Com o sucesso da transação, dizia-se que as duas partes estavam reconciliadas.

Nós usamos de modo semelhante em português para falar de reconciliar contas, como quando consolidamos o extrato de um cheque. A troca

A GRANDE TROCA

pela qual Deus reconciliou os pecadores a si mesmo é impressionante. Ela envolve uma transação que nenhuma mente simplesmente humana poderia imaginar. Na verdade, ela vai contra tudo que a intuição humana normalmente pensaria sobre o modo pelo qual os pecadores poderiam se reconciliar com Deus. Como temos visto várias vezes, a ideia não é que o pecador adquire o favor de Deus pelas boas obras (ou por meio de qualquer outro bem que o pecador traga à mesa). Na verdade, o pecador fica ao lado enquanto "Deus... em Cristo reconcilia o mundo consigo mesmo" (2Coríntios 5:19).

Com certeza, a culpa do pecado deve ser tratada e removida, porque essa é a causa da alienação do pecador. E como vimos, Deus não perdoa em um passe de mágica. Em nome da sua justiça e da honra da sua lei santa, a transação real envolvendo o castigo real precisa acontecer. Sem que se trate da questão do pecado, ele não poderia renunciar a imputar as transgressões ao pecador culpado (cf. v. 19). O salário do pecado, a pena de morte, tinha que ser executada (Romanos 6:23). A natureza santa de Deus exigia que a sua ira contra o pecado tinha de ser completamente satisfeita. Era um preço tão terrível que nenhum simples mortal seria capaz de pagar. A eternidade no inferno não é o suficiente para o pecador ou para a pecadora apagar a sua própria dívida. Por isso, o Filho de Deus infinitamente santo voluntariamente tomou o lugar do pecador e pagou o preço infinito em seu favor.

Em 2Coríntios 5:21, Paulo relata a transação ocorrida. A sua descrição é absolutamente impactante: "Deus tornou pecado por nós aquele que não tinha pecado, para que nele nos tornássemos justiça de Deus". Essa foi a troca que trouxe a reconciliação com Deus para todos os que creem: Cristo trocou a sua justiça pelo nosso pecado.

Não é uma afirmação fácil de entender superficialmente. Deus tornou seu Filho em "pecado". O que isso quer dizer?

Isso não significa que Cristo tenha se tornado pecador ou se manchado, de algum modo, com a culpa pessoal. Deus nunca faria com que o seu Filho amado se tornasse pecador. Além disso, Cristo não tinha capacidade de pecar. Ele é Deus. Ele não abriu mão da sua divindade para se tornar humano. E a Escritura diz que "Deus tem olhos tão puros que não suporta ver o mal, e não pode tolerar a maldade, significando, é claro, que ele não pode ver o pecado com aprovação ou indiferença" (Habacuque 1:13). "É impossível que Deus minta" (Hebreus 6:18). "Ele não pode negar-se a si mesmo" (2Timóteo 2:13). Portanto, ele nunca poderia pecar.

Além disso, está perfeitamente claro que ele não pecou. Toda a Escritura afirma que Cristo "se ofereceu de forma imaculada a Deus" (Hebreus 9:14). Ele é "santo, inculpável, puro, separado dos pecadores" (Hebreus 7:26). "Ele não cometeu pecado algum, e nenhum engano foi encontrado em sua boca" (1Pedro 2:22). Até na passagem que estamos estudando, 2Coríntios 5:21, o texto fala de Cristo como "aquele que não tinha pecado". Isso significa, com certeza, que ele não conhecia nada sobre o pecado por experiência. Ele, de fato, conhecia tudo *sobre* o pecado e passou a sua vida terrena em um mundo amaldiçoado por causa do pecado. A sua pregação estava cheia de instruções e exortações contra o pecado. Ele tinha "poder na terra para perdoar pecados" (Lucas 5:24). Mas, por toda a sua vida terrena, ele permaneceu perfeitamente sem pecado e nada do que aconteceu na cruz alterou esse fato.

Isso só pode significar que Cristo se "tornou pecado" por imputação. Paulo tinha acabado de afirmar em 2Coríntios 5:19 que "Deus em Cristo estava reconciliando consigo o mundo, não levando em conta os pecados dos homens". Já que nós já sabemos que Deus não ignora nem compactua com o mal, o sentido de Paulo é simples e óbvio: a obrigação legal que vem da culpa do pecado foi transferida para Cristo.

Em um sentido solene e jurídico, por imputação, Cristo levou sobre si a culpa por todos os pecados de todo o povo que crê. Ele não levou somente as pequenas transgressões ou indiscrições acidentais, mas também os pecados mais brutais e deliberados. Ele se colocou no lugar de inúmeros imorais, idólatras, adúlteros, homossexuais passivos ou ativos, ladrões, pessoas gananciosas, bêbados, caluniadores e trapaceiros (1Coríntios 6:9-10) Imagine levar toda essa culpa acumulada em uma pronúncia horrível de acusações. Cristo se colocou como procurador de todo o seu povo diante do tribunal da justiça divina, diante de "Deus o Juiz de todos" (Hebreus 12:23). Ele respondeu por todas as acusações contra eles e foi considerado culpado. "Mas ele foi transpassado por causa das nossas transgressões, foi esmagado por causa de nossas iniquidades; o castigo que nos trouxe paz estava sobre ele, e pelas suas feridas fomos curados" (Isaías 53:5). Por isso,

A GRANDE TROCA

ele se tornou a personificação de todo mal que o coração humano decaído é capaz de imaginar. Ele se tornou "pecado por nós", como nosso Substituto. Isso é exatamente o que a Escritura quer dizer quando diz, "Cristo morreu pelos nossos pecados" (1Coríntios 15:3). O princípio da *substituição penal* é a única doutrina que extrai o sentido de todos os textos relevantes.

A obra de Cristo

Os evangélicos atuais geralmente falam do evangelho como se fosse um meio de descobrir o propósito da vida, a mensagem sobre como ter uma vida feliz e próspera ou o método de alcançar sucesso nos relacionamentos ou nos negócios. Na mente de muitos, o melhor ponto de partida para transmitir o evangelho é um anúncio que diz: "Deus te ama e tem um plano maravilhoso para a sua vida".

Essa maneira de apresentar o evangelho se tornou tão comuns entre os cristãos atuais que, hoje em dia, a maioria das pessoas da igreja não hesita em ouvir o evangelho estruturado nessa linguagem. Eles não notam o quanto todas essas narrativas se desviam do evangelho que Paulo proclamou e defendeu. O problema fundamental com todas elas é o modo pelo qual elas transformam o evangelho em uma mensagem sobre "*você*": a sua vida, o seu propósito, a sua prosperidade. *Você* se torna o centro e o assunto da história.

Existem conceitos que teriam aterrorizado e insultado Paulo. Uma verdade que deve se destacar claramente em todos os textos que examinamos é que a figura central no evangelho segundo Paulo é sempre "Cristo, e este crucificado" (1Coríntios 2:2). O apóstolo toma bastante cuidado para nunca deixar a narrativa perder o foco.

Aqui na nossa passagem (2Coríntios 5:18-21), a intenção de Paulo é explicar o modo pelo qual: "Deus... nos reconciliou com ele mesmo por meio de Jesus Cristo" (v. 18). Ele menciona Cristo e Deus em todos os versículos. Por todo o contexto dos quatro versículos, ele menciona o nome de Deus pelo menos uma vez em cada um deles (cinco vezes no total). Ele se refere três vezes a Deus com pronomes (*ele mesmo* duas vezes e *ele* uma vez). Ele usa o título messiânico Cristo quatro vezes e, no versículo

125

final, se refere a Cristo duas vezes com o pronome *ele*. Toda a passagem está centrada em Deus, não no homem.

Esse deve ser o caso toda vez que conversamos sobre o evangelho. Ele é, acima de tudo, a mensagem sobre o propósito de Deus na obra de Cristo; o propósito da vida do pecador é secundário. Esse é, com certeza, o princípio com o qual iniciamos este capítulo: o evangelho é a declaração sobre a obra expiatória de Cristo.

Mesmo assim, nós não somos totalmente deixados de fora: "Deus tornou pecado *por nós* aquele que não tinha pecado (2Coríntios 5:21). Cristo é o assunto desta narrativa e seu povo, o objeto. Em todo o contexto, os pronomes que se referem ao povo redimido são usados nove vezes na passagem. As pessoas de toda língua, tribo e nação constituem "o mundo" com o qual Cristo reconciliou com Deus.* Tudo o que Cristo fez, ele o fez em nosso favor. Qual foi a razão? Não foi para o nosso conforto ou nossa autovalorização, mas para a sua glória. "Para que nele nos tornássemos justiça de Deus" (v. 21).

Em que sentido aquele que crê "se torna" justo? A resposta é novamente simples e óbvia. Essa é a imagem espelhada do modo que Cristo se "tornou pecado". Do mesmo modo que os pecados de seu povo lhe foram imputados, a sua justiça lhe foi imputada. Eles "se tornaram justiça de Deus" por imputação, por meio da sua união com Cristo.

Observe a palavra "nele" em 2Coríntios 5:21. É uma repetição do verso 17: "Se alguém está em Cristo, é nova criação". A expressão fala de uma união espiritual que acontece na salvação, quando o Espírito Santo faz morada naquele que crê e, assim, nos torna um com Cristo. "Pois em um só corpo todos nós fomos batizados em um único Espírito: quer judeus, quer gregos, quer escravos, quer livres. E a todos nós foi dado beber de um único Espírito" (1Coríntios 12:13). Isso é verdade para todo aquele que crê. Nós estamos "em Cristo", ou, como Paulo diz em Efésios 5:30, "Nós somos membros do seu corpo".** A igreja, a comunhão dos verda-

---

* Paulo não está sugerindo que todos os indivíduos que já viveram serão reconciliados com Deus. Jesus e Paulo rejeitam veementemente o universalismo (Mateus 7:21-23; Romanos 2:5-9). "O mundo" neste contexto se refere à humanidade como raça, sem considerar diferenças de gênero, classe social ou étnicas (Gálatas 3:28).

** As versões inglesas King James e New King James acrescentam a expressão "da sua carne e dos seus ossos" no final de Efésios 5:30. Essas palavras não se encontram nos textos gregos mais antigos. Ela é

A GRANDE TROCA

deiros cristãos, é metaforicamente declarada como "o seu corpo, a plenitude daquele que enche todas as coisas, em toda e qualquer circunstância" (Efésios 1:23). Nesse sentido, os cristãos personificam a própria justiça de Deus.

Portanto, 2Coríntios 5:21 está descrevendo uma dupla imputação: os pecados dos que creem são imputados a Cristo, e ele paga a pena devida na sua totalidade. A sua justiça é imputada a eles, e eles são recompensados por isso. A justiça perfeita do Senhor é como um manto glorioso que cobre todas as imperfeições do seu povo e lhes dá uma posição correta diante de Deus. "Pois ele me vestiu com as vestes da salvação e sobre mim pôs o manto da justiça" (Isaías 61:10).

Em outras palavras, *Deus tratou Cristo como se ele tivesse cometido todos os pecados de todos que chegariam a crer, de modo que ele poderia tratá-los como se eles tivessem vivido a vida perfeita de Cristo.* Essa é uma paráfrase adequada de 2Coríntios 5:21. Cristo, como o nosso Substituto perfeito, não somente morreu pelo nosso pecado e com isso "cancelou a escrita de dívida" (Colossenses 2:14), mas também encarnou a justiça perfeita que Deus exige para a entrada no reino dos céus (Mateus 5:20). Tanto a sua vida quanto a sua morte, portanto, contam de forma vicária para todos aqueles que ele reconcilia com Deus.

O caminho da salvação

Destacamos a soberania de Deus na salvação porque essa doutrina salta de forma marcante por todo esse texto. É uma verdade maravilhosa e que contraria o senso comum. Afinal de contas, Deus é a divindade ofendida. Mas a reconciliação do pecador vem por causa de sua provocação, por meio da expiação que ele providencia de forma soberana.

Até mesmo a linguagem que Paulo usa destaca a eficiência da obra salvadora de Deus. A ideia não é que Deus iniciou uma obra que os pecadores agora têm de completar. Não que Deus tenha dado um passo em nossa direção, esperando que nós prosseguíssemos pelo resto do caminho;

---

uma glosa, provavelmente acrescentada por um escriba que pretendia escrever um conceito secundário ecoando a Gênesis 2:23, onde Adão diz de Eva: "Essa é agora osso dos meus ossos, e carne da minha carne". Obviamente, nossa união como membros do corpo de Cristo não é física, de carne e osso.

O EVANGELHO SEGUNDO PAULO

em vez disso, "*tudo* isso provém de Deus, que nos reconciliou consigo mesmo" (2Coríntios 5:18). A salvação dos pecadores é obra exclusiva de Deus, e Cristo é "o autor e o consumador da nossa fé" (Hebreus 12:2). Nada que os pecadores possam fazer desculparia de modo algum os seus pecados ou lhes traria algum mérito.

Mesmo assim, os pecadores não são passivos no processo. O evangelho confronta cada pecador com uma tarefa. Por isso, essa passagem inclui um apelo urgente: "Por amor a Cristo lhes suplicamos: Reconciliem-se com Deus" (2Coríntios 5:20). A soberania de Deus não elimina a responsabilidade humana. Deus nos responsabiliza pelo que fazemos ou não fazemos e, para ele, é perfeitamente justo fazer assim. Ele não controla as ações humanas por constrangimento. Como a Confissão de Fé de Westminster diz, "Nem Deus é o autor do pecado, nem se oferece a violação da vontade das criaturas."[1] Em outras palavras, apesar de o "coração do rei estar nas mãos do Senhor... [e] Ele o levar aonde quer", Deus não exerce a sua soberania sobre o homem pela força ou pela coerção (Provérbios 21:1), tampouco manipula as ações das pessoas como um tipo de manipulador cósmico de marionetes. Quando pecamos, fazemos isso por nossa própria vontade. Além disso, no momento em que Deus leva o pecador a Cristo, ele o faz pela atração, não pela força, e regenera o coração e a alma, de modo que Cristo se torna irresistível a essa pessoa.

Portanto, quando a pessoa é salva, Deus tem todo o mérito. E quando nós pecamos, a responsabilidade e a culpa pertencem a nós. Essa parece ser uma das verdades mais difíceis para a mente humana aceitar. Nós naturalmente queremos crédito quando fazemos o bem e desejamos evitar a culpa quando pecamos. Então, com toda a franqueza, não queremos realmente ver os dois lados da verdade. Charles Spurgeon, o grande pregador do século XIX,* fez algumas observações úteis sobre o dilema:

O fato de que Deus predestina e que, ainda assim, o homem é responsável são dois fatos que poucos podem ver de forma clara. Acredita-se que eles são incoerentes e contraditórios um para com o outro. Se, então, eu encontro em uma parte da Bíblia que tudo é predestinado, isto é ver-

---

* Veja também o apêndice 4: "O glorioso evangelho de Paulo", que apresenta material extraído dos sermões de Spurgeon analisando a mentalidade protetora de Paulo referente à defesa e à proclamação do evangelho.

dade; e se eu encontro, em outra Escritura, que o homem é responsável por todas as suas ações, isto é verdade; é apenas minha tolice imaginar que essas duas verdades possam alguma vez se contradizerem. Não acredito que elas possam ser fundidas em uma bigorna humana, mas, com certeza, serão uma na eternidade. Existem duas linhas tão proximamente paralelas, que a mente humana que as acompanha de mais longe nunca descobrirá que se cruzam, mas elas se cruzam mesmo, e se cruzarão em algum lugar da eternidade, perto do trono de Deus, de onde toda a verdade brota.[2]

Do mesmo modo que a soberania de Deus não elimina a responsabilidade do pecador, semelhantemente o apelo para que os pecadores "se reconciliem com Deus" não se contradiz o fato de que Deus é quem encaminha aqueles que atenderão ao apelo.

Paulo acreditava tão fortemente na soberania de Deus, como qualquer um. Mas a sua ideia aqui é que o apelo é uma característica essencial da mensagem do evangelho. Deus não está indiferente à condição da humanidade perdida e não tem prazer na morte do ímpio (Ezequiel 18:23, 32; 33:11). Portanto, omitir a paixão e a urgência da súplica ("Nós suplicamos... reconciliem-se com Deus") não é pregar o evangelho como ele deve ser proclamado.

Como o pecador pode se reconciliar com Deus? Em Atos 16:30, o carcereiro de Filipos fez essa pergunta para Paulo: "Que devo fazer para ser salvo?" A resposta de Paulo ao carcereiro filipense foi: "Crê no Senhor Jesus Cristo e serão salvos" (v. 31).

Ele certamente não estava sugerindo ao carcereiro que a fé é uma obra meritória invocada pelo próprio livre arbítrio do pecador para merecer a salvação. Como observamos anteriormente, a própria fé é um dom. Deus é o único que pode dar "o espírito de sabedoria e revelação, no pleno conhecimento dele" (Efésios 1:17). Foi, afinal, o Senhor que abriu o coração de Lídia para ouvir as coisas que Paulo falava (Atos 16:14).

Mesmo assim, Deus "ordena que todos, em todo lugar, se arrependam" (Atos 17:30), e ninguém está isento do seu apelo para a reconciliação. Voltaremos aos assuntos difíceis da predestinação e da soberania divina no capítulo seguinte, mas a ideia que deve ser compreendida a essa altura é que ninguém é obrigado pela força ou coerção a rejeitar a mensagem do evangelho. Eles o fazem de forma livre, por sua própria escolha. Aqueles

O EVANGELHO SEGUNDO PAULO

que se afastam na descrença, portanto, são totalmente responsáveis por se colocarem sob a condenação de Deus (João 3:18). "Eles não têm desculpa para o seu pecado" (João 15:22). "Pois o que de Deus se pode conhecer é manifesto entre eles, porque Deus lhes manifestou. Pois desde a criação do mundo os atributos invisíveis de Deus, seu eterno poder e sua natureza divina, têm sido vistos claramente, sendo compreendidos por meio das coisas criadas, de forma que tais homens são indesculpáveis" (Romanos 1:19-20).

Tanto a incredulidade quanto a indiferença são pecados (João 16:9; Hebreus 2:3; 12:25). Além disso, a incredulidade é blasfêmia, porque "quem não crê em Deus o faz mentiroso, porque não crê no testemunho que Deus dá acerca de seu Filho" (1João 5:10).

A reconciliação total com Deus está disponível em Cristo para todos aqueles que atendem o apelo. Caro leitor, se você entender que está irremediavelmente na escravidão do pecado e, por causa disso, sente uma necessidade desesperada da graça de Deus, então simplesmente "Peçam, e lhes será dado; busquem, e encontrarão; batam, e a porta lhes será aberta. Pois todo o que pede, recebe; o que busca, encontra; e àquele que bate, a porta será aberta" (Mateus 7:7-8). Aqueles que vêm não serão descartados (João 6:37).

6

Vivos juntamente com Cristo

Desperta, ó tu que dormes, levanta-te dentre os mortos e Cristo resplandecerá sobre ti. "

— Efésios 5:14

De todos os resumos curtos do evangelho que Paulo escreveu, poucos são mais frequentemente citados do que Efésios 2:8-9. Essa é uma das primeiras passagens que os novos convertidos memorizam: "Pois vocês são salvos pela graça, por meio da fé, e isto não vem de vocês, é dom de Deus; não por obras, para que ninguém se glorie".

O contexto imediato anterior e posterior desses dois versículos não são tão bem conhecidos, mas o parágrafo inteiro (Efésios 2:1-10) serve para um estudo instrutivo e altamente edificante sobre o evangelho segundo Paulo. É um texto rico que une vários temas vitais do evangelho. Nesses poucos versículos curtos, Paulo ensina algumas verdades profundas sobre a depravação humana, a graça divina, a soberania de Deus, a regeneração, a justificação, a santificação e a caminhada do cristão verdadeiro.

Mas o tema central da passagem é simples e direto. Paulo está explicando aos santos em Éfeso que a sua conversação a Cristo foi literalmente um milagre semelhante à ressurreição de Cristo dentre os mortos e à sua ascensão ao céu.

Esse tema foi apresentado pela primeira vez no capítulo de abertura da epístola, onde Paulo estava descrevendo o modo como orava pela igreja eféia (Efésios 1:17-23). Um dos seus pedidos de oração específicos era que eles pudessem conhecer "a incomparável grandeza do seu poder para conosco, os que cremos, conforme a atuação da sua poderosa força. Esse poder ele exerceu em Cristo, ressuscitando-o dos mortos e fazendo-o assentar-se à sua direita, nas regiões celestiais" (Efésios 1:19-20).

O parágrafo inicial de Efésios 2 é uma explicação detalhada dessa causa destacada. É a exegese de Paulo de seu próprio pedido de oração. É a sua resposta aos leitores que poderiam perguntar: "Qual é a incomparável grandeza do seu poder para conosco, os que cremos?" Afinal de contas, estamos falando sobre o poder que levantou Cristo dentre os mortos e o levou aos lugares celestiais, o poder milagroso que não apenas derrota a morte, mas literalmente transcende a todo o poder terreno. Qual a importância do "poder da sua ressurreição" (Filipenses 3:10) tem "sobre nós que cremos", não somente na ressurreição final, mas em nossa experiência atual?

Para responder as essas perguntas, Paulo retorna ao ponto de partida conhecido de sua apresentação do evangelho, a má notícia do problema do pecado da humanidade. Os três primeiros versículos de Efésios 2 descrevem a mais triste e também a mais terrível situação complicada do pecador. Dessa vez, ele não está concentrado na depravação má do pecado ou na servidão diabólica que escraviza os pecadores. Nessa passagem, para destacar a real extensão da perdição do homem, ele compara o incrédulo a um morto.

Essa não é uma metáfora impertinente. Na verdade, nem é uma metáfora. Paulo verdadeiramente quer dizer que o pecado infligiu uma ferida fatal em toda a espécie humana, e os pecadores em seu estado decaído já estão mortos espiritualmente, insensíveis à realidade de Deus, sem impulso justo algum, "sem esperança e sem Deus no mundo" (Efésios 2:12). Ele faz essa exposição a partir dessas palavras assustadoras ("mortos em suas transgressões e pecados [2:1]) pelos próximos três versículos.

Mas depois, quando parece perfeitamente claro que a total reprovação do pecador é desesperadamente irreversível, o tom muda de forma abrupta, do mesmo modo que em Romanos 3:21. Paulo prossegue explicando o modo pelo qual aqueles que são redimidos têm sido ressuscitados dentre os mortos pelo próprio Deus, e que eles receberam um privilégio nobre, uma posição perfeitamente correta diante do Juiz eterno. É como se tivessem subido ao céu, e estivessem assentados lá, em um lugar de honra ao lado de Cristo (Efésios 2:6).

Essa passagem está cheia de temas que devem ser bem conhecidos a essa altura. Isso é porque esses são os temas cardeais do evangelho de Paulo: morte e ressurreição; pecado e graça; fé em vez das obras; e a salvação como dom gratuito de Deus, deixando o cristão absolutamente sem razão para se orgulhar. Portanto, mesmo abordando um novo contexto, mais uma vez o nosso estudo exige que revisemos alguns temas já encontrados por nós. Devido ao fato de serem doutrinas tão importantes, a repetição será útil para o nosso entendimento. Essas verdades são certamente ricas o suficiente para justificar o exame repetitivo delas. Além disso, de todos os textos de Paulo sobre o evangelho, Efésios 2:1-10 une os temas importantes com uma clareza extrema e nos dá uma oportunidade única para revisá-los sob uma nova perspectiva. Aqui está o texto integral da passagem em questão:

> Vocês estavam mortos em suas transgressões e pecados, nos quais costumavam viver, quando seguiam a presente ordem deste mundo e o príncipe do poder do ar, o espírito que agora está atuando nos que vivem na desobediência. Anteriormente, todos nós também vivíamos entre eles, satisfazendo as vontades da nossa carne, seguindo os seus desejos e pensamentos. Como os outros, éramos por natureza merecedores da ira. Todavia, Deus, que é rico em misericórdia, pelo grande amor com que nos amou, deu-nos vida com Cristo, quando ainda estávamos mortos em transgressões — pela graça vocês são salvos. Deus nos ressuscitou com Cristo e com ele nos fez assentar nas regiões celestiais em Cristo Jesus, para mostrar, nas eras que hão de vir, a incomparável riqueza de sua graça, demonstrada em sua bondade para conosco em Cristo Jesus. Pois vocês são salvos pela graça, por meio da fé, e isto não vem de vocês, é dom de Deus; não por obras, para que ninguém se glorie. Porque somos criação de Deus realizada em Cristo Jesus para fazermos boas obras as quais Deus preparou antes para nós as praticarmos.
>
> Não se apresse a deixar a ideia principal dessa passagem: toda vez que o pecador recorre a Cristo para salvação, é porque Deus operou um milagre de ressurreição espiritual. O termo teológico comum para isso é *regeneração*, ou o novo nascimento. Essa é a mesma coisa que Jesus estava falando quando ele disse a Nicodemos:
>
> "Digo-lhe a verdade: Ninguém pode ver o Reino de Deus se não nascer de novo." (João 3:3)

O EVANGELHO SEGUNDO PAULO

Nosso Senhor prosseguiu descrevendo as pessoas remidas, todos os cristãos verdadeiros, como aqueles que são "nascidos do Espírito" (v. 8). Em outra passagem ele disse: "É o Espírito que dá vida" (6:63). Paulo, de forma semelhante, disse que os cristãos são salvos "pelo lavar regenerador e renovador do Espírito Santo" (Tito 3:5).

Aqui, então, cabe uma pequena definição: *a regeneração é o milagre operado pelo Espírito Santo, onde ele dá vida a uma alma espiritualmente morta*. Esse ato de doação de vida da parte de Deus é um renascimento espiritual completo para a vida eterna, tão milagroso como uma ressurreição corporal literal dentre os mortos. Falando nisso, a ressurreição e o renascimento são conceitos relacionados, e a Bíblia usa os dois em referência ao Cristo ressuscitado. Ele é o "primogênito dentre os mortos" (Colossenses 1:18; Apocalipse 1:5). "Mas de fato Cristo ressuscitou dentre os mortos, sendo ele as primícias dentre aqueles que dormiram" (1Coríntios 15:20). Tanto o novo nascimento quanto a ressurreição são, semelhantemente, descrições adequadas do milagre que acontece no momento em que Deus regenera um pecador espiritualmente morto e dá a essa pessoa o dom da salvação.

Vamos acompanhar esse tema por toda esta breve passagem e observar com cuidado à medida que Paulo aborda várias verdades importantes sobre a regeneração.

Fomos ressuscitados da morte espiritual

Não existe nenhum modo ameno de descrever o retrato que Paulo pinta do pecador aprisionado ao pecado. "Vocês estavam mortos em suas transgressões e pecados" (Efésios 2:1). Ele não está dirigindo esses comentários a uma classe limitada de ex-delinquentes e ex-pilantras cujos pecados eram extraordinariamente diabólicos. O que o apóstolo diz nessa passagem descreve todos nós. Esse comentário foi dirigido a todo indivíduo que acreditava fazer parte da assembleia efésia, e ele inequivocamente aplica a mesma avaliação sombria para todos "os outros" (v. 3). Todas as pessoas decaídas são "por natureza merecedores da ira".

Para os cristãos genuínos, essa é a descrição de Paulo do nosso estado anterior. Para os não cristãos, as consequências óbvias desse texto são graves e terríveis, e ainda uma realidade presente. Ela deve provocar

VIVOS JUNTAMENTE COM CRISTO

um autoexame equilibrado com um coração reverente. O descrente está morto para Deus em todos os sentidos dessa expressão. O não cristão está destituído de vida espiritual e subsiste em um estado de condenação total (João 3:18). Paulo não hesita ou recua diante da dureza dessa verdade. De fato, ele voltará a esse assunto em Efésios 4:17-19 e fala dele com um destaque ainda maior, descrevendo os incrédulos como aqueles que "andam na inutilidade dos seus pensamentos. Eles estão obscurecidos no entendimento e separados da vida de Deus por causa da ignorância em que estão, devido ao endurecimento do seu coração. Tendo perdido toda a sensibilidade, eles se entregaram à depravação, cometendo com avidez toda espécie de impureza".

Observe a frase "separados da vida de Deus". Essa é outra maneira de descrever a morte espiritual. Em todos os sentidos que se referem à vitalidade espiritual e ao entendimento, os incrédulos estão irremediavelmente separados de Deus, o qual é a verdadeira fonte de toda a vida.

As pessoas mortas não possuem a habilidade de reagir a qualquer estímulo. Um cadáver não pode sentir dor e não ouve o apelo de um ente querido. Uma das cenas que mais me partiram o coração foi o luto de uma jovem mãe cujo bebê tinha sido achado morto no berço. Ela segurava o corpo da criança, falava com ela, chorava sobre ela, tocava no seu rosto com carinho e tentava desesperadamente acordar esse bebê. Quando o médico legista chegou, ela relutava em lhe entregar o corpo, como se ela pudesse acordar a criancinha apelando um pouco mais. No entanto, só um milagre divino poderia ressuscitar essa criança. Mesmo com os carinhos mais amorosos daquela mulher enlutada e com as mais ternas súplicas, a criança não possuía mais habilidade alguma para sentir e reagir.

Esse é exatamente o caso daqueles que estão mortos espiritualmente. Eles não têm a capacidade própria para perceber a verdade da Palavra de Deus ou as ofertas generosas da chamada ao evangelho: "Quem não tem o Espírito não aceita as coisas que vêm do Espírito de Deus, pois lhe são loucura; e não é capaz de entendê-las, porque elas são discernidas espiritualmente" (1Coríntios 2:14). Além disso, "o deus desta era cegou o entendimento dos descrentes, para que não vejam a luz do evangelho da glória de Cristo, que é a imagem de Deus" (2Coríntios 4:4). A morte não é um assunto agradável para se pensar e, na cultura ocidental moderna, faz-se o máximo para não ter que abordar essa questão. Na região dos Estados Unidos onde eu moro e ministro, quando alguém morre é bem comum atualmente para os entes queridos fazerem um culto fúnebre simples em vez de um funeral tradicional com um culto ao lado do túmulo. O caixão não está presente, não há velório do corpo e não há uma procissão para o local do sepultamento. Os enlutados são protegidos ao máximo da dura realidade da morte.

Com certeza, isso é compreensível. Algo intrínseco à nossa natureza humana nos constrange a homenagear os mortos, mas nós não queremos lembranças visíveis da verdade que nos confronta constantemente com a realidade fria da nossa própria mortalidade. Abraão, ao negociar com os heteus o pequeno lote de terra que ele precisava para o local do descanso final de sua amada esposa, disse: "dai-me possessão de sepultura convosco, para que eu sepulte o meu morto *de diante da minha face*. (Gen. 23:4, Almeida Corrigida).

A morte é uma realidade repugnante. É difícil pensar sobre algo que seja mais temido, odiado e lamentado universalmente. Ela é inevitável, e nada podemos fazer à sua sombra. O morto não sente nada, nada ouve, nem responde a estímulo algum. Além disso, nós todos temos um encontro marcado com a morte. "O homem está destinado a morrer uma só vez e depois disso enfrentar o juízo" (Hebreus 9:27). Não podemos evitá-la. Nenhum poder humano pode reverter a rigidez cadavérica.

De modo semelhante, aqueles que estão mortos espiritualmente estão em um estado irremediável que nenhum poder humano pode solucionar. A luz da verdade não produz efeito sobre eles, porque eles são insensíveis às coisas espirituais (Mateus 13:13). A benignidade de Deus, que poderia produzir a vergonha sincera e o arrependimento (Romanos 2:4), não provoca a reação adequada, porque a mente carnal é completamente incapaz de atender a Deus de uma forma correta (Romanos 8:6-8).

Contudo, de forma diferente de uma pessoa morta fisicamente, os descrentes se movimentam. Eles estão mortos enquanto vivem (1 Timóteo 5:6), mortos espiritualmente, mas ainda seguem "a presente ordem deste mundo" (Efésios 2:2). Um comentarista presbiteriano da Escócia observou: "Neste sono da morte existe um sonambulismo estranho... mortos que andam".[1] Em termos contemporâneos, podemos dizer que Paulo está

VIVOS JUNTAMENTE COM CRISTO

descrevendo zumbis espirituais, os mortos ingratos. Eles nem mesmo sabem que estão mortos, e ainda estão seguindo a rotina normal da vida.

Paulo diz que aquele que não foi regenerado está nesta condição "por natureza" (Efésios 2:3). Não se trata de ter nascido totalmente inocente, sem a mancha do pecado, e depois ter caído após obter a consciência do certo e do errado e começado a pecar de propósito. Ele não se tornou pecador no decorrer da vida. Ele é pecador por natureza desde que nasceu. Ele é membro de uma raça decaída. É de sua própria natureza ser alheio às realidades espirituais e insensível à verdade espiritual.

Toda a humanidade foi mergulhada nessa condição de culpa por causa do pecado de Adão. "Por meio da desobediência de um só homem muitos foram feitos pecadores" (Romanos 5:19). Essa é a doutrina do *pecado original*, a verdade que é exposta amplamente por Paulo em Romanos 5:12-19.[2] Em 1Coríntios 15:22, ele resume a doutrina em três palavras gregas. Elas são traduzidas em quatro palavras no nosso idioma, mas nada se perde do seu impacto: "Em Adão todos morrem".

Afirma-se essa doutrina como um princípio essencial da ortodoxia em todas as tradições principais do cristianismo. Mesmo assim, surgem sempre perguntas sobre a justiça de toda a espécie humana ser condenada por causa das ações de um só homem. Esse argumento poderia ter algum peso se ele tivesse sido feito por alguém que não tivesse deliberadamente desobedecido a lei de Deus. Nós provamos a nossa cumplicidade voluntária da rebelião de Adão a cada vez que pecamos. Além disso, já que ninguém, a não ser Jesus, teve uma vida sem pecado, ninguém realmente está em posição de duvidar da doutrina do pecado original, muito menos de considerá-la injusta.

G. K. Chesterton se referiu ao pecado original como "a única parte da teologia cristã que pode realmente ser provada."[3] Ele criticou a extrema falta de lógica dos liberais na igreja que dizem crer da boca para fora em verdades "que eles não podem conceber nem em sonho. Mas eles, na essência, negam o pecado humano, que eles podem ver no dia a dia."[4] Ao nosso redor existem provas amplas da maldade e da universalidade do pecado. Nós as vemos nos noticiários toda noite, nos recordando do quanto a espécie humana é perdidamente decaída. Seria de fato uma condição irremediável, não fosse a rica misericórdia e o grande amor de Deus. No

O EVANGELHO SEGUNDO PAULO

versículo 4, o tom de Paulo muda de repente: "Todavia, Deus, que é rico em misericórdia... deu-nos vida" (Efésios 2:4-6). Novamente, vemos que Deus é o autor, o arquiteto e o executor da nossa salvação.

D. Martyn Lloyd-Jones, pastor da capela Westminster de Londres de 1943 a 1968, passou oito anos pregando versículo por versículo o livro de Efésios. Ele fez cerca de 230 pregações sobre essa epístola. Essas mensagens e a série de comentários que surgiu delas são um dos melhores exemplos do século XX da exposição bíblica. Eles são famosos pela sua percepção e clareza. Mas a pregação mais comentada de toda a série é a que Lloyd Jones pregou ao chegar a Efésios 2:4. Ele dedicou todo um sermão a estas duas palavras: "Mas Deus..." Ele intitulou a mensagem de "A mensagem cristã para o mundo".[5] Ele disse:

> Com essas duas palavras ["Mas Deus..."] nós chegamos à apresentação da mensagem cristã: a mensagem peculiar e específica que a fé cristã tem a nos oferecer. Essas duas palavras, por si só, contêm, em certo sentido, a totalidade do evangelho. O evangelho conta sobre o que Deus fez, isto é, a intervenção de Deus; é algo totalmente externo a nós e nos mostra a obra maravilhosa, impressionante e surpreendente de Deus, a qual o apóstolo começa a descrever e definir nos versículos seguintes.[6]

Essa é exatamente a ideia de Paulo. A salvação dos pecadores "não vem de vocês" (Efésios 2:8); é obra totalmente de Deus, começando com um ato de ressurreição espiritual que somente Deus poderia realizar. O poder vivificante daquele que criou o universo pela sua palavra dá vida instantânea a uma alma espiritualmente morta, a audição a ouvidos espiritualmente surdos, e a vista a olhos espiritualmente cegos. Como dissemos antes, a regeneração é tão sobrenatural quanto a ressurreição do próprio Cristo dentre os mortos. De fato, ela se opera pelo mesmo poder divino pelo qual ele o "ressuscitou dos mortos e o fez assentar-se à sua direita, nas regiões celestiais" (1:20).

Na verdade, a regeneração do pecador é o resultado e uma lembrança constante da participação de todo cristão na ressurreição de Cristo e na sua ascensão ao céu. Deus "deu-nos vida com Cristo... ressuscitou-nos com Cristo e com ele nos fez assentar nas regiões celestiais em Cristo

138

Jesus" (Efésios 2:5-6). Observe que Paulo não usa o tempo futuro. Quando ele fala de estar assentados no céu com Cristo, não está descrevendo a promessa de alguma herança que ainda viria. Essa é uma realidade presente para todo aquele que crê, um resultado imediato e direto da obra salvífica de Deus. Com certeza, é uma realidade espiritual. Essa é a descrição de Paulo da nossa união espiritual com Cristo e do alto lugar de honra que nós recebemos por meio da justificação.

Temos que entender os versículos 5 e 6 sob esse prisma. Esses dois versículos unem o princípio da regeneração com o da justificação e o da união daquele que crê com o próprio Cristo. Deus "deu-nos vida" por intermédio da regeneração. Ele nos elevou a uma posição do mais alto privilégio (fazendo-nos assentar em um lugar de honra suprema "nos lugares celestiais") por meio da justificação. Nossa participação com Cristo na sua ressurreição e na sua posição com ele diante de Deus é possível por causa da nossa união espiritual "em Cristo Jesus".

Fomos ressuscitados pela graça

Por duas vezes em Efésios Paulo repete a expressão "vocês são salvos pela graça" (vv. 5, 8). Esse, em suma, é o tema completo da passagem e um resumo adequado do evangelho segundo Paulo. Você já notou que a graça de Deus é um tema predominante em todo contexto que Paulo explica o evangelho? Isso não é novidade. A graça é a fonte de onde todas as características da nossa salvação fluem. Assim escreveu Spurgeon:

> Devido ao fato de Deus ser gracioso, por esse motivo os homens pecadores são perdoados, convertidos, purificados e salvos. Não é por causa de algo que eles tenham, o que possam vir a ter, que eles são salvos; mas por causa do amor ilimitado, da bondade, da piedade, da compaixão, da misericórdia e da graça de Deus. Espere um instante, então, diante do manancial. Contemple o rio limpo da água da vida que flui do trono de Deus e do Cordeiro. Que abismo imenso é o da graça de Deus! Quem pode compreendê-lo?[7]

A verdade que brota claramente de Efésios 2 é o fato de que a nossa salvação não é conquistada nem merecida de modo algum. A salvação não

O EVANGELHO SEGUNDO PAULO

é uma recompensa por algo bom que Deus detecta no pecador. A verdade é justamente o contrário. Ele concede gratuitamente o seu amor redentor aos pecadores que merecem a condenação total. Essa, como vocês já sabem, é a definição exata da *graça*.

"Todavia, Deus, que é rico em misericórdia, pelo grande amor com que nos amou, deu-nos vida com Cristo quando ainda estávamos mortos em transgressões" (vv. 4-5). A graça de Deus é a causa original da regeneração; a fé do pecador é o efeito imediato.

Infelizmente, muitos cristãos pensam e falam como se ela fosse realizada da forma oposta, como se o ato de fé de livre vontade do pecador fosse o fator determinante que capacita Deus conceder a sua graça salvadora. Em outras palavras, eles acham que a fé é a causa e a regeneração, o efeito. Em Efésios 2, o apóstolo Paulo está provando justamente o contrário. Essa passagem fala sobre a primazia da graça de Deus como a causa principal do despertamento espiritual do pecador. A ideia de Paulo não é, em nenhum momento, obscura: *a pessoa que está morta espiritualmente não tem capacidade de ter fé.*

Expressando a mesma ideia em outras palavras, o drama da depravação humana explica o motivo pelo qual a graça divina é uma necessidade absoluta. Ele também nos indica as verdades da soberania de Deus e da doutrina da eleição. Se Deus não interviesse para salvar os seus eleitos, ninguém seria salvo. Os cadáveres não se levantam sozinhos.

Muitos cristãos se afastam da linguagem e do conceito da eleição divina, mas a doutrina é completamente bíblica. A Escritura se refere aos que creem como "os eleitos de Deus" (Colossenses 3:12; Lucas 18:7; Romanos 8:33). Os eleitos são escolhidos, não (como muitos supõem) porque Deus observa pelos corredores do tempo para prever quem pode ser digno do seu favor. Em vez disso, eles são "predestinados conforme o plano daquele que faz todas as coisas segundo o propósito da sua vontade (Efésios 1:11). Paulo especificamente se refere ao propósito livre e soberano de Deus em resposta à pergunta sobre o modo pelo qual os eleitos são escolhidos. Ele diz que Deus "nos predestinou para sermos adotados como filhos, por meio de Jesus Cristo, conforme o bom propósito da sua vontade" (v. 5). Se o próprio livre arbítrio do homem fosse o fator determinante da salvação em vez da graça eletiva de Deus, ninguém seria salvo. "Portanto, isso não depende do desejo ou do esforço humano, mas da misericórdia de Deus" (Romanos 9:16). Por isso, quando Lucas registrou a conversão dos gentios

VIVOS JUNTAMENTE COM CRISTO

em Antioquia da Pisídia, ele não disse que aqueles que creram foram, portanto, eleitos para a vida eterna. Em vez disso, ele escreveu: "creram todos os que haviam sido designados para a vida eterna" (Atos 13:48). A Palavra de Deus várias vezes nos diz que a graça de Deus é, puramente, a fonte e a razão da regeneração, não a própria fé do pecador. Não podemos confundir o efeito com a causa.

Aqueles que têm dificuldades com a doutrina da eleição e com o princípio da soberania divina ainda não pensaram com profundidade suficiente sobre o horror da depravação humana e sobre o que significa estar "morto em transgressões e pecados".

Ninguém, além de Deus, poderia resgatar o pecador dessa condição e depois elevar a pessoa a um lugar privilegiado nas regiões celestiais. Quem mais poderia realizar isso? Afinal de contas, a ressurreição e o novo nascimento de uma alma espiritualmente morta são uma criação. Quem pode criar senão aquele que falou e tudo se fez? É uma ressurreição. Quem além de Deus pode ressuscitar os mortos? [...] Assim, a alma é ressuscitada e, posteriormente, iluminada. E quem senão ele que ordenou que a luz brilhasse de dentre as trevas pode brilhar em nossa mente "para iluminação do conhecimento da glória de Deus na face de Cristo" [2Coríntios 4:6]?[8]

A importância da graça divina na salvação dos pecadores é maior do que possamos destacar. Novamente, todos os aspectos da salvação, começando com a regeneração, incluindo a fé do pecador e as boas obras, toda ela, é puramente devida à graça de Deus. Ela é realizada por nós gratuitamente. "É dom de Deus; não por obras, para que ninguém se glorie" (Efésios 2:8, 9). A graça de Deus não se limita a nos iniciar na estrada da salvação e nos deixa terminar o projeto. Desde a nossa predestinação no passado eterno, e por todo o nosso chamado e justificação nesta vida, e por todo o caminho até o futuro infinito da glória eterna, Deus soberanamente garante o triunfo da sua graça em cada etapa da nossa salvação (Romanos 8:29-30). "Que diremos, pois, diante dessas coisas? Se Deus é por nós, quem será contra nós?" (v. 31).

Nunca tire da sua mente a realidade de que, se recebêssemos o que merecíamos, estaríamos condenados por toda a eternidade. Mesmo assim, Deus não dá simplesmente ao que crê um indulto do julgamento merecido; ele nos exalta a uma posição incompreensivelmente alta em Cristo. Não se trata de um benefício temporário, mas de uma bênção

O EVANGELHO SEGUNDO PAULO

eterna, realizada "para mostrar, nas eras que hão de vir, a incomparável riqueza de sua graça, demonstrada em sua bondade para conosco em Cristo Jesus" (Efésios 2:7). Deus certamente "*é* rico em misericórdia" com relação aos pecadores (v. 4).

Pense sobre isso no momento que ouvir o hino "Graça maravilhosa". A graça de Deus é imensamente maior do que você conseguiria imaginar com uma mente finita. A palavra "rico" em Efésios 2:4 só dá uma ideia do sentido do original. A palavra sugere na realidade uma riqueza espetacular e superabundante. (A forma substantiva da mesma palavra é usada no versículo 7 com um adjetivo superlativo que acentua a grandeza extravagante, "a incomparável riqueza" da graça divina). A verdade é que nenhuma linguagem humana conseguiria transmitir esse conceito de forma adequada. A graça é, de fato, maravilhosa. Deus salva pecadores indignos para honrá--los para sempre "em Cristo Jesus".

Fomos ressuscitados pela fé

Se nós fôssemos responsáveis, mesmo em parte, pela nossa própria salvação, receberíamos alguma glória por isso. Mas toda a obra necessária para ganhar a nossa salvação foi desempenhada de forma perfeita somente por Cristo. Essa obra agora está completa, sem nada que o pecador possa acrescentar. Por isso, um pouco antes de entregar o seu espírito na cruz, Jesus disse: "Está consumado!" (João 19:30).

Nessa passagem, temos a afirmação conhecida e clara de que a salvação "não vem de nós... não por obras, para que ninguém se glorie" (Efésios 2:8-9). Qualquer que seja a expressão da passagem que estamos estudando, tudo aponta para uma verdade bem clara, que é: a salvação é "dom de Deus" (v. 8) e, portanto, a redenção do pecador não se atribui de forma alguma às obras ou a dignidade do pecador.

Será que isso significa que os pecadores são totalmente passivos no processo? De modo algum. A fé é o instrumento essencial pelo qual os pecadores remidos obtêm a justificação. A fé não acrescenta mérito algum à salvação; ela é simplesmente o canal pelo qual se recebe a bênção.

Porém, algum grau de justiça prática é o fruto inevitável da fé salvadora. A fé não é uma aceitação vazia; a fé real envolve a pessoa como um

VIVOS JUNTAMENTE COM CRISTO

todo: a mente, o coração e a vontade.[*] Além disso, longe de serem inertes ou descompromissados, os pecadores são salvos "para as boas obras" (Efésios 2:10). Deus está, afinal de contas, transformando-os e moldando-os de acordo com a imagem do seu Filho (Romanos 8:29; 2Coríntios 3:18). Com certeza, a fé autêntica garante de forma absoluta que o cristão não será completamente estéril, totalmente passivo ou finalmente um apóstata. (Mateus 7:17-19; Tiago 2:14-20; 1João 2:19; 1Pedro 1:5). Retornaremos a esse aspecto do texto antes do término deste capítulo, mas a ideia é que a fé não provoca passividade.

Além disso, a fé não é obra humana. É importante pensar de forma correta sobre isso. Como observamos no capítulo 5, a própria fé é dom de Deus. Aqui em Efésios 2:8-9, Paulo confirma que a salvação é "pela fé... não de vocês mesmos... não por obras". Ele não somente diferencia a fé das obras, mas também está negando categoricamente que a fé vem do próprio pecador, de seu próprio livre arbítrio.

A expressão "não vem de vocês; é dom de Deus" tem sido debatida ferozmente pelos teólogos e pelos comentaristas. Em quase todas as traduções aparece o antecedente do pronome demonstrativo "isto" é o substantivo imediatamente anterior. A partir daí, "isto" (quer dizer, a fé) não vem de vocês; é dom de Deus". Essa verdade basta, pois Romanos 12:3 deixa absolutamente claro que Deus é, de fato, a fonte graciosa de toda a fé daquele que crê: "a medida de fé que Deus repartiu a cada um" (Almeida Corrigida). Mas o pronome grego (*touto*, "isto") em Efésios 2:8, é neutro, e o antecedente imediato (písteos, "*fé*") é feminino. Por isso, frequentemente se afirma que o pronome não pode se referir à palavra *fé*, porque os gêneros das duas palavras não se encaixam. A fé, segundo essa lógica, não é "dom de Deus".

Existem duas respostas para isso. A primeira destaca que, na gramática grega (e por todas as epístolas de Paulo), os pronomes demonstrativos neutros realmente, às vezes, referem-se a substantivos femininos. Esse é exatamente o caso em Filipenses 1:28, por exemplo, onde Paulo fala de "salvação, e isso da parte de Deus".

---

[*] A fé consiste em conhecimento, aceitação e confiança. Para ler a análise sobre o quanto isso envolve a mente, as emoções e a vontade, veja John MacArthur, *O evangelho segundo os apóstolos* (Rio de Janeiro: Thomas Nelson Brasil, 2017), p. 54-56.

O EVANGELHO SEGUNDO PAULO

A gramática nesse texto é exatamente a mesma de Efésios 2:8. O pronome neutro (isto) só pode se referir ao substantivo feminino (salvação). Essa não é uma construção gramatical incomum, mesmo no grego clássico mais formal. Outro princípio também precisa ser explicado: não existe nenhum substantivo neutro precedendo *touto* em Efésios 2:8, ou em nenhum dos versículos imediatamente antes dele. Se o pronome não se refere especificamente a "fé", a única opção que resta seria interpretar a palavra "isto" com relação a toda a oração anterior. Desse modo, o sentido de Paulo seria que a salvação, e todos os aspectos dela, é o dom de Deus ao pecador. Sendo assim, todas as fases da transformação que se menciona ou deduz dos versículos 1 a 8 (incluindo a regeneração, a justificação, a graça e a nossa glorificação final), todas elas em conjunto, constituem o "dom de Deus". De fato, essa interpretação seria perfeitamente coerente com a ideia da passagem inteira. Paulo acrescenta no versículo 10 que até as boas obras que são fruto da fé foram "preparadas anteriormente" por Deus.

Portanto, não há como escapar do fato de que Paulo considera a fé salvadora dom de Deus, não obra humana.

Para explicar a ideia de Paulo da forma mais simples possível, só se pode respirar espiritualmente porque Deus bateu nas suas costas para você respirar. Só se pode escutar com o ouvido da fé porque Deus abriu o seu ouvido. Se você crê, sua fé não é produto de seu livre arbítrio, tampouco é resultado de sua confirmação, do seu batismo, da sua ceia, da sua frequência à igreja ou membresia, de suas doações à igreja ou à caridade, de guardar os Dez Mandamentos, de viver de acordo com o Sermão do Monte, crendo em Deus, sendo bom para com o próximo ou de viver uma vida respeitável. Essas coisas não acrescentam mérito algum e não têm parte na salvação de ninguém. "Pois vocês são salvos *pela graça, por meio da fé.*"

É bem verdade que a fé genuína envolve todas as faculdades da sua mente, da sua vontade e das suas emoções. Com certeza, ninguém acredita em seu lugar. Ninguém o força a crer contra a sua vontade. Mas, no final das contas, você ainda não pode receber o mérito por ter crido, porque até a fé pela qual você se achega a Cristo é dom de Deus "não das obras, para que ninguém se glorie".

Para quem tem a tendência ao orgulho, Paulo diz: "Pois, quem torna você diferente de qualquer outra pessoa? O que você tem que não tenha recebido? E se o recebeu, por que se orgulha, como se assim não fosse?" (1Coríntios 4:7).

Tudo o que temos de bom, inclusive a nossa fé, é dom de Deus, então, não podemos com justiça falar bem de nós mesmos por sermos cristãos. O orgulho é totalmente oposto à mensagem do evangelho.

Fomos ressuscitados com um propósito

A nossa salvação é para a glória de Deus, não para a nossa. Tornamo-nos participantes da sua glória porque estamos unidos espiritualmente com Cristo. A nossa união com Cristo nos coloca em uma posição tão alta de privilégio que Paulo diz que nós estamos "[assentados] juntamente nas regiões celestiais em Cristo Jesus" (Efésios 2:6). A partir disso, nós também passamos a ver e desfrutar da glória de Deus, porque "Deus, que disse: 'Das trevas resplandeça a luz', ele mesmo brilhou em nossos corações, para iluminação do conhecimento da glória de Deus na face de Cristo" (2Coríntios 4:6).

E a maior honra de todas é refletir essa glória. Em 2Coríntios 3, Paulo a compara ao brilho da glória de Deus no rosto de Moisés quando ele teve a visão da glória de Deus no Sinai. O brilho refletido era tão forte que "os israelitas não podiam fixar os olhos na face de Moisés, por causa do resplendor do seu rosto, ainda que desvanecente". (v.7). Por isso, ele teve que colocar um véu sobre o seu rosto até que o brilho finalmente desapareceu. Mas a glória de Cristo brilha a partir do interior do cristão e nunca desaparece; ela segue crescendo com força. "E todos nós, que com a face descoberta contemplamos a glória do Senhor, segundo a sua imagem estamos sendo transformados com glória cada vez maior" (v. 18), a finalidade real para a qual fomos criados. Esse é o propósito da nossa salvação. É, de forma bem literal, a razão de tudo.*

Somente a pessoa mais carnal imaginaria que, ao tirar todas as bases para o orgulho humano, Paulo estaria de algum modo denegrindo as bênçãos ou os benefícios da salvação para o pecador. Observe o modo pelo qual o plano eterno de Deus se cumpre na nossa salvação. Eles nos salva "para mostrar, nas eras que hão de vir, a incomparável riqueza de sua graça,

---

* Veja o apêndice 3, "A razão de tudo".

O EVANGELHO SEGUNDO PAULO

demonstrada em sua bondade para conosco em Cristo Jesus" (Efésios 2:7). Por isso, Deus manifesta a sua glória por toda a eternidade, e nós somos os beneficiados, somente por meio da sua graça maravilhosa.

Fomos ressuscitados para as boas obras

Nessa passagem, Paulo explica uma ideia final que não se pode ignorar ou descartar. Deus também é glorificado através da justiça operada pela sua graça em nós. "Porque somos criação de Deus realizada em Cristo Jesus para fazermos boas obras, as quais Deus preparou antes para nós as praticarmos" (Efésios 2:10). Mencionamos essa parte da passagem algumas páginas atrás. Agora, vamos observá-la mais de perto.

Muitas pessoas citam Efésios 2:8-9 e colocam todo o destaque no perdão total e no perdão gratuito que recebemos a partir do momento em que somos justificados, como se fosse o fim, em vez do início, das muitas bênçãos que obtivemos pela fé. As pessoas também usam a palavra *graça* de forma errada, como se fosse uma licença para pecar. Essa tem sido uma opinião apoiada por lobos em pele de cordeiro e pessoas cuja profissão de fé em Cristo é falsa ou simplesmente superficial. A epístola de Judas foi escrita para avisar os cristãos primitivos sobre os falsos mestres perigosos que tinham se infiltrado sem aviso em meio à comunhão dos fiéis verdadeiros. Judas os descreveu como "ímpios que transformam a graça de nosso Deus em libertinagem" (v. 4). Pedro falou deles: "Prometendo-lhes liberdade, eles mesmos são escravos da corrupção" (2Pedro 2:19). Ele exortou os cristãos a não usar a sua liberdade como pretexto para o vício (1Pedro 2:16). Paulo, de modo semelhante, alertou aos que creem: "não usem a liberdade para dar ocasião à vontade da carne" (Gálatas 5:13). O apóstolo obviamente tinha se deparado com a noção comum de que a graça de algum modo nos dá a permissão para pecar de forma atrevida.* Ele considerou esse tipo de pensamento totalmente absurdo. "Que

---

* A expressão "pecar de forma atrevida" se refere a uma carta que Martinho Lutero escreveu para Filipe Melâncton em agosto de 1521, durante o tempo de exílio de Lutero no castelo de Wartburg. Isso se deu menos de um ano depois que Lutero queimou uma bula papal que tinha sido escrita contra ele e pela qual ele tinha sido excomungado pelo papa. Lutero, que tinha descoberto ainda há bem pouco tempo a doutrina da justificação pela fé, estava incentivando Melâncton com a verdade de Romanos 8:38-39, que "nada nos separará do amor de Deus que está em Cristo Jesus Nosso Senhor". Lutero, de forma imprudente, escreveu: "Peque, e peque de forma atrevida, mas deixe a sua fé ser maior do que o seu

diremos então? Continuaremos pecando para que a graça aumente? De maneira nenhuma! Nós, os que morremos para o pecado, como podemos continuar vivendo nele? (Romanos 6:1-2).

Nos primeiros nove versículos de Efésios, Paulo explica, várias vezes, que as boas obras não trazem mérito, nem são um pré-requisito para a fé. Depois, no versículo 10, ele explica também que, mesmo assim, as boas obras são o fruto esperado da regeneração.

Na verdade, o princípio é mais forte do que isso. Devido ao fato da soberania de Deus (um dos pontos centrais desta passagem), as boas obras são inevitáveis na vida daqueles que são salvos. Afinal de contas, foi para as boas obras que nós fomos "criados em Cristo Jesus". O próprio Deus preparou as nossas boas obras "antes (isto é, no passado eterno) para praticarmos" (Efésios 2:10). Portanto, as boas obras não ficam de fora do evangelho segundo Paulo; elas são simplesmente colocadas no seu devido lugar.

Essa é a ideia do versículo 10: a graça de Deus produz as boas obras nos cristãos verdadeiros de forma tão segura quanto, em primeiro lugar, a graça constituiu a fonte da sua fé. Nada disso é meritório. O único mérito no evangelho pertence a Cristo. As pessoas que creem abraçam a Cristo (e, desse modo, obtêm crédito para a sua justiça) pela fé. As boas obras do próprio cristão, preordenadas e preparadas por Deus, são o fruto inevitável da fé. Até a motivação e o poder para essas obras são graciosamente providenciados por Deus (Filipenses 2:13). Todo cristão genuíno deve, portanto, ser *zeloso* pelas boas obras.

Essa verdade se destaca e se explica na passagem que estudaremos no próximo capítulo.

---

pecado... O pecado não nos pode destruir no reino do Cordeiro, ainda que cometêssemos fornicação e matássemos mil vezes por dia". Citado na obra de Jean Marie Vincent Audin, *History of the Life, Writings, and Doctrines of Martin Luther* (Filadélfia: Kelly, 1841), p. 178. O contexto é muito importante, e, para ser justo, Lutero escreveu essa carta para repreender Melâncton pela sua relutância em se posicionar junto com ele na questão do celibato. Lutero explicou que o celibato obrigatório é doutrina de demônios (1 Timóteo 4:1-3). Portanto, ele disse a Melâncton que os votos de celibato dos sacerdotes católicos não eram válidos. Melâncton não se convenceu disso, e Lutero considerou o medo do seu amigo como supersticioso. Então, Lutero estava na verdade dizendo para Melâncton fazer algo que ele próprio não considerava pecado. Deve-se ler suas palavras à luz desse contexto. Infelizmente, o comentário de Lutero é frequentemente citado pelos antinomistas como justificação de uma atitude negligente com relação ao pecado.

7

As lições da graça

*A noite está quase acabando; o dia logo vem. Portanto, deixemos de
lado as obras das trevas e revistamo-nos da armadura da luz.*

— Romanos 13:12

Ao ser julgado diante do Sinédrio em Atos 23, Paulo disse ao concílio
"Eu sou fariseu, filho de fariseu" (v. 6).* Ele nasceu e foi criado para ser
membro dessa seita, e o seu zelo era insuperável. Todas as suas energias
foram dedicadas a uma aplicação severa da lei judaica, do cerimonial religioso e das próprias tradições exigentes dos fariseus. Eles prestavam uma
atenção muito grande aos detalhes formais e cerimoniais da lei de Moisés,
geralmente negligenciando os preceitos morais mais importantes, e eram
obstinados nas características externas da lei (ritualismo, simbolismo, for-
malismo e tudo o mais que envolvesse demonstrações externas de piedade). Eles gostavam muito de orar em pé nas sinagogas e nas esquinas das
ruas para que pudessem ser vistos (Mateus 6:5). Jesus disse: "*Tudo* o que
fazem é para serem vistos pelos homens. Eles fazem seus filactérios bem
largos e as franjas de suas vestes bem longas; gostam do lugar de honra nos
banquetes e dos assentos mais importantes nas sinagogas, de serem sauda-
dos nas praças e de serem chamados mestres".

No entanto, eles descuidavam ou até desprezavam as virtudes secretas
e as qualidades do caráter justo ordenadas pela lei, valores piedosos como a
misericórdia, a compaixão, a integridade e a pureza de coração. Resumindo, eles se preocupavam mais em receber honra do que dar honra. Jesus os
criticou severamente por isso, dizendo:

---

* Atos 21:27-36 descreve o modo pelo qual um tumulto surgiu quando alguns dos adversários de Paulo
o acusaram falsamente de trazer Trófimo, um gentio, ao templo. As autoridades romanas intervieram
para impedir a multidão de espancar Paulo até a morte, e o levaram preso. Mas eles não tinham ideia de
quais eram as acusações contra Paulo e não sabiam bem o que fazer, quando ele revelou ser um cidadão
romano (22:22-30). Então, eles o levaram diante do Sinédrio para se defender das acusações.

O EVANGELHO SEGUNDO PAULO

"Ai de vocês, mestres da lei e fariseus, hipócritas! Vocês dão
o dízimo da hortelã, do endro e do cominho, mas têm negligenciado os preceitos mais importantes da lei: a justiça, a
misericórdia e a fidelidade. Vocês devem praticar estas coisas,
sem omitir aquelas. Zombando de sua fixação patológica em
trivialidades cerimoniais, ele os chamou de "Guias cegos!
Vocês coam um mosquito e engolem um camelo".*

Legalismo: a loucura do farisaísmo

O pressuposto padrão dos fariseus parecia ser o de que eles poderiam
merecer o favor de Deus e, assim, herdar a vida eterna, se o seu zelo e
a sua devoção aos pequenos detalhes da tradição farisaica excedessem a
piedade dos seus vizinhos. Isso, é claro, os tornava agressivos, ambiciosos
e arrogantes, orgulhosos de si mesmos e desrespeitadores dos outros. Eles
"confiavam em sua própria justiça e desprezavam os outros" (Lucas 18:9).

Todo o seu sistema de crenças estava baseado no erro pernicioso do *legalismo*, a noção de que as pessoas ganham o favor de Deus pelo que fazem.
E o tipo de legalismo característico dos fariseus era o pior: um estilo cruel,
duro e antipático de santidade artificial que nutria um desprezo com ares
de superioridade diante de todas as outras pessoas. Era uma violação sistemática e presunçosa do segundo grande mandamento: "Você deve amar o
próximo como a si mesmo" (Levítico 19:18; Mateus 22:39).

Depois da sua conversão, o apóstolo nutria o máximo desprezo ao
legalismo de qualquer espécie. Não é porque ele acabou desprezando a lei
como um todo. Na verdade, ele escreveu: "A lei é santa, e o mandamento é
santo, justo e bom" (Romanos 7:12). Para aqueles que queriam abolir a lei
em nome da graça, Paulo respondeu: "Anulamos então a Lei pela fé? De
maneira nenhuma! Ao contrário, confirmamos a Lei" (Romanos 3:31).
Paulo não era antinomista.

Mesmo assim, ele negava categoricamente as crenças dos fariseus sobre a lei. Eles viam a lei como um meio para a vida. Na verdade, tudo o
que a lei pode fazer pelo pecador é condená-lo à morte. (Romanos 7:10).
"Porque a Lei produz a ira. E onde não há Lei, não há transgressão (4:15).

---

* Os mosquitos eram as menores criaturas relacionadas como impuras na lei de Moisés (Lev. 11:23); e os
camelos eram as maiores (v. 4).

AS LIÇÕES DA GRAÇA

Com certeza, o propósito central da lei era mostrar ao pecador a extrema gravidade do pecado (7:13), despojá-lo de sua autoconfiança (v. 18) e conduzi-lo através dela à dependência da graça de Deus, levando-os na direção da justificação pela fé (Gálatas 3:24).

Contudo, os fariseus colocavam toda a sua confiança no seu conhecimento da lei, na sua aparente obediência aos princípios morais e na sua obsessão fanática pelos detalhes cerimoniais. Por cultivar uma aparência piedosa de um modo exigente, eles achavam que podiam conquistar uma alta reputação entre os homens, uma honra especial da parte de Deus e a vida eterna no julgamento final. Eles tinham invertido totalmente as lições principais da lei.

Depois que os olhos espirituais de Paulo se abriram, ele se tornou um inimigo feroz do legalismo. Os temas da graça divina e da liberdade cristã estão presentes em praticamente tudo o que ele escreveu. "Onde está o Espírito do Senhor, ali há liberdade" (2Coríntios 3:17).

A questão surgia frequentemente nos seus escritos porque ele continuava a ter de defender as doutrinas da graça divina e da justificação somente pela fé (*sola fide*) de ataques infindáveis perpetrados pelos falsos mestres. A igreja primitiva foi invadida por um partido de falsos cristãos que estavam determinados a subverter o evangelho de Paulo com doutrinas legalistas. Sabemos muito pouco sobre os homens que começaram e lideraram tal seita, exceto que eles eram ex-fariseus da Judeia (Atos 15:1, 4). Eles aparentemente anunciavam sua conversão ao cristianismo, mas depois se dedicavam a disseminar o seu tipo farisaico de legalismo de um extremo ao outro do Império Romano. Eles tinham Paulo como alvo em particular; pareciam segui-lo por toda parte. Depois de ele implantar uma igreja e seguir adiante, eles logo se infiltravam para desafiar a sua autoridade apostólica e espalhar mentiras maldosas sobre o apóstolo. Esses legalistas insistiam que os gentios não poderiam ser salvos se eles não se tornassem prosélitos judeus. Já que Paulo foi especialmente enviado para ministrar aos gentios (Romanos 11:13), as igrejas que ele plantava estavam cheias de convertidos não judeus. Os legalistas lhes diziam: "Se vocês não forem circuncidados conforme o costume ensinado por Moisés, não poderão ser salvos" (Atos 15:1). Além disso, os falsos mestres não se contentavam somente com a exigência da circuncisão, mas afirmavam que era "neces-

O EVANGELHO SEGUNDO PAULO

sário" para as igrejas cristãs instruírem os seus membros gentios a guardar toda a lei de Moisés (v. 5). A sua mensagem era pura lei, não o evangelho.

Paulo se opôs a esse erro com todas as suas forças. A sua Epístola aos Gálatas é uma denúncia taxativa da doutrina dos legalistas, seguida por uma ampla refutação dela. Ele começa amaldiçoando por duas vezes os hereges e o seu falso evangelho. (Gálatas 1:8-9), e nunca relaxa em sua crítica ou suaviza a sua condenação aos falsos mestres. Finalmente, perto do final da epístola, ele diz aos membros dessas igrejas: "Foi para a liberdade que Cristo nos libertou. Portanto, permaneçam firmes e não se deixem submeter novamente a um jugo de escravidão. Ouçam bem o que eu, Paulo, lhes digo: Caso se deixem circuncidar, Cristo de nada lhes servirá (5:1-2).

Como alguém que foi salvo de dentro do farisaísmo, Paulo claramente abominava todo sinal de legalismo. Ele foi o mais claro possível sobre isso. "Mas, se vocês são guiados pelo Espírito, não estão debaixo da Lei", ele disse aos cristãos gálatas (v. 18). Os seus escritos estão cheios de exortações antilegalistas como essa. Um dos textos mais conhecidos em toda a obra de Paulo é Romanos 6:14: "Vocês não estão debaixo da lei, mas debaixo da graça".

Antinomismo: o erro predominante da nossa época

Infelizmente, frases como essa são frequentemente citadas fora de contexto e usadas como referências para vários tipos de antinomismo moderno e pós-moderno, como se Paulo quisesse dizer que os cristãos estão livres de qualquer tipo de ordem moral, imperativo legal, ou regra governando a sua conduta. Esse é um modo cada vez mais popular de interpretar esses textos entre os libertinos evangélicos e os libertários espirituais. Alguns formadores de opinião evangélicos atuais se irritam e reclamam toda vez que alguém cita algum mandamento da Bíblia ou relembra os cristãos que "os que creem em Deus se empenhem na prática de boas obras" (Tito 3:8). Eu encontro com frequência pessoas que dizem ser cristãs que parecem pensar que é um pecado em vez de ser um dever "incentivarmos ao amor e às boas obras" (Hebreus 10:24). "Isto é lei, não graça", eles protes-

AS LIÇÕES DA GRAÇA

tam, como se qualquer menção das instruções da Bíblia fosse em si legalista. Alguns antinomistas atuais parecem dedicados a descobrir moralismo pietista em praticamente todos os lugares. Eles se preocupam porque têm medo de que outros cristãos estejam ansiosos demais sobre serem corretos e fazerem a coisa certa e parecem pensar que toda a mensagem do evangelho é direcionada a eliminar o cuidado do pecador sobre a justiça de uma vez. Um autor popular diz:

> A boa notícia é que Cristo nos livra da necessidade de se concentrar de forma detestável na nossa bondade, no nosso compromisso e na nossa retidão. A religião nos tornou obsessivos de uma forma praticamente insuportável. Jesus nos convidou para dançar... e nós transformamos essa dança em uma marcha de soldados, sempre olhando se estamos fazendo tudo certo, se acompanhamos o passo e se estamos alinhados com os outros soldados. Sabemos que uma dança seria mais divertida, mas acreditamos que temos de passar pelo inferno para chegar ao céu, por isso continuamos marchando.[1]

É bem verdade que, a partir do momento em que alguém está obcecado com a "retidão" porque acha que ganhará mérito com Deus ou honra para si mesmo, ele é culpado de uma forma de legalismo que não tem muita diferença do farisaísmo. O fruto egoísta dessa intenção tão má, saindo do simples desejo de ser justo, faz tal coisa "parecer "detestável". Mas é irresponsável espiritualmente e perigoso sugerir que é moralista por si só cultivar a fome e a sede de justiça (cf. Mateus 5:6). Quando as intenções de obediência são o amor verdadeiro a Cristo e o desejo de honrá-lo, é injusto e cruel denegrir o cuidado daquele que crê pela santidade e pelo zelo nas boas obras colocando nesses desejos um rótulo de "pietismo". O próprio Jesus disse: "Se vocês me amam, obedecerão aos meus mandamentos" (João 14:15), e ele não era um pietista moralista. (Deve ser útil mencionar, também, que o simbolismo dos soldados envolvidos na batalha espiritual é uma das maneiras pelas quais o Novo Testamento descreve a igreja. A analogia a um baile que ele mencionou não é).

A fraqueza espiritual das megaigrejas evangélicas atuais e dos seus líderes deve convencer qualquer cristão honesto de que a maior ameaça iminente ao nosso testemunho do evangelho no momento não tem nada

153

O EVANGELHO SEGUNDO PAULO

a ver com uma fixação doentia em ser correto. A indiferença com a santidade pessoal, a apatia quanto a doutrina sólida e bíblica, e a vulnerabilidade tranquila aos valores do mundo são problemas muito mais preocupantes.

Não há conflito entre a lei e a graça

Obviamente, a lei e a graça são princípios completamente diferentes. Em alguns aspectos, são totalmente opostos. Como os dois se encontram em toda a Escritura, a lei era o tema predominante no Antigo Testamento, e a graça é a mensagem central do Novo Testamento. "A Lei foi dada por intermédio de Moisés; a graça e a verdade vieram por intermédio de Jesus Cristo" (João 1:17). A lei condena os pecadores como culpados, mas a graça concede o perdão aos que creem. A lei pronuncia a maldição; a graça declara a bênção; A lei diz: "O salário do pecado é a morte." A graça diz: "O dom gratuito de Deus é a vida eterna" (Romanos 6:23).

Além disso, como já dissemos desde o princípio, o evangelho não é um apelo para que os pecadores salvem a si mesmos. Não é um conselho sobre algo que o pecador tem que fazer para ganhar a salvação. Não se trata da melhoria pessoal do pecador. O evangelho é a mensagem sobre a obra de Deus em favor do pecador. É um relato do que Deus faz para salvar o pecador. Ele trata da maneira pela qual Deus justifica o ímpio.

Isso é exatamente o que diferencia tanto o evangelho de praticamente todas as versões falsificadas da mensagem cristã. É por isso que o evangelho é boas-novas. É a mensagem gloriosa sobre a liberdade da maldição e da condenação da lei (Romanos 8:1). Ela nos liberta "da lei do pecado e da morte" (v. 2).

A doutrina sadia, portanto, exige que se faça uma distinção clara entre a lei e a graça. Mas, se alguém imaginar que a graça estabelece um novo padrão de justiça que *contradiz* a lei, ou se alguém pensar que a própria lei é uma influência má, então não se prestou atenção o suficiente no que Paulo e no que os outros apóstolos ensinaram. "Que diremos então? A Lei é pecado? De maneira nenhuma! De fato, eu não saberia o que é pecado, a não ser por meio da Lei" (Romanos 7:7). Afinal de contas, "o pecado é ilegalidade" (1João 3:4, NIV), significando que a lei nos mostra o que é o pecado. A lei também define a retidão para nós (Deuteronômio 6:25).

A graça fala de forma mais benigna do que a lei, mas as duas não discordam sobre o que é pecado e sobre o que é retidão.

Além disso, não imagine que o princípio da justificação pela fé quer dizer que a obediência é desnecessária para os cristãos. O fato de que a justiça de Cristo é imputada a todos os que creem não lhes dá permissão para viver de forma injusta; ela os motiva e lhes dá o desejo constante de cultivar a justiça prática.

Apesar de as nossas boas obras, a nossa obediência e a nossa vida santa não serem de modo algum a base da nossa justificação, elas são frutos inevitáveis da fé genuína e uma das provas mais importantes pelas quais a fé salvadora pode ser diferenciada do simples fingimento. "Toda árvore boa dá frutos bons..., portanto, pelos seus frutos vocês os reconhecerão" (Mateus 7:17, 20). Como vimos no capítulo anterior, todo aquele que crê é salvo para as "boas obras, as quais Deus preparou antes para nós as praticarmos" (Efésios 2:10).

A graça e as boas obras

A graça não traz somente a salvação, mas também instrui e motiva o cristão a ter uma vida de retidão. Paulo diz isso claramente na sua breve explicação da graça em Tito 2:11-14:

Porque a graça de Deus se manifestou salvadora a todos os homens e nos ensina a renunciar à impiedade e às paixões mundanas, e a viver de maneira sensata, justa e piedosa nesta era presente enquanto aguardamos a bendita esperança: a gloriosa manifestação de nosso grande Deus e Salvador, Jesus Cristo. Ele se entregou por nós a fim de nos remir de toda a maldade e purificar para si mesmo um povo particularmente seu, dedicado à prática de boas obras.

Portanto, a graça é claramente bem mais do que somente o perdão. Não é uma entrada ociosa gratuita para o céu para escapar do inferno. A graça é ativa e dinâmica, e tem consequências no passado, no presente e no futuro para todos os que creem. Paulo retrata a graça como um instrutor, "nos ensinando". Isso combina bem com a simbologia que ele adotou para a lei em Gálatas 3:24: "A lei foi o nosso tutor". A palavra grega traduzida por "tutor" era uma expressão diferenciada, *paidagōgos,* que se refere

O EVANGELHO SEGUNDO PAULO

ao guardião de uma criança. É derivada de duas palavras que significam "menino-líder". Era uma pessoa que tinha a tarefa de supervisionar o filho de um nobre e que tomava conta de uma criança de família abastada (não um "professor", como na KJV em inglês). Ele realmente agia como um tutor das crianças, especialmente nas questões do comportamento e da moral, mas não era o seu instrutor formal. Na verdade, uma das suas tarefas era levar as crianças à escola. Esse é exatamente o modo pelo qual Paulo retrata a lei em Gálatas 3:24: a função tutorial da lei era "de nos levar a Cristo, para que fôssemos justificados pela fé". Assim, a lei é uma babá ou uma especialista em berçário, enquanto a graça é a professora titular. Tito 2:11-14 destaca as três lições principais que a graça ensina.

A lição do passado: a salvação veio pela graça, não pela lei

A primeira lição faz recordar o amanhecer da era do Novo Concerto e da encarnação de Cristo: "Porque a graça de Deus se manifestou salvadora a todos os homens" (Tito 2:11). Paulo está se referindo à encarnação e à primeira vinda de Cristo. Esse foi o momento que a graça começou a se manifestar de forma mais clara.

Como observamos anteriormente, João 1:17 diz: "Pois a Lei foi dada por intermédio de Moisés; a graça e a verdade vieram por intermédio de Jesus Cristo". Isso, com certeza, não quer dizer que Moisés deu a lei como meio de salvação para as pessoas que viviam no tempo do Antigo Testamento, nem está sugerindo que a graça era um conceito desconhecido antes do tempo de Cristo. O tema da justificação somente pela graça e somente por meio da fé pode se observar desde os primeiros capítulos de Gênesis e do registro de Abraão, que "creu no Senhor, e isso lhe foi creditado como justiça" (Gênesis 15:6). A justiça alheia lhe foi imputada. Nesse sentido, a salvação de Abraão exemplificava os mesmos princípios que aprendemos pelo evangelho segundo Paulo. O próprio Paulo explica várias vezes esse princípio. "Portanto, que diremos do nosso antepassado Abraão? Se de fato Abraão foi justificado pelas obras, ele tem do que se gloriar, mas não diante de Deus. Que diz a Escritura? 'Abraão creu em Deus, e isso lhe foi creditado como justiça'" (Romanos 4:1-3; cf. Gálatas 3:6-7).

156

AS LIÇÕES DA GRAÇA

Portanto, o perdão extravagante não era de modo algum desconhecido ou inativo antes do nascimento de Cristo. Em Isaías 1:18, o Senhor convida os pecadores a se reconciliarem: "Venham, vamos refletir juntos". Embora os seus pecados sejam vermelhos como escarlate, eles se tornarão brancos como a neve; embora sejam rubros como púrpura, como a lã se tornarão". Ele faz novamente o convite em Isaías 55:1 e 7:

> Venham, todos vocês que estão com sede, venham às águas. [...] Que o ímpio abandone o seu caminho, e o homem mau, os seus pensamentos. Volte-se ele para o Senhor, que terá misericórdia dele; volte-se para o nosso Deus, pois ele dá de bom grado o seu perdão".

Na verdade, o Antigo Testamento está cheio de louvores a Deus pelas muitas bênçãos da sua misericórdia benevolente:

> Bendiga ao Senhor a minha alma! Não esqueça de nenhuma de suas bênçãos! É ele que perdoa todos os seus pecados e cura todas as suas doenças, que resgata a sua vida da sepultura e o coroa de bondade e compaixão (Salmos 103:2-4).

Desse modo, o tema da graça divina é interligado a todo o Antigo Testamento. Mas, até certo ponto, está oculto por todos os detalhes sofisticados e pelo destaque dado aos mandamentos, bem como pelas maldições que eram as características essenciais da aliança mosaica.

Quando João escreve: "A Lei foi dada por intermédio de Moisés", ele quer dizer que não só os Dez Mandamentos (e o restante do código legislativo de Israel) foram encaminhados por Deus, por intermédio de Moisés no Sinai, mas também que Moisés era o mediador por meio do qual a Antiga Aliança foi inaugurada (João 1:17). Moisés foi o autor humano que escreveu a *Torá*, os livros principais da lei do Antigo Testamento (também conhecido como o Pentateuco, os cinco primeiros livros do cânon bíblico). Não havia figura mais destacada na história da religião judaica).

Mas a partir do momento em que Cristo, o Deus feito homem, veio à terra, ele personificou a graça e a verdade. João diz: "Vimos a sua glória, glória como do Unigênito vindo do Pai, cheio de graça e de verdade"

157

(João 1:14). Ele resplandeceu a graça de Deus com um novo brilho e de um modo que nunca tinha se manifestado antes.

Sob Moisés, a lei era a característica principal e a graça, uma questão secundária. Com Cristo, a ordem se inverteu. A graça é o tema predominante e a lei toma a sua função adequada e submissa na história da redenção. Quero reafirmar que isso não quer dizer que o caminho da salvação mudou. Ninguém jamais foi salvo por meio da lei, nem devemos nós imaginar que a lei, quando usada de forma correta, é hostil à graça. "Então, a lei opõe-se às promessas de Deus? De maneira nenhuma!" (Gálatas 3:21). Porém, devido ao fato de sermos pecadores, agraça (obtida através da "fé em Jesus Cristo") é o único meio pelo qual nós podemos ter a vida eterna (v. 22).

A essa altura, Paulo afirma que a graça foi retirada da sombra da lei e manifestada com todo o seu brilho. "A graça de Deus se manifestou salvadora a todos os homens" (Tito 2:11). Ele não está sugerindo que "todos os homens" serão salvos. O próprio Jesus deixou bem claro que "é estreita a porta, e apertado o caminho que leva à vida! São poucos os que a encontram" (Mateus 7:14). Posteriormente, ele disse: "Muitos me dirão naquele dia: 'Senhor, Senhor, não profetizamos nós em teu nome? Em teu nome não expulsamos demônios e não realizamos muitos milagres?' Então eu lhes direi claramente: Nunca os conheci. Afastem-se de mim vocês, que praticam o mal!' (Mateus 7:22-23). "Então ele dirá aos que estiverem à sua esquerda: 'Malditos, apartem-se de mim para o fogo eterno, preparado para o Diabo e os seus anjos... E estes irão para o castigo eterno'" (Mateus 25:41-46). em Tito 2:11, "Todos os homens" se refere a todas as pessoas, não a todos sem exceção, mas a todos sem distinção. Paulo tinha acabado de passar uma lista de vários tipos de pessoa que Tito tinha de supervisionar como pastor: pessoas idosas, mulheres idosas, moças, rapazes e servos (vv. 2-9). A "graça de Deus salvadora" alcança todas as categorias da humanidade (v. 11). Nenhuma classe social, nenhuma raça ou faixa etária está de fora. "A graça de Deus... salvadora." Essa é a ideia central que encontramos na pena de Paulo muitas vezes antes. Em um capítulo depois, Paulo repetirá a mesma ideia: "Mas quando se manifestaram a bondade e o amor pelos homens da parte de Deus, nosso Salvador, não por causa de atos de justiça por nós praticados, mas devido à sua misericórdia, ele nos salvou pelo lavar regenerador e renovador do Espírito Santo" (Tito 3:4-5). Como sempre, Paulo atribuiu toda a glória a Deus. "Vem pela fé, para que seja de acordo com a graça" (Romanos 4:16). Deus "nos salvou e nos chamou com uma santa vocação, não em virtude das nossas obras, mas por causa da sua própria determinação e graça. Essa graça nos foi dada em Cristo Jesus desde os tempos eternos (2Timóteo 1:9).

A graça, não a lei, tem sempre sido o único meio de salvação para os pecadores. Porém, com a vinda de Cristo, através do seu ensino, da sua morte, e com a sua ressurreição, o evangelho da graça agora foi completamente manifestado para que ele possa ser entendido com clareza absoluta. Essa é a lição central da sua obra expiatória, e ela permanece escrita em manchetes com letras grandes por todo o Novo Testamento: *A salvação é somente pela graça*.

A lição do presente: a graça inspira zelo, não apatia

Já analisamos os perigos do legalismo e o fato de que os que creem "não estão debaixo da lei" (Romanos 6:14). O que Paulo quer dizer com essa afirmação é razoavelmente simples: os cristãos estão livres da sentença de condenação da lei (Romanos 8:1). Fomos remidos da maldição da lei (Gálatas 3:13). Não estamos tentando ganhar parte alguma da nossa justificação por meio das obras da lei. Nós sabemos exatamente o que Paulo quis dizer quando ele falou em estar "debaixo da lei", porque ele escreveu a sua Epístola aos Gálatas para confrontar o erro e corrigir a confusão das pessoas nessas igrejas que estavam se colocando novamente debaixo da lei. Ele se dirigiu a elas em Gálatas 4:21: "Digam-me vocês, os que querem estar debaixo da lei: Acaso vocês não ouvem a lei?" Ele falou com elas novamente em 5:4: "Vocês, *que procuram ser justificados pela Lei*, separaram-se de Cristo; caíram da graça". Então, estar "debaixo da lei", no sentido paulino, é buscar a sua justificação (total ou parcialmente) por meio da lei, pelas suas próprias obras. "E então? Vamos pecar porque não estamos debaixo da lei, mas debaixo da graça?" (Romanos 6:15). A resposta de Paulo a essa pergunta é inconfundível e cheia de paixão: "De maneira nenhuma!" A graça de Deus não gera apatia espiritual ou indiferença no coração de

O EVANGELHO SEGUNDO PAULO

alguém cuja fé é autêntica. Na verdade, esse é o impulso total da instrução da graça: "Ela nos ensina a renunciar à impiedade e às paixões mundanas e a viver de maneira sensata, justa e piedosa nesta era presente, [...] dedicado[s] à prática de boas obras" (Tito 2:12,14).

Lembre-se de que a obra da graça na experiência daquele que crê começa com o "lavar regenerador e renovador do Espírito Santo" (Tito 3:5). O Espírito Santo implanta um coração e um espírito totalmente novos dentro daquele que crê: "Darei a vocês um coração novo e porei um espírito novo em vocês; tirarei de vocês o coração de pedra e lhes darei um coração de carne. Porei o meu Espírito em vocês e os levarei a agirem segundo os meus decretos e a obedecerem fielmente às minhas leis" (Ezequiel 36:26-27). As boas obras não são a base da nossa justificação, mas elas são a consequência inevitável da nossa regeneração.

A salvação operada pela graça abrange tudo e não para com a nossa justificação, mas continua a nos instruir em meio à época atual e nos leva por todo o caminho até a glória, nos ensinando sobre o modo de buscar o equilíbrio, a justiça e a piedade. Todo aquele que pensa que Deus não se importa e está indiferente aos pecados do seu povo ainda não entendeu nada sobre a graça. De modo semelhante, a noção de que a graça dá aos cristãos a permissão para relaxar ou ser tolerante quanto a suas próprias transgressões é uma mentira perniciosa. Isso não é para sugerir que nós, como cristãos, não teremos dificuldade com o pecado ou com a tentação. Muito pelo contrário. Como cristãos, declaramos uma guerra contínua contra o pecado, sempre buscando mortificá-lo, nunca dançar com ele. "Pois a carne deseja o que é contrário ao Espírito; e o Espírito, o que é contrário à carne. Eles estão em conflito um com o outro, de modo que vocês não fazem o que desejam" (Gálatas 5:17). Pelo fato de o pecado ser um inimigo tão persistente, nossos desejos justos muitas vezes são frustrados. Paulo entendeu isso de forma clara e descreveu a frustração em termos emocionados em Romanos 7. Em outra passagem, ele reconheceu: "não penso que eu mesmo já o tenha alcançado" (Filipenses 3:13). Ainda que ele personificasse as características da maturidade espiritual e da devoção a Cristo, como todos nós, Paulo estava bem longe de ser perfeito, e ele sabia disso. "Mas", ele disse, "prossigo para alcançá-lo, pois para isso também fui alcançado por Cristo Jesus" (v. 12).

AS LIÇÕES DA GRAÇA

A graça treina os cristãos para terem essa perspectiva. Essa vida terrena é uma luta longa rumo ao alvo da santificação, pela qual estamos sendo pouco a pouco moldados na semelhança perfeita a Cristo. É um processo impulsionado e capacitado pela graça. Existe tanto um efeito negativo como um aspecto positivo. Do lado negativo, a graça nos ensina a "renunciar à impiedade e às paixões mundanas" (Tito 2:12). Essa é uma expressão prática e diária da mesma abnegação para a qual Jesus nos chamou: "Se alguém quiser acompanhar-me, negue-se a si mesmo, tome a sua cruz e siga-me" (Mateus 16:24). Esse, com certeza, é o fruto da graça de Deus em nós e não algo que nós despertamos em nós mesmos por um ato de autodeterminação de livre vontade. A mortificação do nosso pecado pode parecer um esforço próprio complicado, mas o desejo de fazer guerra contra o desejo da nossa própria carne e contra as tentações que nos assediam é, mesmo assim, produzido pela graça. Paulo descreveu perfeitamente a tensão entre o esforço que dispendemos e a graça que capacita esse esforço: "Pela graça de Deus, sou o que sou, e sua graça para comigo não foi em vão; antes, trabalhei mais do que todos eles; contudo, não eu, mas a graça de Deus comigo" (1Coríntios 15:10).

Especificamente, é o poder de Cristo, por meio da habitação do Espírito Santo, que nos capacita a renunciar e a resistir ao pecado. Estar sob a graça e sair de debaixo da condenação da lei significa que "o pecado não os dominará" (Romanos 6:14). Isso não quer dizer que o cristão não precisa mais resistir ao poder coercitivo do pecado. Significa que a graça o capacita com a força e a vontade para resistir à tentação. "Pois é Deus quem efetua em vocês tanto o querer quanto o realizar, de acordo com a boa vontade dele" (Filipenses 2:13).

Do lado positivo, a graça nos ensina "a viver de maneira sensata, justa e piedosa nesta era presente" (Tito 2:12). Já reconciliados com Deus porque a justiça de Cristo é imputada a nós, simplesmente é adequado que busquemos honrar essa perfeita retidão e busquemos (pela graça de Deus) nos adaptarmos a ela. Como poderia a graça ensinar de maneira diferente? "Continuaremos pecando para que a graça aumente? De maneira nenhuma! Nós, os que morremos para o pecado, como podemos continuar vivendo nele? (Romanos 6:1-2). Para Paulo, a ideia de que alguém que tinha sido remido do julgamento e transformado por Deus pudesse dis-

O EVANGELHO SEGUNDO PAULO

traidamente ou de propósito continuar no pecado era totalmente inconcebível. Em outras palavras, a graça não nos livra do inferno sem também nos livrar da escravidão do pecado. Aqueles que ensinam de outra maneira não exaltam o princípio da graça; eles o denigrem.

Quando a pessoa não manifesta nenhum sinal de santificação (de uma vida equilibrada, justa e piedosa), não há razão para se supor que essa vida tenha recebido a graça. De modo parecido, a pessoa que nunca se arrependeu do pecado nunca conheceu a graça de Deus. O maior perigo do antinomismo é que ele torna obscura (ou nega) essa verdade e, através disso, dá um consolo falso para as pessoas que seguem a Cristo só de forma nominal, mas que estão ainda sob a condenação, sem nunca terem participado da graça de Deus.

A santificação não é uma parte opcional da experiência cristã. Todos os cristãos são predestinados "para serem conformes à imagem do Filho de Deus" (Romanos 8:29). Pela razão de ele ser soberano e da sua graça ser sempre eficaz, não há possibilidade de algum cristão falhar completamente em dar o fruto das boas obras. A graça de Deus transforma toda a vida daquele que crê, não somente o seu credo religioso.

A lição para o futuro: podemos viver com esperança, não com medo

Apesar de a graça e a lei trabalharem com o mesmo padrão moral, a *escatologia* da graça, o que ela nos ensina sobre as coisas que acontecerão, é infinitamente mais gloriosa que a escatologia da lei. De fato, o futuro eterno daqueles que estão debaixo da graça reserva somente a glória eterna e muitas bênçãos. Mas a única coisa que o futuro reserva para aqueles que permanecem debaixo da lei é a perdição eterna.

Essa é a diferença fundamental entre a lei e a graça. A lei não faz promessa alguma para os pecadores além da garantia do julgamento. Para aqueles que ainda estão debaixo da lei, a vinda de Cristo assinalará o derramamento final do julgamento vindouro e é uma perspectiva horrível. Porém, a graça salvadora de Deus nos ensina a aguardar "a bendita esperança: a gloriosa manifestação de nosso grande Deus e Salvador, Jesus Cristo" (Tito 2:13). A lei ameaça o julgamento e pronuncia uma sentença de morte. A graça concede o perdão e promete bênçãos eternas. A lei aponta para o passado do pecador, enchendo o coração culpado com medo e remorso. A graça aponta para o futuro do cristão e enche o coração perdoado com gratidão e esperança.

A diferença não poderia ser tão gritante e, bem longe de nos induzir a um tipo de passividade apática, em vez de eliminar o nosso desejo de ser bondoso e de fazer o bem, ela deve nos motivar a buscar a santidade com todo o nosso desejo e energia. Para isso, afinal de contas, que Cristo morreu: "a fim de nos remir de toda a maldade e purificar para si mesmo um povo particularmente seu, dedicado à prática de boas obras" (Tito 2:14). A dedicação para as boas obras não é em si mesma legalista ou hostil ao espírito da graça. Essa é precisamente a atitude que a graça nos instrui a cultivar. A graça produz um ódio santo contra o pecado em todo cristão sincero. Ela enche o nosso coração com uma repulsa santa por tudo o que desonra a Deus. Mesmo que a nossa carne seja ainda suscetível à tentação do pecado, no profundo da nossa alma nós "odiamos o que é mau" (Romanos 12:9). De fato, o ódio ao mal é a expressão necessária de amor a Deus (Salmos 97:10); essa é a motivação do cristão para "renunciar à impiedade e às paixões mundanas" (Tito 2:12a). O seu lado positivo é uma fome e uma sede permanentes de justiça, o incentivo para viver "de maneira sensata, justa e piedosa nesta era presente" (v. 12b). A "gloriosa manifestação de nosso grande Deus e Salvador, Jesus Cristo" (v. 13) é a esperança bendita que aguardamos exatamente porque a manifestação de Cristo em glória significará a remoção total e permanente do pecado da nossa experiência e que seremos instantaneamente transformados e aperfeiçoados.

Por enquanto, nós gememos, junto com toda a criação (Romanos 8:22), mas não é um lamento desesperado, nem é um clamor de derrota. Estamos "esperando ansiosamente nossa adoção como filhos, a redenção do nosso corpo" (v. 23). "Amados, agora somos filhos de Deus, e ainda não se manifestou o que havemos de ser, mas sabemos que, quando ele se manifestar, seremos semelhantes a ele, pois o veremos como ele é" (1João 3:2). Esse é o final e o ponto culminante do evangelho segundo Paulo. Essa é a esperança gloriosa que faz todos os sofrimentos e dificuldades desta vida serem comparativamente insignificantes: "Considero que os nossos sofri-

O EVANGELHO SEGUNDO PAULO

mentos atuais não podem ser comparados com a glória que em nós será revelada" (Romanos 8:18). "Pois os nossos sofrimentos leves e momentâneos estão produzindo para nós uma glória eterna que pesa mais do que todos eles" (2Coríntios 4:17).

Começamos o nosso estudo com os primeiros versículos de 1Coríntios 15. É bem adequado terminar com a mesma ideia para a qual Paulo estava se encaminhando:

Eis que eu lhes digo um mistério: nem todos dormiremos, mas todos seremos transformados, num momento, num abrir e fechar de olhos, ao som da última trombeta. Pois a trombeta soará, os mortos ressuscitarão incorruptíveis e nós seremos transformados. Pois é necessário que aquilo que é corruptível se revista de incorruptibilidade, e aquilo que é mortal, se revista de imortalidade. Quando, porém, o que é corruptível se revestir de incorruptibilidade, e o que é mortal, de imortalidade, então se cumprirá a palavra que está escrita: 'A morte foi destruída pela vitória'. *'Onde está, ó morte, a sua vitória? Onde está, ó morte, o seu aguilhão?'* O aguilhão da morte é o pecado, e a força do pecado é a lei. Mas graças a Deus, que nos dá a vitória por meio de nosso Senhor Jesus Cristo. Portanto, meus amados irmãos, mantenham-se firmes, e que nada os abale. Sejam sempre dedicados à obra do Senhor, pois vocês sabem que, no Senhor, o trabalho de vocês não será inútil (1Coríntios 15:51-58).

Epílogo

O testemunho de Paulo

"Se devo orgulhar-me, que seja nas coisas que mostram a minha fraqueza."

— 2Coríntios 11:30

O evangelho não era um princípio secundário para o apóstolo Paulo. Como vimos desde o começo, "Jesus Cristo, e este, crucificado" era o tema principal de tudo que o apóstolo ensinava ou pregava (1Coríntios 2:2). Quando ele passava um bom tempo explicando qualquer outra doutrina, como naquela análise longa sobre o pecado em Romanos 1-3, era simplesmente para estabelecer a base necessária para o que ele realmente queria que os leitores compreendessem: as boas-novas. Quando ele mergulhava em uma controvérsia doutrinária, como ele fez em Gálatas, por exemplo, e em 1Coríntios 15, era porque o evangelho estava sendo atacado. Toda vez que ele escreveu alguma coisa que parecia como uma autodefesa, o cuidado dele realmente estava em guardar a clareza e a autoridade do "meu evangelho". No final das contas, ele literalmente deu a sua vida "por minha causa [de Cristo] e do evangelho" (Marcos 8:35).

Ele sempre voltou para o evangelho, como um pombo-correio teológico. Se eu quisesse que este livro fosse vinte vezes maior, poderíamos examinar em dezenas de outras passagens onde o apóstolo explica e reafirma o caminho da salvação pela graça por meio da fé na vida, na morte, e na ressurreição de Cristo. Mas talvez não haja um exemplo melhor para finalizar o livro do que o próprio relato breve de Paulo de sua vida e conversão em Filipenses 3:4-11:

Se alguém pensa que tem razões para confiar na carne, eu ainda mais: circuncidado no oitavo dia de vida, pertencente ao povo de Israel, à tribo de Benjamim, verdadeiro hebreu; quanto à lei, fariseu; quanto ao zelo, perseguidor da igreja; quanto à justiça que há na lei, irrepreensível. Mas o que

O EVANGELHO SEGUNDO PAULO

para mim era lucro, passei a considerar perda, por causa de Cristo. Mais do que isso, considero tudo como perda, comparado com a suprema grandeza do conhecimento de Cristo Jesus, meu Senhor, por cuja causa perdi todas as coisas. Eu as considero como esterco para poder ganhar a Cristo e ser encontrado nele, não tendo a minha própria justiça que procede da lei, mas a que vem mediante a fé em Cristo, a justiça que procede de Deus e se baseia na fé.

Quero conhecer a Cristo, ao poder da sua ressurreição e à participação em seus sofrimentos, tornando-me como ele em sua morte para, de alguma forma, alcançar a ressurreição dentre os mortos.

Era raro Paulo conversar sobre a sua vida antes da conversão ou falar sobre as suas conquistas como doutor ou como fariseu. Ele desprezava tudo que cheirasse a autoexaltação. "É necessário que eu continue a gloriar-me com isso. Ainda que eu não ganhe nada com isso", ele escreveu em 2Coríntios 12:1. Na verdade, quando ele não tinha escolha senão falar sobre si mesmo e suas realizações, ele geralmente o fazia de modo modesto. Em 2Coríntios 12, por exemplo, ele foi forçado a defender a sua autoridade apostólica em nome do evangelho. Especificamente, precisava reagir à afirmativa dos falsos mestres de que eles eram "superapóstolos", porque eles tinham supostamente recebido alguma revelação secreta à moda dos gnósticos que era a explicação real de toda a verdade. Em resposta a isso, Paulo descreveu como ele foi envolvido pelo paraíso. No entanto, ele contou a história na terceira pessoa, como se tivesse acontecido com outra pessoa. Mais à frente, no versículo 11, ele escreveu: "Fui insensato". De fato, falar bem de si mesmo descaradamente para se engrandecer seria uma violação do princípio definitivo de aniquilação do orgulho que Paulo sempre ressaltou quando falava sobre a graça: Onde está, então, o motivo de vanglória? É excluído. (Romanos 3:27).

"O orgulho de vocês não é bom" (1Coríntios 5:6). Sob o evangelho, ninguém tem direito algum de se exaltar (Efésios 2:9). "Para que ninguém se vanglorie diante dele... Quem se gloriar, glorie-se no Senhor" (1Coríntios 1:29-31). Essa recusa a se gloriar era uma prova de que Paulo tinha renunciado ao farisaísmo. Os fariseus tinham praticamente transformado a vanglória espiritual em um sacramento religioso. Como vimos no capítulo anterior, os seus símbolos religiosos distintos e as suas obras de caridade

166

EPÍLOGO

eram criadas principalmente para "serem vistos pelos homens" (Mateus 23:5). As suas marcas registradas mais visíveis eram as suas túnicas luxuosas e filactérios grandes (caixas de couro contendo passagens bíblicas que eram amarradas nas suas testas e nos seus braços, em uma aplicação literal e superficial de Deuteronômio 6:8). Quando eles praticavam obras de caridade simples (como ajudar aos necessitados), revestiam o ato de tanta arrogância que Jesus chamava isso de "tocar trombeta" para divulgar o que eles estavam fazendo. Ele disse que o único propósito real para todos os esquemas e símbolos dos fariseus era o de obter elogios para si mesmos (Mateus 6:2). Era uma maneira de se exaltarem sem que se dissesse abertamente coisa alguma.

Existiam muitas coisas pelas quais Paulo poderia se orgulhar, se ele fosse propenso a isso. Lembre-se de que ele tinha uma boa formação, uma bagagem intelectual melhor, manejava melhor as Escrituras, tinha mais conhecimento da história do Antigo Testamento, tinha uma formação filosófica melhor e sabia mais sobre a linguística do que todos os seus críticos.

Além disso, ele era um apóstolo reconhecido e totalmente confirmado por todos os outros, investido de toda a autoridade do apostolado. Ele era o instrumento humano pelo qual o Espírito Santo escreveu uma parcela significativa do Novo Testamento e era companheiro próximo de Lucas, o autor que escreveu mais linhas inspiradas do que qualquer outro autor do Novo Testamento. O Cristo ressuscitado, na luz de sua glória, revelou-se a Paulo no caminho de Damasco (Atos 9:1-6; 26:14-18). Na verdade, Paulo foi a última pessoa a quem Cristo apareceu pessoalmente depois de ressuscitar dos mortos (1Coríntios 9:1; 15:8). Paulo até mesmo contemplou o céu (2Coríntios 12:2-4). Portanto, tinha mais do que se orgulhar do que praticamente todos os outros personagens do Novo Testamento.

No entanto, ao relacionar o seu currículo em Filipenses 3, ele só faz isso para formalmente renegar todo o seu histórico religioso. Ele o descarta como "esterco." A palavra grega nesse versículo é *skubalon*. É um termo forte e de aparência grosseira que não é usado em nenhuma outra passagem do Novo Testamento. É por essa razão que, no inglês, a versão King James traz essa tradução mais literal do original.

O EVANGELHO SEGUNDO PAULO

Paulo é como o homem na parábola de Mateus 13:44, que abre mão de tudo o que tem para obter um campo onde está escondido um tesouro, ou o comerciante nos versículos 45 e 46, que vende todos os seus bens para obter a pérola de grande valor.

A moral dessas parábolas não é sugerir que os pecadores podem comprar a salvação em troca do seu próprio sacrifício. O que se destaca nas parábolas é que o homem com o campo e o comerciante com a pérola alegremente abriram mão de tudo o que eles valorizavam ou confiavam.

Paulo não estava dizendo: "Eu tinha algo bom, mas isto é melhor". Ele estava declarando a total inutilidade de suas próprias realizações; estava concordando com Isaías, que disse: "Somos como o impuro — todos nós! Todos os nossos atos de justiça são como trapo imundo" (Isaías 64:6). Ele estava dizendo de forma bem literal que as suas melhores características e as suas conquistas mais altas não eram as suas qualidades; elas eram as suas deficiências. Em vez de sair ganhando por causa delas, ele estava perdendo. "Pois, que adiantará ao homem ganhar o mundo inteiro e perder a sua alma? Ou, o que o homem poderá dar em troca de sua alma?" (Mateus 16:26)."Mas o que para mim era lucro, passei a considerar perda, por causa de Cristo" (Filipenses 3:7).

Por toda a sua vida como fariseu, Paulo tinha acreditado que a vida eterna seria ganha por meio de rituais, da raça, da posição, da religião e da vida correta. O seu currículo religioso era insuperável, de acordo com a maneira pela qual os fariseus avaliavam as vantagens. Ele era "hebreu de hebreus" (Filipenses 3:5), guardião do idioma e dos costumes hebreus, mesmo nascendo em uma região gentia dominada pelos judeus helenistas. Ele veio de uma tribo especialmente nobre. (Benjamim era uma das duas únicas tribos que não tinham se unido à rebelião contra a casa de Davi depois da morte de Salomão). Ele nasceu na família de um fariseu e foi circuncidado no oitavo dia, precisamente como foi ordenado em Gênesis 17:12. Em outras palavras, ele ainda era um bebê recém-nascido quando do os seus pais o iniciaram em uma formação de obediência rigorosa à lei cerimonial. Ele nunca quebrou abertamente o sábado, nem violou as tradições farisaicas referentes aos sacrifícios, às lavagens ou outras obras cerimoniais da lei. Assim, ele conseguiu manter a sua reputação incólume. Então, aos seus olhos, e a partir da perspectiva de qualquer fariseu devoto,

EPÍLOGO

ele era inculpável. A prova do seu zelo farisaico era a sua perseguição feroz contra a igreja. Qualquer fariseu ficaria impressionado com essa grande reputação.

Mas, quando Paulo conheceu a Cristo, ele percebeu que tanto a sua linhagem quanto as suas realizações estavam permanentemente e irreparavelmente erradas. Não eram nada senão uma quantidade imensa de perdas. Por esse motivo, ele descartou tudo para ganhar a Cristo (Filipenses 3:8). Paulo não estava dizendo que ele desistiu de fazer boas obras, é claro, mas que ele percebeu de antemão que elas não eram de fato boas, já que não havia nada verdadeiramente justo com relação a si mesmo. Portanto ele, com alegria, desistiu de *confiar* em que as suas "boas obras" corrompidas e farisaicas poderiam lhe trazer algum mérito para com Deus. Acrescentar Cristo a sua religião não a teria santificado. Lembre-se de que ele disse que as considerava como *excremento*. Enfeitar o *skubalon* não altera a realidade do que ele realmente é. Então, Paulo depositou toda a sua fé somente em Cristo. O seu único objetivo a partir daquele instante foi o de "ser encontrado nele [Cristo], não tendo a minha própria justiça que procede da lei, mas a que vem mediante a fé em Cristo, a justiça que procede de Deus e se baseia na fé" (Filipenses 3:9).

Certamente, ele está descrevendo a justificação pela fé e o princípio da justiça imputada. Se alguém tentar dizer que Paulo nunca falou da imputação da justiça de Cristo,[*] mostre que esse é o destaque do seu testemunho pessoal. Ser encontrado em Cristo é ser investido da própria justiça de Cristo, "não... a minha própria justiça... mas a que vem mediante a fé em Cristo" (Filipenses 3:9). Isso estabelece o relacionamento mais íntimo imaginável entre aquele que crê e o seu Senhor. É uma união espiritual inviolável.

Qual motivação poderia estar por trás de um fariseu dedicado e extremamente zeloso como Saulo de Tarso para abandonar os seus esforços e convicções de uma vida inteira e considerá-los todos como "esterco?".

---

[*] N. T. Wright, por exemplo, diz a respeito de 1 Corinthians 1:30, "Essa é a única passagem que eu conheço onde o que se denomina 'a justiça imputada de Cristo', uma expressão encontrada com maior frequência na teologia e na piedade posterior à Reforma do que no Novo Testamento, encontra qualquer base no texto". *What St. Paul Really Said* (Oxford: Lion, 1997), p. 123.

O EVANGELHO SEGUNDO PAULO

O próprio Paulo dá a resposta a esta pergunta. Ele fez isso comparando com "a suprema grandeza do conhecimento de Cristo" (Filipenses 3:8). Ao contemplar o fulgor da glória de Cristo à luz brilhante da verdade do evangelho, nada mais teria o primeiro lugar no seu coração. Que esse também seja o testemunho da nossa vida.

Apêndice 1

Em defesa da expiação substitutiva

Este apêndice traz uma discussão mais abrangente sobre a substituição penal e sobre algumas teorias sobre a expiação. (Analisemos rapidamente as diversas teorias no capítulo 5.) Essa é uma versão ampliada e atualizada de uma tese que eu escrevi no início do novo milênio. A versão original foi publicada pela primeira vez como um capítulo de um simpósio sobre o teísmo aberto: Doug Wilson (ed.). *Bound Only Once: The Failure of Open Theism* [Ofertado só uma vez: O fracasso do teísmo aberto] (Moscow, ID: Canon, 2001), p. 95-107. Para quem não conhece o teísmo aberto, trata-se de uma visão distorcida cuja característica mais conhecida é a negação de que Deus conhece o futuro de forma perfeita. Geralmente, ele é acompanhado da negação categórica de que os princípios da propiciação e da substituição penal são aspectos necessários da obra expiatória de Cristo.

Jesus Cristo, o justo... É a propiciação por nossos pecados.

- 1João 2:1-2

Em fevereiro de 1990, um artigo altamente controvertido do periódico *Christianity Today* anunciou várias novidades sobre o modo pelo qual muitos teólogos estavam começando a pensar e a escrever sobre a teologia. O artigo foi escrito por Robert Brow, um eminente teólogo canadense. Brow anunciou que uma mudança radical estava pairando sobre o horizonte evangélico, uma "megamudança" em direção de um "novo modelo" de pensamento, descartando a teologia do "modelo antigo", o apelido que Brow usava para as doutrinas evangélicas históricas).[1] O artigo friamente descrevia a maneira pela qual a nova teologia estava mudando o conceito de Deus de forma radical, propondo novas explicações para conceitos bíblicos como a ira divina, a justiça de Deus, o juízo, a expiação e praticamente sobre todos os aspectos da teologia evangélica.

O EVANGELHO SEGUNDO PAULO

Naquela época, as ideias "progressistas" descritas no artigo eram mais ou menos restritas ao meio acadêmico, bem à margem do movimento evangélico. Porém, a megamudança que o artigo previa realmente entrou na pauta de outras análises teológicas em geral. Num período de dez anos, os evangélicos estavam debatendo o teísmo aberto (a ideia de que o futuro é desconhecido até mesmo para Deus e, portanto, está aberto para praticamente qualquer hipótese). Os teístas abertos negavam praticamente todos os princípios principais do teísmo clássico, incluindo a soberania de Deus, a sua presciência, a sua imutabilidade e (com certeza) a sua onisciência. Até certo ponto, todos eles também negavam a inerrância e a autoridade da Escritura. O seu movimento era um esforço racionalista para tornar Deus controlável e politicamente correto.

Por volta de 2005, muitos na comunidade evangélica estavam com a sua atenção voltada para o movimento chamado Igreja Emergente, um esforço de base para alterar e diluir a perspectiva evangélica sobre Deus e sobre a sua Palavra. Muitos líderes estavam encantados com as afirmações dos teístas abertos. A sua influência resultou em um abandono generalizado a nível popular das crenças evangélicas históricas na direção exata que Robert Brow tinha predito no seu artigo de 1990. O movimento da Igreja Emergente se desintegrou e saiu do cenário evangélico por volta de 2011. Atualmente, o teísmo aberto não parece despertar tanto interesse ou tanta controvérsia como antes, no entanto, as ideias liberais que esses movimentos implantaram na consciência evangélica ainda estão germinando, e a sua influência continua se espalhando. Tenho certeza de que ainda não presenciamos a última (ou mais destrutiva) onda da megamudança de Robert Brow. A teologia do novo modelo está viva e próspera, mesmo depois que os seus movimentos iniciais que a criaram pareçam ter perdido o fôlego.

Brow morreu em julho de 2008, mas antes disso ele pôde ver a maior parte das suas previsões cumpridas na sua totalidade. Apesar de seu artigo de 1990 ter deixado de propósito sem resposta a pergunta se ele comemorava ou condenava a megamudança, aqueles que o conheciam sabiam muito bem que ele favorecia muito a todas as opiniões heterodoxas que ele descreveu. Em meados da década de 1990 ele se levantou como um dos defensores mais entusiasmados do teísmo aberto.

APÊNDICE 1

A busca de uma
divindade controlável

O artigo de Brow retratava a teologia do novo modelo em termos positivos. Ele descreveu o movimento como uma tentativa positiva de reformar as verdades mais difíceis da Escritura usando paradigmas novos e mais agradáveis para explicar a Deus.

De acordo com Brow, a teologia do modelo antigo projeta uma imagem severa de Deus. Na visão evangélica do antigo modelo, Deus é um Juiz espantoso, cujo julgamento consiste em uma sentença dura e inflexível de condenação; o pecado é a ofensa contra a sua lei divina; a ira de Deus é a raiva de um soberano indigno; o inferno é uma vingança incansável do pecado; e a expiação só pode ser obtida se for feito um pagamento total da pena do pecado.

Na teologia do novo modelo, no entanto, o modelo de Deus-como-Juiz é descartado em favor de um modelo mais simpático, que retrata a Deus como o Pai amoroso. Os pensadores do novo modelo querem eliminar as conotações negativas associadas com as verdades bíblicas difíceis como a ira divina e a retribuição justa contra o pecado. Portanto, eles simplesmente redefinem esses conceitos utilizando modelos que evoquem "o calor de um relacionamento familiar".[2] Por exemplo, eles sugerem que a ira divina nada mais é que um tipo de desagrado paternal que inevitavelmente provoca Deus a nos dar incentivos amorosos.

Deus é o "juiz" somente no sentido dos juízes do Antigo Testamento ("como Débora ou Gideão ou Samuel"), significando que ele é o defensor do seu povo, em vez da autoridade que se senta em um tribunal de justiça.[3] O pecado é simplesmente um "mau comportamento" que rompe a comunhão com Deus, e a sua solução é sempre a correção, nunca a retribuição. Até mesmo o inferno não é realmente um castigo: ele é a expressão final da liberdade do pecador, porque, de acordo com o pensamento da teologia do novo modelo, "o encaminhamento ao inferno não é por meio de sentença judicial", portanto, se alguém vai para lá, é simplesmente por escolha própria.[4]

Todos os vestígios da severidade divina são retirados. Deus foi suavizado e domado. De acordo com a teologia do novo modelo, Deus não deve

173

ser visto como aquele que está insatisfeito, com razão, por causa da desobediência das suas criaturas. Na verdade, o artigo de Brow teve o subtítulo "O que não deve ter se ouvido sobre a ira, o pecado e o inferno recentemente". Ele caracterizava o Deus da teologia do novo modelo como mais bondoso, uma divindade mais amigável.

Com certeza, uma das principais metas da megamudança era aparentemente eliminar o temor do Senhor completamente. De acordo com Brow, "Ninguém negaria que é mais fácil se relacionar com Deus percebido como bondoso e amoroso".[5]

É claro que o Deus da teologia do antigo modelo também é eternamente gracioso, misericordioso e amoroso (um fato que não se consegue absorver através da caricatura grosseira que os defensores do novo modelo gostam de pintar quando eles descrevem a "ortodoxia do modelo antigo"). Mas os teólogos do modelo antigo (com a Bíblia a seu favor) ensinam que existe muita coisa além no caráter divino do que a beneficência. Deus também é santo, justo e se ira com o ímpio todos os dias (Salmos 7:11). Ele é feroz em sua indignação contra o pecado (cf. Salmos 78:49; Isaías 13:9-13; Sofonias 3:8). O seu temor é a própria essência da sabedoria verdadeira (Jó 28:28; Salmos 111:10; Provérbios 1:7; 9:10; 15:33). E o "temor ao Senhor" é até uma motivação para o nosso evangelismo (2Coríntios 5:11). "Pois nosso Deus é fogo consumidor" (Hebreus 12:29; cf. Deuteronômio 4:24), e "Terrível coisa é cair nas mãos do Deus vivo" (Hebreus 10:31).

Mesmo assim, os teístas abertos têm manifestado uma determinação fervorosa em eliminar ou explicar cada característica do caráter divino, exceto aquelas que são instantaneamente "percebidas como boas e amorosas". Eles não querem nenhuma associação com um Deus que exige ser temido. A sua teologia visa construir uma divindade controlável, um deus com o qual "é mais fácil de relacionar", um ser quase divino que foi destituído de todas as características de glória divina e de majestade que possam provocar medo ou temor na criatura. Em vez disso, eles fizeram dele um criado celestial bondoso, que não tem um tom ameaçador.

APÊNDICE 1

Redefinindo a expiação

Acima de tudo, o deus do novo modelo nunca exige pagamento algum pelo pecado como condição de perdão. Segundo a visão do novo modelo, Cristo só sofreu pelos nossos pecados no sentido de que ele "absorveu o nosso pecado e as suas consequências", não foi certamente porque ele recebeu algum castigo infligido por Deus por nós na cruz. Ele simplesmente participou conosco do problema humano da dor e do sofrimento. (Afinal de contas, "a dor e o sofrimento são as piores consequências do pecado que os teólogos do novo modelo conseguem imaginar).

A frase mais perturbadora no artigo de Robert Brown é uma observação quase incidental e descartável próxima do final, na qual ele afirma que, de acordo com a teologia do novo modelo, "a cruz não foi um pagamento jurídico", mas simplesmente uma expressão dentro do tempo e do espaço do modo pelo qual Cristo *sempre* sofreu por causa do nosso pecado.[6]

Em outras palavras, segundo a teologia do novo modelo, a obra expiatória de Cristo não foi verdadeiramente substitutiva; ele não fez um pagamento para prover o resgate pelo pecado; nenhuma culpa lhe foi imputada, nem Deus o puniu como substituto do pecador. Nenhum dos seus sofrimentos na cruz foi aplicado por Deus. Em vez disso, de acordo com o novo modelo, a palavra expiação significa que o nosso pecado foi deixado de lado sem cerimônia por causa da generosidade da tolerância amorosa de Deus; o nosso relacionamento com Deus é normalizado; e Cristo "absorveu as consequências" do nosso perdão (que provavelmente significa que ele sofreu a indignidade e a vergonha que acompanha enfrentar uma ofensa). Então, o que a cruz significa de acordo com os teólogos do novo modelo?

Muitos deles dizem que a morte de Cristo não foi nada além de uma demonstração das consequências terríveis do pecado, de modo que, em vez de oferecer o seu sangue para satisfazer a justiça de Deus, Cristo estava simplesmente demonstrando os efeitos do pecado para demonstrar uma percepção pública de justiça.[*] Outros teólogos do novo modelo vão mais

---

[*] Essa é uma versão da teoria da expiação de Grócio discutida posteriormente neste apêndice. Veja também o apêndice 1 ("Como devemos entender a expiação?") na obra de John MacArthur, *A liberdade e o poder do perdão* (Goiânia: Primícias, 2014), p. 193-204, para a crítica mais completa da visão de Grócio da expiação.

O EVANGELHO SEGUNDO PAULO

longe ainda, praticamente negando a necessidade alguma de qualquer tipo de resgate.* De fato, todo o conceito de um pagamento para expiar a culpa do pecado será um absurdo se os teístas abertos estiverem certos.**

Desse modo, os teólogos do novo modelo, de forma bem drástica, reformularam a doutrina da expiação de Cristo e, nesse processo, eles criaram um sistema que não é verdadeiramente evangélico em nenhum aspecto, mas é tanto um repúdio dos princípios evangélicos mais importantes quanto uma negação do evangelho. Com certeza, não é exagero dizer que a sua doutrina enfraquecida da expiação desconstrói o verdadeiro significado da cruz. De acordo com o teísmo aberto, a cruz é simplesmente uma prova que demonstra a "disposição" que Cristo tinha de sofrer, e, nessa visão diluída da expiação, ele sofre *ao lado do* pecador, em vez de sofrer *no lugar do pecador*.

Esse erro é a erva amarga de uma árvore corrupta que nunca pode dar bom fruto (cf. Mateus 7:18-20; Lucas 6:43). A história da igreja está repleta de exemplos daqueles que rejeitaram a essência vicária da expiação de Cristo e, desse modo, naufragaram na fé.

---

* John Sanders, um dos maiores defensores do teísmo aberto, inicia a sua análise da cruz escrevendo: "Eu entendo que o pecado, em primeiro lugar, é uma alienação, ou o relacionamento quebrado, em vez do estado do ser ou uma culpa". Com essa definição de pecado, qual seria a necessidade da propiciação? De fato, Sanders prossegue definindo a cruz como a demonstração pública da disposição de Deus de "sofrer a dor, renunciar à vingança, para buscar a reconciliação do relacionamento quebrado". Em outras palavras, o "preço do perdão" no sistema de Sanders é o sacrifício que Deus faz com relação à sua honra pessoal e dignidade, em vez do preço que ele exige de acordo com a sua justiça perfeita. Portanto, Sanders acredita que Deus finalmente abre mão das exigências corretas da sua justiça e da sua santidade, em vez satisfazê-las por meio do sangue expiador de Cristo. Essa é a visão típica do teísmo aberto com relação à expiação. *The God Who Risks* (Downers Grove: InterVarsity, 1998), p. 105.

** O teísta aberto David Basinger sugere que a escolha do livre arbítrio daquele que crê, em vez da expiação de Cristo, é o que "transpõe" a "separação inicial... entre Deus e os seres humanos". Basinger inclusive descreve a lacuna "entre Deus e os homens", sem referência alguma ao pecado; é simplesmente "a incapacidade inicial de Deus e dos homens de interagir na medida do possível". Ele retrata o evangelho como "'boas-novas', a alegria e o entusiasmo de se relacionar com Deus de maneira adequada". A referência à cruz de Cristo ou ao significado da expiação está totalmente ausente da análise das ramificações evangélicas do teísmo aberto. Isso não constitui surpresa alguma, porque, se Basinger e os outros teístas abertos estiverem certos, a cruz é realmente supérflua no que tange ao perdão divino. A crucificação de Cristo se torna pouco mais que uma manifestação melodramática de sentimento, não é resgate algum. Clark Pinnock, et al., *The Openness of God* (Downers Grove: InterVarsity, 1994), p. 173-75.

APÊNDICE 1

A nova versão do socinianismo

Na verdade, as inovações do "modelo novo" descritas no artigo de Robert Brow de 1990, e os princípios que caracterizam o teísmo aberto, inclusive a visão teísta aberta da expiação, não são "modelo novo" de modo algum. Todos eles não passam de socinianismo, uma heresia que floresceu no século XVI.

Do mesmo modo que o teísmo aberto moderno, o socinianismo do século XVI era uma tentativa de remover dos atributos divinos tudo o que parecia duro ou severo. De acordo com o socinianismo, o amor é o atributo dominante de Deus; o seu amor basicamente esmaga e anula o seu desagrado contra o pecado; a sua bondade anula a sua ira. Portanto, os socinianos defendiam que Deus está perfeitamente livre para perdoar o pecado sem exigir o pagamento de qualquer tipo. Além disso, os socinianos afirmavam a ideia de que Deus exige um pagamento pelos pecados se contradiz à própria ideia do perdão. Eles disseram que os pecados podem ser remidos ou pagos, não os dois. Se tem que ser pago um preço, então os pecados não são "perdoados" de verdade. E, se Deus está realmente disposto a perdoar o pecado, então nenhum preço de resgate deve ser necessário. Além disso, de acordo com o argumento sociniano, se é exigido um preço, então o perdão estaria tão destituído de graça quanto qualquer transação legal, como o pagamento de uma passagem. Esse argumento pode parecer a princípio, de forma sutil, atraente ao raciocínio humano. No entanto, no que se refere à Bíblia, deixa muito a desejar. Na verdade, é completamente oposto ao que a Bíblia ensina sobre a graça, sobre a expiação e sobre a justiça divina. Ele se baseia em definições desses termos que ignoram o que a Bíblia ensina de forma clara.

A graça não é incompatível com o pagamento de um resgate. Foi simplesmente pela graça que o próprio Deus (na Pessoa de Cristo) efetuou o pagamento que nós devíamos. Na verdade, de acordo com 1João 4:9, 10, essa é a expressão final da graça e do amor divino, que Deus voluntariamente enviou o seu Filho para levar um mundo de culpa e morrer pelo pecado a fim de propiciar sua indignação justa, e também para satisfazer totalmente sua justiça, e com disso, remir os pecadores: "Foi assim que Deus manifestou o seu amor entre nós: enviou o seu Filho Unigênito ao mundo, para que pudéssemos viver por meio dele. Nisto consiste o amor: não em que nós tenhamos amado a Deus, mas em que ele nos amou e enviou seu Filho como *propiciação pelos nossos pecados*". Cristo veio para ser "o Cordeiro de Deus, que tira o pecado do mundo" (João 1:29).

Essa linguagem é uma referência direta ao sistema sacrificial do Antigo Testamento, deliberadamente simbolizando o conceito da expiação, no qual o sistema sacrificial judaico envolvia o pagamento de preço de sangue, a pena do pecado.

Além disso, todo aquele que estuda o que a Escritura tem a dizer sobre o perdão do pecado verá rapidamente que o derramamento do sangue de Cristo é a única base na qual os pecados podem ser perdoados. Não pode haver perdão a menos que o pagamento do resgate seja pago pelo sangue. Lembre-se, esse é exatamente o fato que os socinianos e os teístas abertos negam. Eles dizem que o perdão é incompatível com o pagamento de uma pena, isto é, os pecados que têm de ser pagos não foram de fato remidos. Mas Hebreus 9:22 claramente refuta esta afirmativa: sem derramamento de sangue não há perdão.

A doutrina bíblica da expiação substitutiva

Sobre a cruz, Deus fez de Cristo uma *propiciação*, a satisfação da ira divina contra o pecado (Romanos 3:25). O sacrifício que Cristo ofereceu era o pagamento da pena pelo pecado calculado por Deus. Cristo se ofereceu sobre a cruz *para Deus*.

"Também Cristo nos amou e se entregou por nós como oferta e sacrifício de aroma agradável a Deus" (Efésios 5:2). Sua morte foi um sacrifício oferecido para aplacar a justiça de Deus. Foi a única maneira que Deus poderia se manter justo ao mesmo tempo que justifica os pecadores (Romanos 3:26). Essa era a única maneira que ele poderia perdoar o pecado sem comprometer a sua própria justiça e santidade.

A Bíblia ensina isso de forma clara. Cristo morreu em nosso lugar e em nossa posição. Ele "foi oferecido em sacrifício uma única vez, para tirar os pecados de muitos" (Hebreus 9:28); Ele "levou em seu corpo os nossos pecados sobre o madeiro" (1Pedro 2:24). E, no momento em que ele foi pendurado na cruz, sofreu toda a ira de Deus em nosso favor. "Certamente

APÊNDICE 1

ele tomou sobre si as nossas enfermidades e sobre si levou as nossas doenças, contudo, nós o consideramos castigado por Deus, por ele atingido e afligido. Mas ele foi transpassado por causa das nossas transgressões, foi esmagado por causa de nossas iniquidades; o castigo que nos trouxe paz estava sobre ele, e pelas suas feridas fomos curados" (Isaías 53:4-5). "Cristo nos redimiu da maldição da lei quando se tornou maldição em nosso lugar" (Gálatas 3:13).

Esses são os princípios estabelecidos no sistema sacrificial do Antigo Testamento, não conceitos emprestados dos paradigmas romanos e gregos, como os teístas abertos gostam tanto de afirmar.

Foi *Deus* que decretou e orquestrou os acontecimentos da crucificação. Diz em Atos 2:23 que Cristo foi "entregue por propósito determinado e pré-conhecimento de Deus". A mão de Deus e o seu conselho determinaram cada detalhe do sofrimento de Cristo (Atos 4:28). De acordo com Isaías 53:10: "Contudo foi da vontade do Senhor esmagá-lo e fazê-lo sofrer". O mesmo versículo diz que Jeová fez do seu Servo "uma oferta pela culpa". Em outras palavras, *Deus* puniu a Cristo pelo pecado na cruz e, desse modo, fez dele uma oferta pelo pecado. Toda a ira e a vingança do Todo-Poderoso ofendido foram derramadas sobre ele, e ele se tornou o Cordeiro sacrificial que carregou os pecados do seu povo.

Essa também é a toda a essência do livro de Hebreus. "É impossível que o sangue de touros e bodes tire pecados" (10:4). O versículo 10 diz: "Fomos santificados por meio do sacrifício do corpo de Jesus Cristo, oferecido uma vez por todas". O versículo 12 diz que a sua morte foi "para sempre, um único sacrifício pelos pecados".

De forma bem clara, esses versículos estão ensinando que Cristo foi sacrificado como uma expiação de sangue para cumprir as exigências da justiça de Deus. Não é de se admirar que muitos achem isso uma verdade chocante. Ela *é* chocante. E ela é profunda. Ela deve levar a nossa cabeça ao pó diante de Deus. Qualquer "modelo novo" que denigra ou negue a verdade do sofrimento vicário de Cristo na própria mão de Deus é um modelo seriamente incorreto.

O que você pensa quando reflete sobre a morte de Cristo na cruz? O teísmo aberto reafirma a velha mentira liberal de que ele era basicamente um mártir, uma vítima da humanidade, entregue à morte nas mãos de

179

O EVANGELHO SEGUNDO PAULO

homens maus. Mas a Escritura diz que ele é o Cordeiro de Deus, a vítima da ira divina.

O que fez os sofrimentos de Cristo tão difíceis de suportar não foi a zombaria, ou a tortura, ou o abuso dos homens maus. Foi que ele carregou todo o peso da fúria divina contra o pecado. Os sofrimentos mais dolorosos não eram somente aqueles infligidos pelas chicotadas, pelos cravos e pelos espinhos.

Porém, a agonia mais excruciante que Cristo suportou foi a pena completa do pecado a nosso favor: a ira de Deus foi derramada sobre ele em uma medida infinita.

Lembre-se de que, quando ele finalmente gritou em grande dor, foi por causa do que ele recebeu *da própria mão de Deus*: "Meu Deus! Meu Deus! Por que me abandonaste?" (Marcos 15:34). "Nós o consideramos castigado por Deus, por ele atingido e afligido" (Isaías 53:4). Não conseguimos nem começar a ter ideia do quanto que Cristo sofreu. É uma realidade horrível para se considerar. No entanto, não ousamos seguir ao teísmo aberto, rejeitando a noção de que ele levou o castigo do pecado por nosso pecado, porque nessa verdade reside a própria base do verdadeiro cristianismo. É a razão principal pela qual a cruz é uma ofensa tão grande (cf. 1Coríntios 1:18). A Escritura diz "Deus tornou pecado por nós aquele que não tinha pecado [Cristo], para que nele nos tornássemos justiça de Deus. (2Coríntios 5:21).

O nosso pecado foi imputado a Cristo, e ele pagou o preço terrível como o nosso substituto. Em compensação, a sua justiça é imputada a todos os que creem, e eles recebem a posição de justificados diante de Deus, vestidos no branco limpo da sua justiça perfeita. Como observamos no capítulo 5, esta é a essência do significado do que aconteceu na cruz para todo cristão: *Deus tratou a Cristo como se ele tivesse vivido a nossa vida miserável e pecaminosa, para que ele pudesse nos tratar como se nós tivéssemos vivido a vida perfeita e imaculada de Cristo.*

Se for negada a essência vicária da expiação, negarmos que a nossa culpa foi transferida para Cristo e que ele pagou a sua pena; na verdade, terá sido negada a base da nossa justificação. Se a nossa culpa não fosse transferida para Cristo e paga sobre a cruz, como a sua justiça seria imputada a nós para a nossa justificação? Toda visão deficiente da expiação tem

APÊNDICE 1

que lidar com esse mesmo dilema. E, infelizmente, aqueles que interpretam de forma errada o significado da expiação invariavelmente acabam proclamando um evangelho diferente, destituído do princípio da justificação pela fé.

A batalha pela expiação

A expiação tem sido um campo de batalha teológico desde que Anselmo de Cantuária (1033-1109) começou, pela primeira vez, a destacar a luz clara da Escritura sobre esse aspecto da redenção negligenciado por tanto tempo e geralmente entendido de forma errada. A igreja primitiva, consumida com controvérsias sobre a Pessoa de Cristo e a natureza da divindade, praticamente deixou de abordar a doutrina da expiação. Raramente ela foi assunto de debate ou de análise sistemática nos escritos da igreja primitiva. Porém, nos momentos em que os pais da igreja escreviam sobre a expiação, eles usavam a terminologia bíblica sobre o resgate e sobre a propiciação.

Poucos defenderiam que os pais da igreja tinham um entendimento bem elaborado sobre a expiação como uma substituição penal, mas Augustus Hodge demonstrou que a ideia da expiação vicária era mais ou menos implícita no seu entendimento, mesmo tendo sido "geralmente deixada em uma proporção considerável em segundo plano e misturada de forma confusa com outros elementos da verdade ou da superstição".[7] Especificamente, alguns dos pais pareciam estar confusos sobre a essência do resgate que Cristo pagou, especialmente sobre a questão do destino do resgate. Alguns deles pareciam pensar nela como um resgate pago a Satanás, como se Cristo pagasse uma taxa para o diabo para comprar a libertação dos pecadores. Essa é a *teoria do resgate* da expiação.

Mesmo assim, de acordo com Hodge, "Com raras exceções, toda a igreja desde o princípio adotou a doutrina da Redenção no sentido de uma propiciação literal de Deus por meio da expiação do pecado".[8] As referências selecionadas dos comentários dos pais da igreja sobre o resgate de Cristo não devem ser tomadas como afirmações doutrinárias conscientes e estudadas, mas, em vez disso, como expressões infantis de uma doutrina da expiação que ainda não tinha sido formada e que ainda era inadequada.

O EVANGELHO SEGUNDO PAULO

Philip Schaff, comentando sobre a falta de clareza sobre a expiação nos escritos da igreja primitiva, disse: "Os mestres da igreja primitiva viveram mais no grato desfrutar da redenção que na reflexão lógica sobre ela. Percebemos nas suas exposições desse mistério abençoado uma linguagem mais voltada ao sentimento de entusiasmo do que à definição cuidadosa e à análise precisa".[9]

"Mesmo assim", Schaff acrescentou, "todos os elementos essenciais da doutrina da redenção colocada posteriormente pela igreja podem ser encontrados, tanto de forma explícita quanto implícita, antes do final do século II".[10]

Até Anselmo, nenhum teólogo influente realmente concentrou muita energia na sistematização da doutrina bíblica da expiação. A obra de Anselmo sobre o assunto, *Cur Deus Homo?* (*Por que Deus se fez homem?*), trazia provas bíblicas convincentes de que a expiação não era um resgate pago *por* Deus para o diabo, mas sim uma dívida paga *a* Deus em favor dos pecadores, a satisfação da honra divina. Essa é a *teoria da satisfação* da expiação (às vezes, ela é chamada de *teoria comercial*).

A obra de Anselmo sobre a expiação era um grande passo à frente, e ela estabeleceu a base para a Reforma Protestante. Esse entendimento da expiação foi refinado e posteriormente desenvolvido pelos reformadores.

O seu pensamento, segundo o qual a expiação era uma substituição penal, era o entendimento abrangente da expiação de Cristo que totalmente fazia jus aos textos que falam da morte de Cristo "pelos pecados" em favor dos pecadores. A substituição penal se tornou a verdadeira essência da teologia evangélica e por muito tempo tem sido considerada um princípio básico da convicção histórica evangélica.

Todos os que abandonaram essa convicção lideraram movimentos para deixar os evangélicos. Um contemporâneo próximo de Anselmo, Pedro Abelardo, reagiu à teoria de Anselmo com uma visão da expiação que é praticamente a mesma daquela adotada por parte dos principais teístas abertos modernos. De acordo com Abelardo, a justiça de Deus se sujeita ao seu amor. Ele não exige pagamento pelo pecado. Em vez disso, o valor redentor da morte de Cristo consistia no poder do exemplo amoroso que ele deixou para que os pecadores seguissem. Essa visão às vezes se chama

182

APÊNDICE 1

de *teoria da influência moral* da expiação. A visão de Abelardo foi adotada posteriormente pelos socinianos no século XVI (como analisamos anteriormente).

Com certeza, como é verdade para a maior parte das heresias, existe um fundo de verdade na teoria da influência moral. A obra expiatória de Cristo é a expressão final do amor de Deus (1João 4:9-10). Ela também é a motivação ao amor dentro daquele que crê. (vv. 7-8, 11). Porém, o problema principal com a abordagem de Abelardo é o de que ele fez que a expiação não passasse de um exemplo. Se Abelardo estivesse correto, a obra de Cristo sobre a cruz não realizou nada objetivamente a favor do pecador, portanto, não há um aspecto propiciatório real na morte de Cristo. Isso basicamente faz da redenção do pecado uma responsabilidade do próprio cristão. O pecador é "remido" seguindo o exemplo de Cristo. A "salvação" se reduz a uma reforma moral motivada pelo amor. É um tipo claro de salvação pelas obras.

A visão limitada de Abelardo sobre a expiação é a doutrina que está por trás da base da teologia liberal. Igualmente a todas as outras formas de doutrina de salvação pelas obras, é um evangelho diferente das boas-novas estabelecidas na Escritura.

Hugo Grócio (1583-1645) criou uma visão totalmente diferente da expiação durante a controvérsia arminiana na Holanda. Conhecida como a *teoria governamental* da expiação, essa visão é como um meio termo entre Abelardo e Anselmo. De acordo com Grócio, a morte de Cristo era uma manifestação pública da justiça de Deus, mas não era um pagamento real em favor do pecador. Em outras palavras, a cruz mostra como seria o castigo pelo pecado se Deus retribuísse pelo pecado. Mas Cristo não efetuou um pagamento vicário real da dívida do pecador.

Grócio, do mesmo modo que Abelardo e os socinianos, acreditava que Deus poderia perdoar o pecado sem pagamento algum. Mas Grócio disse que a dignidade e a autoridade da lei de Deus ainda precisavam ser mantidas. O pecado é o desafio ao direito de Deus de governar. Se Deus simplesmente ignorasse o pecado, ele na prática revogaria o seu governo moral do universo. Portanto, a morte de Cristo era necessária para demonstrar a autoridade de Deus como governante, porque ela provava a

O EVANGELHO SEGUNDO PAULO

sua disposição e o seu direito de castigar, mesmo que, no fim das contas, ele abandonasse as exigências da sua justiça contra os pecadores que se arrependessem.

A morte de Cristo, portanto, não era uma substituição para o castigo de ninguém, mas simplesmente um exemplo público da autoridade moral de Deus e da sua abominação ao pecado.

Em outras palavras, de forma diferente de Abelardo, Grócio viu que a morte de Cristo demonstrou tanto a ira quanto o amor de Deus. No entanto, da mesma forma que Abelardo, Grócio acreditava que a expiação era exemplar em vez de substitutiva. Cristo na verdade não sofreu no lugar de ninguém. A expiação não realizou nada de objetivo em favor do pecador. Era somente um gesto simbólico. A morte de Cristo era só um exemplo, e a redenção, portanto, se baseia completamente em algo que o pecador tem que fazer. Portanto, a teoria governamental também inevitavelmente resulta na salvação pelas obras.*

Os teístas abertos do novo modelo parecem oscilar entre duas opiniões erradas, às vezes repetindo o governamentalismo de Grócio, às vezes parecendo de forma suspeita com Abelardo.** Mas algo que todos os teístas abertos concordariam seria isto: Anselmo e a visão da expiação como substituição penal são obsoletas, parte de um modelo superado que eles não conseguem esperar que o movimento evangélico descarte.

---

* A maioria dos governamentalistas destaca o arrependimento como sendo condicionado a uma decisão do livre arbítrio. Charles Finney, um fiel defensor da visão de Grócio sobre a expiação, pregou uma mensagem intitulada "Making a New Heart [Criando um novo coração]" na qual ele afirma que a regeneração (e em particular a mudança no coração que envolve a remoção do coração de pedra e o implante do coração de carne, cf. Ezequiel 36:26), é algo que cada pecador deve realizar por si mesmo. Além disso, em sua *Teologia Sistemática*, Finney escreveu, "[Os pecadores] têm necessidade de primeiro mudar o coração ou a escolha de um fim, antes de poderem manifestar alguma volição para obter algum fim que não seja egoísta. E essa é a clara filosofia pressuposta em toda a Bíblia. Ela é uniforme em apresentar os irregenerados como pessoas totalmente depravadas [uma condição voluntária, não uma depravação constitucional, segundo Finney] e os convoca ao arrependimento, para *obterem para si um novo coração*" (Rio de Janeiro: CPAD, 2004) p. 266 (meu destaque).

** Em seu artigo "De Agostinho a Arminius: uma peregrinação na teologia", Clark Pinnock relata o seu próprio recuo da visão da substituição penal por meio de um caminho que começou em Anselmo, passou por Grócio e vai até Barth. Pinnock (ed.). *A graça de Deus e a vontade do homem*. Disponível em: http://www.arminianismo.com/index.php/categorias/obras/livros/177-clark-h-pinnock-a-graca-de-deus-e-a-vontade-do-homem/547-colaboradores. Acesso em: agosto de 2017.

APÊNDICE 1

Pensamentos bem difíceis de ser evangélicos

Os principais defensores da doutrina do novo modelo tipicamente se intitulam evangélicos. Robert Brow também previa isso. Perto do final do seu artigo, ele imagina se o pensamento do novo modelo teria algum lugar no meio evangélico. Ele traz um retrato mais útil do evangelho de Deus, ou se trata de "outro evangelho?"[11]

As gerações mais antigas de evangélicos teriam respondido essa pergunta sem rodeios nem hesitação declarando que a mensagem do modelo novo é "outro evangelho" (Gálatas 1:8-9). De fato, essa é precisamente a maneira que eles responderam sempre que os socinianos, os unitaristas, os liberais e vários outros propagandistas de novas teologias levantaram os mesmos desafios ao "modelo antigo".

Infelizmente, o segmento principal desta geração de evangélicos não possui nem a vontade nem a convicção de considerar os teístas abertos e os emergentes liberais como lobos em pele de cordeiro, em vez de reformadores verdadeiros. Contudo, que se afirme de forma clara: de acordo com qualquer definição de evangelicalismo que tenha respaldo histórico, qualquer doutrina do novo modelo que abandone a substituição penal se opõe aos princípios fundamentais que sempre se consideraram parte essencial da teologia evangélica.* Além disso, de acordo com qualquer definição *bíblica*, eles são hereges, portadores de um evangelho diferente. Essas duas acusações são baseadas somente no abandono da expiação substitutiva por parte da teologia do novo modelo.

Na verdade, a única diferença importante entre os teístas abertos e os socinianos do passado é a de que estes negavam a divindade de Cristo, enquanto a maioria dos teístas abertos não a nega ostensivamente. Mas,

---

* De forma simples, o rótulo *evangélico* tem sido utilizado historicamente para identificar aqueles que adotam os princípios formais e materiais da Reforma: *sola Scriptura* (a Escritura como a autoridade suprema) e *sola fide* (a justificação somente pela fé). Ainda que nos últimos anos tenham sido propostas definições bem mais amplas e mais complexas, a história do movimento evangélico é indissocialmente ligada a uma defesa séria desses dois princípios vitais. A verdade da expiação vicária é absolutamente essencial à doutrina da justificação pela fé, onde a culpa do pecador é imputada a Cristo e paga, ao mesmo tempo que o mérito de Cristo é imputado ao cristão como a única base de aceitação para com Deus. Todos os que têm negado a expiação substitutiva ou estão muito longe da corrente principal dos evangélicos ou lideraram movimentos que rapidamente abandonaram as características evangélicas.

O EVANGELHO SEGUNDO PAULO

na verdade, eles têm negado a divindade do próprio Deus humanizando-o e tentando adaptá-lo aos padrões atuais do politicamente correto.

Em *Megamudança evangélica* Robert Brow afirma que "o vento da influência [da teologia do novo modelo] sopra através de cada rachadura quando lemos as histórias de *As crônicas de Nárnia,* de C. S. Lewis.[12] Lewis não era teólogo, e não há dúvida de que o seu pensamento era maleável sobre a questão do castigo eterno. Ele tinha outras ideias que fariam os evangélicos do modelo antigo tremerem.

No entanto, pode-se pensar se ele realmente apoiaria a busca do teísmo aberto por uma divindade domada e suavizada.

Em *As crônicas de Nárnia,* Aslan, o leão feroz, porém amável, representa Cristo. As suas patas são horríveis, de dar medo, pontudas como faca com as garras de fora, mas suaves e aveludadas quando as garras se recolhem.[13] Ele é tanto bom quanto temível. Quando as crianças do conto de Lewis olhavam para ele, "começavam a tremer".[14] O Sr. Esquilo diz o seguinte sobre ele: "Ele é selvagem, viu? Não é como um leão domado".[15] E Lewis, como narrador, observa: "As pessoas que não estiveram em Nárnia às vezes pensam que a mesma coisa não pode ser boa e terrível ao mesmo tempo".[16]

Essa mesma premissa básica falsa é o ponto de partida para a heresia do teísmo aberto. Os teólogos do novo modelo começaram com a afirmação de que Deus não poderia ser bom e terrível ao mesmo tempo e, então, se dedicaram a despojá-lo de todos os atributos dos quais eles não gostam. Como os socinianos e os liberais que os precederam, eles iniciaram uma busca equivocada para fazer de Deus uma "boa pessoa" de acordo com uma definição humanista e terrena de bondade e acabaram criando um deus próprio.

No último livro da série de Nárnia, um macaco malvado coloca uma pele de leão sobre um jumento tolo e finge que ele é Aslan. É um fingimento sinistro e perigoso, e no final, engana a muitos narnianos. O deus da teologia do novo modelo é como um jumento com uma pele desengonçada de leão e está desviando muitas pessoas do Deus glorioso da Bíblia.

Deus é bom, mas também é temível. A sua ira é tão real quanto o seu amor. E ainda que ele mantenha "o seu amor a milhares e perdoa a maldade, a rebelião e o pecado. [Ele] não deixa de punir o culpado" sem que se satisfaça a sua própria justiça e a sua própria ira (Êxodo 34:7).

APÊNDICE 1

Os evangélicos sinceros nunca podem abrir mão dessas verdades. E aqueles que não conseguem aguentar Deus da maneira pela qual ele se revelou não têm direito de se intitularem "evangélicos". Essas são questões pelas quais se deve lutar, como a história e a Escritura demonstram claramente. O surgimento do teísmo aberto é uma ameaça grave à causa do evangelho verdadeiro. Que Deus levante uma nova geração de guerreiros evangélicos com a coragem e a determinação para lutar pela verdade da expiação substitutiva!

Apêndice 2

Foi para Deus que Cristo morreu

Este apêndice é a transcrição de uma mensagem pregada originalmente na Grace Community Church em janeiro de 2006. Eu a incluí neste livro em resposta à noção comum de que a propiciação (tanto a palavra quanto o conceito) é técnica ou complicada demais para quem não é teólogo. Essa mensagem também demonstra que a ideia da morte de Cristo como uma propiciação não era exclusiva do apóstolo Paulo. É um princípio que está presente no ensino de todos os apóstolos e era absolutamente fundamental para o seu entendimento do evangelho.

> *Nisto consiste o amor: não em que nós tenhamos amado a Deus, mas em que ele nos amou e enviou seu Filho como propiciação pelos nossos pecados.*
>
> – 1João 4:10

Paulo não é o único apóstolo que usou a palavra *propiciação* em uma epístola para os irmãos nos primeiros anos da igreja. João a empregou de forma semelhante. Ele não era um teólogo com um currículo acadêmico, mas um pescador de profissão, separado para o discipulado enquanto consertava as suas redes e, posteriormente, chamado para ser um dos doze apóstolos de Cristo com a tarefa de levar o evangelho ao mundo. Nós podemos seguramente deduzir que ele não considerou o conceito da propiciação muito ou excessivamente obscuro para a maioria dos seus leitores.

De fato, quando consideramos a cruz a partir da perspectiva celestial, a propiciação é um conceito essencial e que aumenta bastante o nosso entendimento sobre a pessoa para a qual Cristo morreu.

Contemplar a cruz da perspectiva de Deus não é o modo geral que se pensa sobre ela. Nós quase exclusivamente pensamos sobre a cruz com relação a nossa vida, destacando o que ela significa para aqueles que creem. Dizemos que "Cristo morreu pelos ímpios" (Romanos 5:6). "Cristo morreu por nós" (v. 8). "Cristo morreu pelos nossos pecados" (1Coríntios 15:3). Ele morreu para a nossa salvação. Ele morreu para o nosso benefício eterno. Ele fez isso para nos resgatar do julgamento e do inferno. Todas estas afirmações são completamente verdadeiras, e com certeza devemos celebrar o que a cruz significa para nós.

No entanto, contemplando a expiação a partir da perspectiva celestial, também precisamos reconhecer e confessar que *foi para Deus que Cristo morreu*. E todas essas outras verdades incontestáveis se baseiam neste fato. "[Cristo] se entregou a si mesmo por nossos pecados... segundo a vontade de nosso Deus e Pai" (Gálatas 1:4).

"Porque, aquilo que a lei fora incapaz de fazer por estar enfraquecida pela carne, Deus o fez, enviando seu próprio Filho, à semelhança do homem pecador, como oferta pelo pecado. E assim condenou o pecado na carne" (Romanos 8:3). O Pai "não poupou a seu próprio Filho, mas o entregou por todos nós" (v. 32).

O próprio Jesus disse: "A minha comida é fazer a vontade daquele que me enviou e concluir a sua obra" (João 4:34). "Pois desci do céu, não para fazer a minha vontade, mas para fazer a vontade daquele que me enviou (6:38). "O meu Pai me ama, porque eu dou a minha vida para que possa retomá-la. Ninguém a tira de mim, mas eu a dou por minha espontânea vontade. Tenho autoridade para dá-la, e para retomá-la. Essa *ordem recebi do meu Pai*" (10:17-18). Deus enviou Cristo à terra para morrer.

Mesmo em Isaías 53, aquela profecia do Antigo Testamento profunda sobre a morte de Cristo na cruz, diz: "foi da vontade do Senhor esmagá-lo e fazê-lo sofrer" (v. 10). Por quê? Para que fosse o castigo pelo nosso pecado. "Certamente ele tomou sobre si as nossas enfermidades e sobre si levou as nossas doenças, contudo nós o consideramos castigado por Deus, *por ele atingido* e afligido" (Isaías 53:4). Cristo deu a sua vida sob o comando do seu próprio Pai. Foi para Deus que Cristo morreu.

Só ouvir essa afirmativa pode causar uma dissonância cognitiva em algumas mentes cristãs. Isso só acontece por que eles não entenderam a maneira pela qual a morte de Cristo satisfez a justiça perfeita de Deus, bem como a maneira pela qual ela o glorifica.

APÊNDICE 2

Romanos 11 se encerra com uma grande doxologia:

Ó profundidade da riqueza da sabedoria e do conhecimento de Deus! Quão insondáveis são os seus juízos, e inescrutáveis os seus caminhos!

"Quem conheceu a mente do Senhor? Ou quem foi seu conselheiro?"

"Quem primeiro lhe deu, para que ele o recompense?"

Pois dele, por ele e para ele são todas as coisas. A ele seja a glória para sempre! Amém. (vv. 11:33-36)

Minha mente se detém nesta frase: "Pois dele, por ele e para ele são todas as coisas". A que coisas o apóstolo se refere? *"Todas* as coisas" é completamente abrangente, com certeza. Nada se exclui. Mas o destaque específico de Paulo nesta frase é nas coisas relacionadas à salvação. O seu tema por todos os onze capítulos anteriores era o evangelho. A expressão "todas as coisas" de que ele fala nesta frase são as mesmas coisas que ele já repetiu que vêm *da parte de* Deus, e só são realizadas *por intermédio de* Deus. Essas mesmas realidades têm um propósito que finalmente olham *para* Deus e são instrumentos pelos quais a sua glória se manifesta e é engrandecida. Deus é a fonte, o meio e o objeto de toda a obra redentora. Tudo é para ele.

Paulo diz em Romanos 1:5 que recebemos o ministério de proclamar o evangelho para que as pessoas o obedeçam pela fé em seu nome. No versículo 7 de 3João, o apóstolo diz sobre os irmãos e sobre os peregrinos que transmitiam o evangelho por todo o Império no século I: "Foi por causa do Nome que eles saíram". A Epístola de Judas termina com esta bênção: "Àquele que é poderoso para impedi-los de cair e para apresentá-los diante da sua glória sem mácula e com grande alegria, ao único Deus, nosso Salvador, sejam glória, majestade, poder e autoridade, mediante Jesus Cristo, nosso Senhor, antes de todos os tempos, agora e para todo o sempre! Amém" (vv. 24-25).

Tudo aponta para Deus. Repito que essa foi a perspectiva clara de Jesus por toda a sua vida terrena. Na última noite antes de ele morrer, ele orou ao Pai: "Eu te glorifiquei na terra, completando a obra que me deste para fazer" (João 17:4). Ele nunca buscou nada senão "a glória de quem o enviou" (João 7:18) e disse isto sobre a vontade do Pai: "sempre faço o que lhe agrada" (João 8:29). "Por mim mesmo, nada posso fazer; eu julgo apenas conforme ouço, e o meu julgamento é justo, pois não procuro agradar a mim mesmo, mas àquele que me enviou" (João 5:30).

Não foi sem dificuldade que ele deu a sua vida para a glória de Deus. Em João 12:27-28, quando previa a cruz, ele disse: "Agora meu coração está perturbado, e o que direi? Pai, salva-me desta hora? Não; eu vim exatamente para isto, para esta hora. Pai, glorifica o teu nome!" Ele olhava para a cruz como o principal meio no qual ele glorificaria o Pai. Jesus dedicou toda a sua vida para glorificar a Deus, e a sua morte também era para a glória de Deus.

Isso é adequado. Como Pedro disse, o alvo de tudo deve ser este: que "em todas as coisas Deus seja glorificado mediante Jesus Cristo, a quem sejam a glória e o poder para todo o sempre. Amém (1 Pedro 4:11).*

Temos a tendência de pensar demais sobre o que a cruz significa *para nós* e muito pouco sobre o que ela significou para Deus. Para que a cruz tenha algum significado para nós, ela tem que significar tudo para Deus. Quanto melhor entendermos isso, entenderemos a cruz de forma bem mais clara.

A morte de Cristo foi um sacrifício para Deus

O Antigo Testamento nos recorda sobre o sistema de sacrifícios e de ofertas a Deus cuidadosamente detalhado que ele ordenou. Nenhum sacrifício deveria ser oferecido a qualquer outro ser. Só Deus que devia receber todo sacrifício legítimo, toda oferta devida. Elas eram todas para ele, e eram feitas para subir, como assim faziam, às suas narinas, como cheiro suave, como incenso para agradá-lo. O ofertante tinha culpa de algum pecado diante do nosso Deus santo e estava, portanto, sujeito à ira de Deus. Deus tinha sido ofendido e desonrado, do mesmo modo que acontece no momento em que qualquer pessoa que já viveu comete qualquer pecado.

No Antigo Testamento, Deus providenciou o meio pelo qual o pecador poderia se achegar a ele e, de maneira simbólica, temporariamente tratar com ele. O ofertante traria um animal para o sacerdote no taberná-

---

* Veja o apêndice 3, "A razão para tudo."

APÊNDICE 2

culo ou no templo, e o próprio pecador (não o sacerdote) imporia as mãos sobre o animal como símbolo de identificação com aquele animal como uma espécie de procurador pela sua própria culpa e castigo.

A punição, obviamente, era a morte, porque é o salário que todo pecador merece (Romanos 6:23). Então, o animal era morto por meio do derramamento de sangue, significando de forma impactante que "aquele que pecar é que morrerá" (Ezequiel 18:4, 20).

O sangue do animal era coletado e depois derramado sobre todo o altar, e o ofertante era temporariamente coberto pelo Senhor. Mas aquele sacrifício animal era meramente simbólico. Ele não poderia oferecer nenhum sacrifício permanente ou eficaz, "pois é impossível que o sangue de touros e bodes tire pecados" (Hebreus 10:4). Por causa disso, a prática tinha que ser repetida muitas e muitas vezes. A repetição interminável dos sacrifícios diários, e especialmente da oferta anual pelo pecado, era ordenada pela própria lei, como uma "recordação anual dos pecados" (v. 3).

O povo de Deus estava aprendendo que um aspecto essencial da justiça eterna e imutável de Deus é o seu ódio ao pecado. A sua indignação justa e a sua perfeita justiça exigem uma pena adequada para o pecado, porque abrir mão da punição seria um atropelamento da sua santidade por parte dos agentes do mal. Para Deus, fazer isso seria abdicar de sua autoridade sobre o seu próprio universo, o que não é nem remotamente possível. Mas esta é a mensagem completa do evangelho: Jesus foi o sacrifício final para Deus pelo pecado. Esses sacrifícios de animais simplesmente simbolizavam e apontavam para o sacrifício total, final, único e perfeito de Cristo. Jesus foi a única oferta para Deus que poderia realmente tirar o pecado (Hebreus 10:11-14).

Ele não era somente o sacrifício, mas também o sacerdote, o verdadeiro sumo sacerdote cuja oferta de si mesmo, uma vida sem pecado e perfeita, era o sacrifício completo, final e aceitável para Deus.

Portanto, Jesus morreu como um sacrifício para Deus, um cheiro suave. E "quando este sacerdote acabou de oferecer, para sempre, um único sacrifício pelos pecados, assentou-se à direita de Deus" (Hebreus 10:12). A expiação nunca precisa ser repetida. Deus se satisfez ou se tornou propício. Não tire isso da sua mente. Voltaremos a essa ideia.

O EVANGELHO SEGUNDO PAULO

A morte de Cristo foi um ato de submissão para Deus

Quando Cristo fala sobre o sacrifício que agrada a Deus, ele utiliza a linguagem do Antigo Testamento: "Sacrifício e oferta não quiseste, mas um corpo me preparaste; de holocaustos e ofertas pelo pecado não te agradaste. Então eu disse: Aqui estou... para fazer a tua vontade, ó Deus" (Hebreus 10:5-7). As ofertas de animais e as ofertas queimadas pelo pecado não são o que Deus deseja, mas, depois de citar novamente as palavras proféticas de Cristo em Hebreus 10:9 ("Aqui estou; vim para fazer a tua vontade, ó Deus"), o escritor acrescenta no versículo 10: "*Pelo cumprimento dessa vontade* fomos santificados, por meio do sacrifício do corpo de Jesus Cristo, oferecido uma vez por todas". A morte de Cristo foi um ato de obediência à vontade do seu Pai.

A vida inteira de Cristo foi perfeita. Ele fez tudo o que o Pai queria que ele fizesse e testificou desse fato várias vezes, principalmente no evangelho de João. Sempre, em todos os níveis, mesmo com o entendimento limitado de uma criança, ele obedeceu a Deus até onde podia entender. ("Não sabiam que eu devia estar na casa de meu Pai? " [Lucas 2:49].) A sua vida foi de uma obediência completa e perfeita, e o seu prazer estava em *fazer* a vontade de Deus.

Com certeza, obedecer a Deus é algo bem diferente de receber a ira de Deus. Em toda a sua vida de obediência, ela nunca despertou o tipo de agonia em sua alma perfeita que vemos à medida que ele se aproximava do julgamento da cruz. Isso é porque sobre a cruz lhe seria dado todo o cálice da ira do seu Pai. Ele nunca tinha recebido nenhum gesto de reprovação (muito menos maldição) da parte do seu Pai. Porém, para levar todo o pecado do seu povo, teria que sofrer aquele castigo inconcebível e infinitamente abominável por um mundo de pecado. O nível de submissão que Jesus ofereceu ao seu Pai sobre a cruz é incompreensível.

Tudo o que Cristo fez estava em obediência perfeita à vontade de Deus, e a sua justiça perfeita e imaculada em toda a sua plenitude é imputada a todos os que creem.

Em outras palavras, a obra de Cristo a nosso favor não começou na cruz. Por toda a sua vida, ele estava cumprindo toda a justiça de todas

APÊNDICE 2

as formas. Bem no início do seu ministério público, ele insistiu para ser batizado porque, como disse a João Batista, "Convém que assim façamos, para cumprir toda a justiça" (Mateus 3:15). Ele não precisava de batismo. O batismo de João era um símbolo de arrependimento. Porém, ele fez isso para providenciar a justiça perfeita em favor daqueles pelos quais ele morreria. É uma justiça que envolve até mesmo o símbolo do nosso arrependimento.

Ele permaneceu impecavelmente santo e obediente a Deus, sujeito à lei de Deus e em perfeita obediência a ela por toda a sua vida. Essa mesma justiça é creditada como justificação àqueles que creem. É a única justiça humana na história do tempo e da eternidade que satisfaz ao critério de perfeição que a lei de Deus exige. Por isso, era essencial que o Filho de Deus feito homem (e somente ele) fosse aquele que nos leva a um relacionamento correto com YHWH. Somente no momento em que a sua vida é creditada para a nossa conta é que passamos a ser aptos a permanecer diante de Deus.

Sendo assim, tanto na sua vida quanto na sua morte havia poder salvador para nós.

Sua vida perfeita é creditada na nossa conta como justiça, tal como sua obediência na morte é creditada em nossa conta como pagamento pelo nosso pecado. Deus tinha que ser satisfeito tanto com a sua submissão quanto pelo seu sacrifício, antes que a sua ira e a sua justiça se tornassem propícias.

A morte de Cristo foi uma oferta substitutiva para Deus

O Novo Testamento é rico em exemplos da linguagem da substituição. Cristo foi oferecido somente uma vez para levar o pecado de muitos. Ele não morreu pelos seus próprios pecados; ele não tinha nenhum pecado. Ele foi oferecido como um substituto por nós. "Um morreu por todos" (cf. 2Coríntios 5:14). Deus o tornou pecado por nós (cf. 2Coríntios 5:21). "Ele mesmo levou em seu corpo os nossos pecados sobre o madeiro, a fim de que morrêssemos para os pecados e vivêssemos para a justiça; por suas feridas vocês foram curados" (1 Pedro 2:24).

O EVANGELHO SEGUNDO PAULO

Esse versículo utiliza a linguagem de Isaías 53, que diz que ele foi oprimido e afligido. Isso foi para quem? Ele levou as *nossas* dores. Ele carregou sobre si as *nossas* aflições. Ele foi ferido de Deus, transpassado por causa das nossas transgressões, foi esmagado por causa de nossas iniquidades; o castigo que nos trouxe paz estava sobre ele, e pelas suas feridas fomos curados.

O Senhor fez com que a iniquidade de todos nós, todos os que creem, recaísse sobre ele. Essa é a substituição. Ele toma o nosso lugar. 1Pedro 3:18 diz o seguinte: "Cristo sofreu pelos pecados uma vez por todas, o justo pelos injustos". Ele morreu como um substituto penal.

Lembre-se de que Deus é totalmente santo e que o pecado não é somente, por definição, a violação da lei de Deus, mas também o ataque ao próprio princípio de santidade. O pecado aparentemente banal, a desobediência de Adão, estragou a perfeição pacífica do Éden e envenenou toda a esfera humana com toda espécie de males, inconveniências e tristezas que flagelam a nossa raça. Se uma mordida de um pedaço do fruto proibido é uma rebelião suficiente para provocar tantas consequências amargas, deve estar clara a razão pela qual toda violação da lei de Deus deve ser resolvida. Todo pecado deve ser punido. A justiça exige que nenhum pecado da parte de todas as pessoas que já viveram na história do mundo ficará sem punição. Isso inclui todo pecado, grande ou pequeno, na sua vida e na minha, e toda outra transgressão que tenha ocorrido ou que ainda será cometida.

Os obstáculos para se redimir a humanidade de tão grande queda pareceriam intransponíveis, a não ser pela cruz.

Na morte de Cristo, Deus age na função de um justo Legislador, dando o castigo adequado para a violação da sua lei. Deus determinou que a pena para o pecado, a pena justa e correta, é a morte. Isso é o que se exige. Cristo é o Substituto que cumpre essa pena em favor do Seu povo.

Lamentavelmente, nós vivemos em uma cultura que nos tem condicionado a pensar de forma diferente sobre o pecado e a justiça. A nossa tendência é pensar que o remédio para o pecado deve ser a terapia em vez do castigo. Somos até propensos a olhar para a prisão como um ambiente em que os criminosos podem melhorar, como um lugar para reabilitar as pessoas. A sociedade como um todo começou a considerar a ideia da pena para a transgressão antiquada, dura demais e até mesmo injusta. Perdemos

APÊNDICE 2

o conceito de lei, de justiça, de virtude e corrompemos a nossa sensibilidade moral neste processo.

A exceção, é claro, é quando sofremos diretamente pela transgressão. Nessa situação, temos a tendência de querer a justiça. Não nos opomos à ideia da punição quando o braço forte da justiça se coloca contra aqueles que nos prejudicaram. Na verdade, algumas pessoas progressistas de mente mais liberal são as primeiras a clamar por vingança quando elas sentem que foram prejudicadas.

Além disso, a gravidade de qualquer ofensa nunca é medida simplesmente pelas suas consequências imediatas, ou perguntando a quem foi prejudicado por ela. A medida real da seriedade do pecado consiste em contra quem o pecado foi cometido. Se alguém estiver zangado com outra pessoa, gritar e insultá-la, não será preso por esta ofensa. Porém, se alguém insultar um juiz no tribunal, este será levado à prisão. Se enviar uma carta para a Casa Branca ameaçando o presidente dos Estados Unidos, será acusado de crime federal. Novamente, o tamanho de qualquer crime ou insulto é determinado pela pessoa contra a qual a ofensa é dirigida.

Por essa razão, o pecado contra o Deus Todo-Poderoso nunca é uma questão banal. A justiça verdadeira exige uma pena para o pecado, e a pena é proporcional à ofensa. Já que todo pecado é a violação da santidade infinita de Deus e o desafio a sua eterna autoridade, todo pecado exige a pena de morte (Romanos 6:23).

Jesus morreu sobre a cruz porque se exigia uma pena justa. Deus, o Legislador, também determinou que a pena pelo pecado é a morte, e ele executou esta pena sobre o seu Filho. Devia-se a morte à justiça divina. O que é impressionante é que Cristo somente sofreu sobre a cruz por cerca de três horas e depois morreu. Como é possível que ele pudesse cumprir toda a pena pelo pecado por todos os que viessem a crer nele ao passo que, por outro lado, se nós tivéssemos de pagar esse preço, passaríamos toda a eternidade no inferno e ainda seria o suficiente?

Devido ao fato de ele ser uma Pessoa infinita, ele ofereceu um sacrifício *perfeito*. Ele é Deus feito homem. "A morte do Filho de Deus é o único e mais perfeito sacrifício e a satisfação pelo pecado; ela tem valor infinito, abundantemente suficiente para expiar os pecados de todo o mundo".[1]

No entanto, a brevidade do tempo não diminui a intensa severidade do que Cristo sofreu em nosso favor. Ele bebeu todo o cálice da ira do seu Pai, levou toda a culpa por todos os pecados daqueles que creem e também levou toda a fúria da ira de Deus como seu substituto penal. Todos os horrores do inferno eterno que os redimidos deveriam sofrer coletivamente foram suportados por Cristo em três horas. A fúria de Deus se esgotou sobre ele em três horas. É um pensamento espantoso que ele tenha passado por tanta coisa por nós e que o tenha feito de forma voluntária.

A morte de Cristo foi uma satisfação para Deus

Os textos de Romanos 3:25, 1João 4:10 e 1João 2:2 dizem que Cristo fez a propiciação pelo nosso pecado, o que significa que o sacrifício sobre a cruz satisfez a Deus.

A oferta de Cristo foi suficiente para aplacar a ira de Deus contra o pecado e cumprir todas as exigências santas da sua justiça perfeita. Deus não poderia estar satisfeito conosco até que o sacrifício do seu próprio Filho pagasse completamente o preço do nosso pecado e não poderia nos receber em sua família até que seu Filho comprasse o nosso perdão. Como sabemos que Deus se satisfez? Pelo fato de que ele ressuscitou Cristo dentre os mortos, o levou para a glória e o assentou à sua direita (Hebreus 1:3). Quando falamos sobre a nossa salvação, ou falamos sobre sermos libertos, é importante saber do que fomos salvos. Somos libertos do nosso próprio pecado, com certeza. Somos salvos de uma eternidade no inferno. Porém, essas coisas só são possíveis porque o próprio Deus nos resguarda do julgamento, por meio do sacrifício do seu Filho unigênito. Isso é o que João 3:16 está dizendo: "Porque Deus tanto amou o mundo que deu o seu Filho Unigênito, para que todo o que nele crer não pereça, mas tenha a vida eterna". Cristo foi enviado por Deus para satisfazer o julgamento divino, levando o castigo pelo nosso pecado. "Quem crê nele não é condenado; mas quem não crê já está condenado" (v.18).

APÊNDICE 2

A morte de Cristo foi
a nossa salvação para Deus

Quando fomos resgatados da condenação, no momento em que fomos libertos da escravidão do pecado, Deus "nos resgatou do domínio das trevas e nos transportou para o Reino do seu Filho amado" (Colossenses 1:13). Essa salvação pode ser mais bem compreendida ao se entender duas palavras. Fomos *remidos* e *resgatados*.

Remir alguém é comprar a liberdade do homem ou da mulher da escravidão, do cativeiro ou do castigo. O resgate é o preço pago para a redenção. Diz em Mateus 20:28 que Jesus veio "para dar a sua vida em resgate por muitos". Para quem é pago esse resgate? Algumas pessoas pensam de forma errada que ele pagou o resgate para o diabo. O resgate não foi pago ao diabo, ele foi pago a Deus. Deus é aquele que "pode destruir tanto a alma como o corpo no inferno" (Mateus 10:28). Ele é o "juiz de todos os homens" (Hebreus 12:23), de cuja presença "a terra e o céu" fugirão (Apocalipse 20:11). Ele é aquele que sujeita o mundo todo ao seu juízo (Romanos 3:19). Portanto, é para ele que o preço do resgate pelas almas tem que ser pago, e é um preço bem caro (Salmos 49:7-8). Mesmo assim, é o próprio Deus, na pessoa de Cristo, que nos compra com o seu próprio sangue (Atos 20:28). "Pois vocês sabem que não foi por meio de coisas perecíveis como prata ou ouro que vocês foram redimidos da sua maneira vazia de viver que lhes foi transmitida por seus antepassados, mas pelo precioso sangue de Cristo, como de um cordeiro sem mancha e sem defeito" (1Pedro 1:18-19).

Com sua morte, Cristo pagou o resgate para remir o seu povo da maldição da lei. Ele *se fez* maldição por nós para *tirar* a maldição de nós (Gálatas 3:13), e Deus ficou muito satisfeito.

A morte de Cristo foi o meio
da nossa filiação a Deus

Ao nos reconciliar com Deus, Cristo fornece tudo o que nos é necessário para nos tornarmos filhos de Deus. Deus nos leva ao seu relacionamento e a sua comunhão mais íntimos como família. "Quando éramos inimigos de Deus fomos reconciliados com ele mediante a morte de seu Filho" (Romanos 5:10).

Muitas pregações atuais colocam todo o destaque na hostilidade do pecador a Deus, e receio que isso tenha a tendência de dar a impressão aos pecadores de que tudo o que se precise para a salvação é a decisão do seu próprio livre-arbítrio de parar de discordar de Deus.

A ideia da expiação sacrificial que nos propicia a Deus desapareceu completamente da mensagem que os cristãos proclamam para o mundo. Acredito que muitas pessoas têm a imagem de Deus como uma divindade inofensiva e passiva, sentada no céu desejando que as pessoas parassem de odiá-lo e tendo um imenso desejo de que as pessoas comecem a amá-lo.

Isso não é o evangelho! A mensagem do evangelho não é a de que Deus na verdade é bem mais legal do que você pensa e que ele realmente, realmente gostaria que você gostasse dele. O que Cristo fez na cruz não foi planejado para tirar a nossa hostilidade dirigida contra Deus, mas para tirar a hostilidade de Deus dirigida contra nós. Desse modo, a boa-nova é que a ira terrível de Deus foi aplacada pela morte do seu próprio Filho.

Todos os que creem agora são bem-vindos para vir a Cristo para alcançar o perdão. A única razão pela qual até temos a possibilidade de nos aproximarmos dele pela fé é porque, em um ato decisivo sobre a cruz, a hostilidade de Deus foi encerrada para todo aquele que crê.

A cruz primeiramente é tudo para Deus para depois ser algo para nós.

Apêndice 3

A razão para tudo

Uma análise abrangente e *bíblica* do evangelho inevitavelmente levantará uma série de perguntas difíceis para as quais a Bíblia não dá respostas profundas. Paulo reconhece algumas delas em Romanos 9:19. Já que Deus é soberano, tanto ao demonstrar misericórdia quanto ao endurecer quem ele quer: "Por que Deus ainda nos culpa? Pois, quem resiste à sua vontade?"

A resposta de Paulo a essa indagação parece num primeiro momento ser arrogante: "Mas quem é você, ó homem, para questionar a Deus? Acaso aquilo que é formado pode dizer ao que o formou: 'Por que me fizeste assim?'" (v. 20). Mas ela não é simplesmente um artifício para afastar. A ideia de Paulo é a de que o Criador soberano do universo tem todo o direito de fazer o que ele quer com a sua própria criação. Deus não tem que dar satisfação a nós. Esse é um princípio vital a ser lembrado.

O apóstolo então prossegue para explicar que Deus lida com o ímpio de uma maneira cuja intenção é "mostrar a sua ira e tornar conhecido o seu poder" (Romanos 9:22), e ele demonstra a misericórdia ao eleito para que ele possa "mostrar as riquezas da sua glória" (v. 23). As duas razões se equivalem: *Deus faz o que faz para demonstrar a sua glória.* Na verdade, tudo é feito para servir exatamente a essa finalidade. É o propósito final de Deus, e essa é a resposta bíblica para praticamente todas as questões que a mensagem do evangelho desperta sobre os propósitos ocultos de Deus. É uma boa resposta também, e de modo algum é uma fuga. Esse apêndice é uma tese que eu escrevi para explicar com mais detalhes essa verdade.

> *Louvem todos o nome do Senhor, pois somente o seu nome é exaltado; a sua majestade está acima da terra e dos céus.*
>
> – Salmos 148:13

O EVANGELHO SEGUNDO PAULO

Em todo o universo, não existe nada mais sublime ou mais importante do que a glória do Senhor. A glória de Deus constitui todo o propósito para o qual fomos criados. De fato, essa é a razão final para tudo que acontece, da aurora da criação até agora. "Os céus declaram a glória de Deus" (Salmos 19:1). O sol, a lua, e os luminares, todos o louvam (148:3). "A sua glória está sobre a terra e o céu" (v. 13). E "toda a terra está cheia da sua glória!" (Isaías 6:3). Até os animais do campo lhe dão glória (43:20).

Isto é o que dá sentido à nossa existência: Deus está manifestando a sua glória, e esse é o nosso privilégio inefável de participar nessa demonstração e desfrutar dessa alegria interminável.

Essa, com certeza, é justamente a primeira lição ensinada tanto no Catecismo Maior quanto no Breve Catecismo de Westminster.

Pergunta 1. Qual é o fim principal do homem?

Resposta: O fim principal do homem é glorificar a Deus, e gozá-lo para sempre.

Esse é também um resumo sucinto de tudo o que a Bíblia ensina sobre o motivo pelo qual Deus nos fez em primeiro lugar. Ele não nos criou porque se sentia entediado ou sozinho, mas sim para que ele pudesse ser glorificado por meio de nós.

Apesar de toda a conversa entre os evangélicos contemporâneos sobre a vida e o ministério "de propósitos", a questão mais importante de todas é bem frequentemente esquecida ou omitida. *O nosso propósito final é o de glorificar a Deus,* de celebrar e de refletir a sua glória, de exaltá-lo e de anunciar "a sua glória entre as nações, seus feitos maravilhosos entre todos os povos!" (Salmos 96:3). Esse é o plano eterno de Deus, e ele não foi frustrado nem alterado no momento em que toda a espécie humana decaiu por causa da rebelião de Adão. Na verdade, ela é a única razão para o evangelho. Os remidos são "predestinados conforme o plano daquele que faz todas as coisas segundo o propósito da sua vontade, *a fim de que nós, os que primeiro esperamos em Cristo, sejamos para o louvor da sua glória"* (Efésios 1:11-12).

Deus está fazendo tudo isso *por amor do seu nome* (Salmos 25:11; 31:3; 79:9; 109:21; Jeremias 14:21; Romanos 1:5; 1João 2:12). A sua misericórdia e a nossa salvação não nos são concedidas em nossa honra, como que para nos exaltar. Nós não fomos levantados da nossa condição decaída por

APÊNDICE 3

amor do nosso nome, para nos dar um senso elevado de autoestima. Toda a glória pertence ao Senhor, e somente a Ele. Como Davi orou: "Teus, ó Senhor, são a grandeza, o poder, a glória, a majestade e o esplendor, pois tudo o que há nos céus e na terra é teu. Teu, ó Senhor, é o reino; tu estás acima de tudo" (1Crônicas 29:11).

Deus é muito zeloso da sua glória. Ele diz bem claramente: "Eu sou o Senhor; esse é o meu nome! Não darei a outro a minha glória" (Isaías 42:8).

Nós falamos frequentemente sobre a "glória de Deus" sem realmente contemplar o que essa expressão quer dizer. Esse não é um conceito fácil de definir. Estamos lidando com algo que é infinito, insondável, inconcebível e completamente alheio às mentes humanas decaídas, algo tão puro e poderoso que a visão desimpedida, sem mediação alguma, seria fatal para a nossa carne pecaminosa (Êxodo 33:20; Isaías 6:5; 1Timóteo 6:16).

O *Oxford English Dictionary* (Dicionário de Inglês de Oxford) define *glory* (glória) como "majestade ilustre, beleza ou magnificência". Contudo, a glória de Deus envolve mais do que isso. Ela inclui a sua santidade, a sua perfeição absoluta, e o brilho deslumbrante da luz inacessível. A glória de Deus é a própria essência da beleza, da majestade e do resplendor. Ela inclui semelhantemente a sua justiça, o seu poder e a sua ira. Ela ao mesmo tempo cativante e terrível. É uma realidade tão sublime que, se alguém tivesse a permissão de ver um relance dela, e ela não fosse tão fulminante a ponto de levar à morte, essa pessoa não quereria tirar os seus olhos dela.

A glória de Deus personifica tudo o que é digno de louvor e tudo o que devemos desejar. É o ponto central da alegria do céu, tão radiante e tão presente em toda parte que totalmente elimina a necessidade de qualquer outra fonte de iluminação na esfera em que Deus habita (Apocalipse 21:23). O céu nunca será chato ou monótono, exatamente porque a glória de Deus se manifestará completamente através de cada detalhe do novo céu e da nova terra. Em resumo, nenhum outro encanto ou prazer poderia despertar mais admiração, interesse ou satisfação. O melhor de tudo é que a glória de Deus nunca perderá a sua atração ou o seu brilho.

John Gill (o principal pregador de Londres um século antes da época de Spurgeon) destacou que, já que a glória de Deus ocupa um lugar tão sublime no plano de Deus, ela deve, portanto, ter o primeiro lugar nas prioridades de todo cristão. Ele escreveu,

O EVANGELHO SEGUNDO PAULO

A glória de Deus é o fim [o objetivo e o propósito] de todas as suas obras e ações, na criação, na providência, e na graça; na eleição, na aliança, nas bênçãos e nas promessas dela; na redenção, na vocação eficaz e em trazer muitos filhos à glória. A mesma glória é o fim de todas as ações de Cristo, como homem e Mediador, de suas doutrinas e milagres, da sua obediência, dos seus sofrimentos, da sua morte nesse mundo e da sua vida intercessória no outro mundo; o qual, enquanto vive para interceder por nós, vive para Deus, para a gloria de Deus; e, portanto, a glória de Deus deve ser o fim de todas as nossas ações; por sinal, sem ela nenhuma obra pode ser chamada de boa; se alguém busca a si mesmo, a sua própria glória, ou a aclamação popular, ou tem algum fim sinistro e egoísta em vista naquilo que faz, não poderá ser considerada uma boa ação.[1]

A observação de Gill se aplica em particular aos pregadores. Uma boa paráfrase: se o pregador exalta a si mesmo, busca exibir a sua própria glória, anseia a admiração ou o aplauso, ou se existe algum esquema ambicioso ou egoísta em sua pregação, não se pode dizer dela (nem será considerada por Deus) que ela seja uma pregação legítima.

A vocação do pregador é proclamar todo o conselho de Deus de um modo que esclareça o evangelho e exalte a glória de Deus. "Não nos pregamos a nós mesmos, mas a Jesus Cristo, o Senhor, e a nós como escravos de vocês, por amor de Jesus. Pois Deus que disse: 'Das trevas resplandeça a luz', ele mesmo brilhou em nossos corações, *para iluminação do conhecimento da glória de Deus na face de Cristo*" (2 Coríntios 4:5-6). O nosso texto é a Palavra de Deus; o centro dela é a mensagem do evangelho; o tema principal e o caráter central é Cristo; e o propósito final é a glória de Deus. Tudo isso se deduz na instrução do apóstolo a Timóteo: "Pregue a palavra... a tempo e fora de tempo" (2Timóteo 4:2).

Observe: "*Não nos pregamos a nós mesmos*" (2Coríntios 4:5). Essa afirmação se opõe a todos os estilos dominantes de ministério da nossa época. Os púlpitos atuais estão cheios de narcisistas, de exibicionistas e de pessoas que promovem a si mesmas. No entanto, nenhum pregador que pensa de forma adequada na glória de Deus gostaria de se exaltar ou se colocar no centro de uma pregação. A humildade é a expressão natural de uma atitude que glorifica a Deus. A pessoa que é egoísta ou voltada para si mesma nunca entendeu de verdade a grandeza da glória de Deus.

APÊNDICE 3

Ao mesmo tempo, nosso entendimento da glória de Deus deve nos dar coragem para defender a verdade. Descobre-se que o pregador está voltado para a glória de Deus quando proclama os princípios difíceis ou impopulares sem se importar com qualquer oposição, crítica ou perseguição que receba por causa deles. O pregador que mantém uma boa perspectiva da glória de Deus será, de modo parecido, indiferente ao elogio e à bajulação. Ver a glória de Deus é entender que nada mais realmente importa no final das contas.

Obviamente, a suprema reputação da glória de Deus é a prioridade que nenhum ministro deve perder de vista. Mas lembre-se, o mesmo princípio governa toda atividade na vida de todo aquele que crê: "Assim, quer vocês comam, bebam ou façam qualquer outra coisa, façam tudo para a glória de Deus" (1 Coríntios 10:31). Tudo o que fazemos, tanto as coisas mais banais quanto o ministério cristão, deve ser feito para a glória de Deus. Essa é a mais alta prioridade e a razão de toda a nossa vida. Ela é a coisa mais importante do universo.

Medite sobre isto: o universo, cheio de galáxias, foi feito para glorificar a Deus, e a imensa maioria de sua extensa criação coopera com isso. O reino animal nunca se rebelou contra Deus. A terra ainda está cheia da sua glória. As estrelas prestam um testemunho mudo, porém poderoso, da sua gloria, exatamente como elas têm feito desde a aurora da criação. "Os céus proclamam a sua justiça, e todos os povos contemplam a sua glória" (Salmos 97:6). "O que de Deus se pode conhecer é manifesto entre eles, porque Deus lhes manifestou. Pois desde a criação do mundo os atributos invisíveis de Deus, seu eterno poder e sua natureza divina, têm sido vistos claramente, sendo compreendidos por meio das coisas criadas, de forma que tais homens são indesculpáveis" (Romanos 1:19-20).

De toda a criação, somente dois tipos superiores de criaturas se rebelaram contra Deus. Um terço das hostes angelicais (Apocalipse 12:4) e toda a humanidade pecaram. Eles tentaram recusar o propósito singular para o qual eles foram criados, se recusaram a dar a glória devida a Deus e quiseram, em vez disso, se exaltar a si mesmos. "Porque, tendo conhecido a Deus, não o glorificaram como Deus, nem lhe renderam graças, mas os seus pensamentos tornaram-se fúteis e os seus corações insensatos se obscureceram" (Romanos 1:21).

O EVANGELHO SEGUNDO PAULO

A sua rebelião finalmente só aumentará a glória de Deus, porque ele será glorificado na derrota do mal e no triunfo da justiça divina. Até a ira dos homens redundará em seu louvor (Salmos 76:10).

Enquanto isso, glorificar a Deus é o objetivo final de todo dever que o Senhor nos dá. Ela continua a ser o propósito supremo para o qual ele nos criou e nos remiu. Portanto, a questão fundamental e a consideração básica que deve governar tudo o que fazemos se resume na seguinte pergunta: *Isto dará a glória a Deus?*

Ao lado desta simples pergunta, existe uma infinidade de fatores relacionados que devem ser considerados. *Será que esta coisa que eu estou fazendo (e do modo que eu estou fazendo) honra verdadeiramente a Deus? Será que ela reflete o seu caráter ou espelha a sua grandeza ou o homenageia de algum outro modo? Será que posso louvá-lo e agradecê-lo enquanto eu a faço? Ela me torna mais apto a servi-lo ou melhora de algum modo a minha obra no Senhor? Será que ela é semelhante a Cristo, coerente com o caráter justo do nosso Deus glorioso?*

A essa altura, este parece ser um princípio simples. É simples, mas não é fácil. Nós todos sabemos, a partir de experiências amargas, o quanto é difícil manter o foco na glória de Deus neste mundo decaído. Nas palavras de Paulo: "Sei que nada de bom habita em mim, isto é, em minha carne. Porque tenho o desejo de fazer o que é bom, mas não consigo realizá-lo" (Romanos 7:18). O mal e as tentações continuam a nos atacar, e é bem fácil ficarmos preocupados com os cuidados e as crises da nossa vida cotidiana. As nossas prioridades precisam ser continuamente reorganizadas para manter o principal em primeiro lugar.

A Bíblia está cheia de incentivos e instruções que lidam com esse problema em particular. Por exemplo, o apóstolo Paulo nos recorda de que pertencemos ao Senhor e o seu Espírito habita em nós. Os pecados da carne desonram a sua habitação. "Acaso não sabem que o corpo de vocês é santuário do Espírito Santo que habita em vocês, que lhes foi dado por Deus, e que vocês não são de si mesmos? Vocês foram comprados por alto preço. Portanto, glorifiquem a Deus com o corpo de vocês" (1Coríntios 6:19-20).

Além disso, pelo fato de o Espírito Santo agora habitar de forma permanente naqueles que creem, temos uma conexão duradoura com a glória de Deus da qual nenhum santo do Antigo Testamento desfrutou.

206

APÊNDICE 3

Na verdade, a Bíblia destaca a grande diferença entre a experiência de Moisés e o modo pelo qual os cristãos nessa época se relacionam com a glória de Deus.

O rosto de Moisés brilhou temporariamente com a reflexão brilhante da glória de Deus. Os israelitas tinham tanto medo desse fenômeno que Moisés teve que esconder o brilho por trás de um véu. No entanto, com o passar do tempo, a glória refletida se apagou (2Coríntios 3:7).

De um modo bem diferente, a Escritura diz, a glória de Deus habita realmente nos cristãos atuais na pessoa do seu Espírito Santo. Ele está nos transformando de dentro para fora, nos moldando conforme a imagem de Cristo, "de glória em glória" (2Coríntios 3:18). Em outras palavras, a glória de Deus brilha de dentro de nós, não é simplesmente um reflexo. E ela brilha com um fulgor cada vez maior, em vez de diminuir com o tempo.

Enquanto isso, "todos nós, que com a face descoberta contemplamos a glória do Senhor, segundo a sua imagem estamos sendo transformados com glória cada vez maior, a qual vem do Senhor, que é o Espírito" (2Coríntios 3:18). Moisés só teve uma visão blindada das costas de Deus quando Ele passou. Nós somos convidados a contemplar, de propósito e face a face, a glória de Deus de uma perspectiva bem próxima ("como que em um espelho"), sem nenhum tipo de véu. Por intermédio do Espírito que habita em nós, temos uma união indestrutível com Cristo. ("Sabemos que permanecemos nele, e ele em nós, porque ele nos deu do seu Espírito" [1João 4:13]).

A glória de Deus se revela perfeitamente em Cristo (João 1:14). Portanto, temos acesso ilimitado à glória divina.

Prezado leitor, lembre-se sempre destas verdades. A glória de Deus é o objetivo singular e a trama sempre importante que une todos os aspectos da nossa vida e mantém o nosso coração concentrado. Ela é a razão para tudo.

Apêndice 4

O glorioso evangelho de Paulo

Adaptado de sermões de C. H. Spurgeon

O material neste apêndice é adaptado e condensado de dois sermões de Charles Haddon Spurgeon, "O glorioso evangelho"[1] e "O julgamento vindouro dos segredos do homem".[2] A primeira mensagem é datada de 21 de março de 1858 e foi pregada a um auditório com mais de dez mil pessoas. Em um período de três anos da chegada de Spurgeon a Londres como pregador de vinte anos de idade, sua congregação tinha esgotado o seu local histórico de reuniões, a New Park Street Chapel, na margem sul do rio Tâmisa. Eles mudaram os cultos de domingo para um local cerca de três quilômetros a sudeste, o Music Hall em Surrey Gardens. Era um auditório vasto, com três galerias com assento para doze mil pessoas, e ficava lotado toda semana. Spurgeon já estava pregando há dois anos no dia em que ele entregou este sermão.

Em 1861, a igreja se mudou para o seu local permanente no Tabernáculo Metropolitano. Com cinco mil e quinhentos lugares e espaço para mais cinco mil pessoas em pé, o Tabernáculo era um local mais modesto que o Music Hall, mas era localizado no eixo do cruzamento mais movimentado de Londres, um entroncamento de estradas que se espalhava em seis direções. Na manhã de domingo, 12 de julho de 1885 (na última década da sua vida e do seu ministério), Spurgeon pregou o segundo desses dois sermões diante do Tabernáculo cheio.

A maior parte deste apêndice está baseada no primeiro sermão, que é uma exposição de 1Timóteo 1:15. No entanto, juntei uma boa parte de material do segundo sermão na introdução, porque nessa mensagem, Paulo tinha muito mais a dizer sobre o uso da expressão "meu evangelho". Do mesmo modo que Spurgeon, acho que o meu coração é impactado pelo modo como o apóstolo usou essa expressão para transmitir o quanto

O EVANGELHO SEGUNDO PAULO

o evangelho era pessoal e precioso para ele. Sobre isso, Spurgeon disse: "Quanto a mim, contemplando esta questão novamente, em meio a tanta indecência que vejo no mundo atual, tomo posse da pura e abençoada Palavra de Deus, e a chamo de forma bem sincera de "meu evangelho", meu na vida, meu na morte; meu contra todos os que chegam; meu para sempre, com a ajuda de Deus. Com destaque: 'o meu evangelho'."

O texto de 1Timóteo é outro relato conciso da verdade do evangelho. Spurgeon desempenha de forma excelente a tarefa de explicar o sentido e o entusiasmo das palavras de Paulo. A sua pregação sobre esse assunto constitui um ótimo apêndice ao nosso estudo.

Esta afirmação é fiel e digna de toda aceitação: Cristo Jesus veio ao mundo para salvar os pecadores, dos quais eu sou o pior.

– 1Timóteo 1:15

A exposição do evangelho que Paulo faz em Romanos começa com um longo e terrível retrato da depravação humana. Ele sabia que tinha de ser escrito para envergonhar as abominações de uma época praticamente sem escrúpulos. Os monstros que se alegram nas trevas têm que ser arrastados para um local aberto, para que possam se desvanecer mediante a luz. Depois de ter escrito isso angustiadamente, a mente de Paulo retornou ao seu conforto principal. Enquanto a sua pena estava negra com as palavras que havia escrito no capítulo anterior, ele foi levado a escrever sobre o seu maior prazer.

Ele se envolve no evangelho com uma tenacidade sem precedentes. Na verdade, ele não fala dele como *o* evangelho, mas como *meu* evangelho. "No dia em que Deus julgar os segredos dos homens, mediante Jesus Cristo, conforme o declara o meu evangelho" (Romanos 2:16).

Paulo sentia que ele não conseguia viver em meio a um povo tão depravado sem se agarrar com as duas mãos ao evangelho e sem tomá-lo como seu. "*O meu evangelho*", ele diz. Não era porque Paulo fosse o seu autor, nem porque tivesse um monopólio de suas bênçãos, mas porque ele havia recebido a mensagem do próprio Cristo. Além disso, Paulo se considerava de modo tão responsável em sua confiança, que não poderia

APÊNDICE 4

negá-lo nem que fosse por um instante, mas se apropriou de forma tão completa dele que não poderia deixar de chamá-lo de "*meu* evangelho". Ele tinha o evangelho, a forma definida da verdade, e cria nele sem dúvida alguma. Por essa motivo falava dele como "meu evangelho."

Em 2Coríntios 4:3, 1Tessalonicenses 1:5 e 2Tessalonicenses 2:14, ele fala do "nosso evangelho", usando o pronome possessivo plural, para mostrar o modo pelo qual os cristãos se identificam com a verdade que eles pregam. Nessas passagens, ouvimos a voz da fé que parece dizer: "Mesmo que outros o rejeitem, eu confio nele de todo o meu coração e não permitirei que nenhuma sombra de dúvida paire sobre a minha alma. Para mim são novas de grande alegria: eu o chamo de 'meu evangelho'. Se me chamarem de tolo por abraçá-lo, eu me contento em ser tolo e encontrar toda a minha sabedoria em meu Senhor".

"Podem os homens atacar
Com artimanhas a minha fé.
Nenhuma verdade nelas há,
Meu coração do evangelho é."

Não é a expressão "meu evangelho" a voz do amor? Não abraça com essa frase ao evangelho como o amor da sua alma, em nome do qual ele "considerou todas as coisas como perda, e as considera como esterco" (Filipenses 3:8), em nome do qual ele estava disposto a comparecer perante Nero e proclamar, mesmo no palácio do César, a mensagem do céu? Ainda que cada palavra pudesse lhe custar a vida, ele estava disposto a morrer mil vezes pela causa santa.

"O meu evangelho", diz ele, em um momento de êxtase, enquanto aproxima do seu coração o depósito sagrado da verdade. "Meu evangelho." Será que isso não demonstra sua coragem? Coragem a ponto de dizer: "Não me envergonho do evangelho, porque é poder de Deus para a salvação de todo aquele que crê". Ele diz, "meu evangelho", como o soldado fala de "minhas cores" ou do "meu rei". Ele decide carregar essa bandeira para a vitória e servir a essa verdade real até a morte.

"O meu evangelho." Existe um toque de discriminação sobre essa expressão. Paulo percebe que há outros evangelhos, e ele os refuta, porque diz: "Mas ainda que nós ou um anjo do céu pregue um evangelho

O EVANGELHO SEGUNDO PAULO

diferente daquele que lhes pregamos, que seja amaldiçoado!" (Gálatas 1:8). O apóstolo tinha um espírito gentil; ele orava fervorosamente pelos judeus que o perseguiam e dava a sua vida para a conversão dos gentios que o maltratavam. Mas para ele não havia tolerância para os proclamadores de evangelhos falsos. Sua mente era bem ampla, fazia-se de tudo para todos para ganhar as almas. Porém, quando contemplava qualquer alteração ou adulteração do evangelho de Cristo, ele se irritava sem limites. Quando ele temia que algo mais pudesse brotar dentre os filósofos ou dentre os judaizantes, que pudesse ocultar um único raio do glorioso Sol da Justiça, ele não media as palavras: gritava a respeito do autor desta influência tenebrosa: Que seja amaldiçoado!... Que seja amaldiçoado! (Gálatas 1:8-9).

Todo coração que gostaria de ver os homens serem abençoados sussurra um "Amém" diante da maldição apostólica. Não existe maldição maior que possa cair sobre a humanidade do que a distorção do evangelho de Jesus Cristo. Paulo diz de si mesmo e de seus irmãos verdadeiros: "Ao contrário de muitos, não negociamos a palavra de Deus visando lucro" (2Coríntios 2:17); e ele clama àqueles que se desviaram do único evangelho: "Ó gálatas insensatos! Quem os enfeitiçou?" (Gálatas 3:1). De todas as novas doutrinas, ele fala de "outro evangelho" que, na realidade, não é o evangelho. O que ocorre é que algumas pessoas os estão perturbando, querendo perverter o evangelho de Cristo" (Gálatas 1:6-7).

Em 1Timóteo 1:15, Paulo faz uma declaração formal das boas-novas do evangelho e, ao fazer isso, explica claramente o motivo pelo qual essa mensagem é tão preciosa para ele: "*Esta afirmação é fiel e digna de toda aceitação: Cristo Jesus veio ao mundo para salvar os pecadores, dos quais eu sou o pior*".

Esse é um texto que o orgulho nunca levaria o pregador a escolher. É bem impossível florear sobre ele, uma vez que é tão simples. A natureza humana se inclina a declarar: "Bem, eu não posso pregar sobre esse texto. Ele é simples demais! Não há mistério nele! Não posso mostrar a minha cultura. Ele consiste somente de um anúncio drástico, raso. Eu dificilmente o usaria, porque degrada o homem, e exalta menos ainda o Mestre".

Então, não espere nada além do texto e da explicação mais simples possível da minha parte.

APÊNDICE 4

O Salvador

Ao explicar o evangelho de Paulo, nós temos que começar com Cristo. A Pessoa do nosso Salvador é a pedra fundamental da nossa esperança. Sobre essa pessoa está a utilidade do evangelho. Se alguém surgisse e pregasse um Salvador que foi um simples homem, ele seria indigno da nossa esperança, e a salvação pregada por ele seria inadequada para o que necessitamos. Se outro pregasse a salvação por um anjo, o nosso pecado seria tão pesado que uma expiação angélica seria insuficiente; portanto, o seu evangelho cairia por terra.

Eu repito: sobre a Pessoa do Salvador está toda a salvação! Se Ele não é capaz, se Ele não é enviado para realizar o trabalho, então o trabalho em si não tem valor para nós e fica aquém do seu propósito! Porém, quando pregamos o evangelho, não precisamos parar e gaguejar! Proclamamos ao mundo um Salvador de tal modo que a terra e o Céu não poderiam mostrar igual! Ele é tão amável, tão grande, tão poderoso e tão bem adaptado a toda a nossa necessidade que é bastante evidente que foi preparado desde a antiguidade para atender à nossa necessidade mais profunda!

Sabemos que o Jesus Cristo que veio ao mundo para salvar os pecadores é Deus: e isso muito antes de sua descida a este mundo inferior. Ele era adorado pelos anjos como o Filho do Altíssimo. Quando pregamos o Salvador para vocês, nós lhes dizemos que, embora Jesus Cristo seja o Filho do Homem, osso do nosso osso e carne da nossa carne, ainda assim Ele é eternamente o Filho de Deus e tem em Si todos os atributos que constituem a perfeita Divindade! Que Salvador maior qualquer homem pode querer do que Deus? Será que aquele que fez o céu não é capaz de purificar a alma? Se ele, na antiguidade, estendeu as cortinas do céu e fez a terra para que o homem pudesse habitá-la, será que não é capaz de salvar um pecador da destruição que está por vir?

Quando dizemos que ele é Deus, temos declarado de uma vez a sua onipotência e sua infinitude. E quando essas duas coisas trabalham em conjunto, o que pode ser impossível? Quando Deus realiza um trabalho, ele não fracassa! Quando ele se envolve em uma iniciativa, é certa a sua realização! Já que Cristo Jesus Homem também é Cristo Jesus Deus, nós temos plena confiança de que lhe estamos oferecendo alguém que é digno de toda aceitação! O nome dado a Cristo sugere algo a respeito de Sua Pessoa. O nosso texto lhe chama de "Cristo Jesus". As duas palavras significam, o "Ungido Salvador". Ele foi ungido para vir "ao mundo para salvar os pecadores".

Pare aqui, minha alma, e leia isto novamente: *Ele é o Salvador Ungido.* Deus, o Pai desde antes de todos os mundos ungiu a Cristo para o ofício de Salvador dos homens. E, portanto, quando eu vejo o meu redentor que vem do Céu para redimir o homem do pecado, noto que Ele não vem sem ser enviado, nem comissionado! Ele tem a autoridade de Seu Pai para apoiá-lo em Sua obra!

Com base nisso, há duas coisas imutáveis sobre as quais a nossa alma pode descansar: Há a *Pessoa de Cristo*, divina em si mesma, e a *unção do alto*, dando a Ele o selo de uma comissão recebida de Jeová, Seu Pai.

Ó pecador, que Salvador maior você precisa do que aquele a quem Deus ungiu? Que mais se pode exigir além do Filho eterno de Deus, para ser o resgate e a unção do Pai para ser a confirmação do tratado?

No entanto, ainda não descrevemos totalmente a pessoa do redentor até que notemos que ele era um ser humano. Lemos que Ele veio ao mundo, e por "vir ao mundo" não entendemos Sua vinda habitual, pois Ele muitas vezes veio ao mundo antes. Lemos na Bíblia: "Descerei para ver se o que eles têm feito corresponde ao que tenho ouvido. Se não, eu saberei" (Gênesis 18:21).

Na verdade, Ele está sempre aqui! As vindas de Deus são vistas no santuário, tanto na providência quanto na natureza, onde são vistas de forma mais clara. Será que Deus não visita a terra quando ele "faz das nuvens a sua carruagem e cavalga nas asas do vento?" (Salmos 104:3).

No entanto, essa visita foi diferente de todas. Cristo veio ao mundo no sentido da união mais ampla e completa com a natureza humana. Ó pecador, quando pregamos um Salvador divino, talvez o nome de Deus seja tão terrível para você que dificilmente possa pensar que o Salvador é adequado para você!

Mas ouça de novo a velha história! Embora Cristo seja o Filho de Deus, Ele deixou seu trono mais alto na glória e se despojou humildemente na manjedoura. Aí está Ele, um bebê cuja altura é de poucos

APÊNDICE 4

centímetros. Veja, ele cresce da infância até a idade adulta e vem ao mundo para pregar e sofrer! Olhe para ele enquanto ele geme sob o jugo da opressão! Ele é ridicularizado e desprezado. "Sua aparência estava tão desfigurada, que ele se tornou irreconhecível como homem" (Isaías 52:14). Veja-o no jardim, como Ele transpira gotas de sangue! Veja-o na câmara de Pilatos, onde ele é flagelado e dos seus ombros escorrem sangue! Contemple-o no sangrento madeiro! Veja-o morrer em agonia extraordinária, além da imaginação, bem mais do que se possa descrever! Veja-o no túmulo silencioso! Veja-o finalmente arrebentando os laços da morte e ressuscitando ao terceiro dia e depois subindo nas alturas levando cativo o cativeiro!

Pecador, você está frente a frente com o Salvador claramente manifestado. Aquele que foi chamado de Jesus de Nazaré, que morreu na cruz, que teve em sua inscrição os dizeres: "JESUS NAZARENO, REI DOS JUDEUS" (João 19:19). Esse homem era o Filho de Deus, o resplendor da glória do Pai e a expressa imagem de Seu Pai "gerado pelo Pai antes de todos os mundos... gerado, não criado, sendo um em substancia com o Pai".* Ele "não considerou que o ser igual a Deus era algo a que devia apegar-se; mas esvaziou-se a si mesmo, vindo a ser servo, tornando-se semelhante aos homens. E, sendo encontrado em forma humana, humilhou-se a si mesmo e foi obediente até à morte, e morte de cruz!" (Filipenses 2:6-8).

Oh! Se eu pudesse trazê-lo até você, se eu pudesse agora trazê-lo aqui para mostrar-lhe as mãos e o lado! Se você pudesse agora, como Tomé, colocar os dedos nos buracos dos pregos e colocar a mão no Seu lado, acho que você não seria incrédulo, mas crente!

Isto eu sei, que se há alguma coisa que pode fazer os homens crerem debaixo da mão do Espírito Santo de Deus, é uma verdadeira imagem da Pessoa de Cristo. Ver é crer na visão dele. Uma verdadeira visão de Cristo, uma visão correta, com certeza despertará a fé na sua alma.

---

* Essa é uma citação do credo niceno, da maneira que foi adotado pelo Primeiro Concílio de Constantinopla (381). Spurgeon o está citando a partir da versão usada no Livro de Oração Comum anglicano. Outras versões dizem "eternamente gerado" em vez de "gerado antes de todos os mundos". O sentido é o mesmo. As palavras omitidas na elipse de Spurgeon são: "Deus de Deus, luz de luz, Deus verdadeiro de Deus verdadeiro", a maneira usada pelo Credo para afirmar que o Pai e o Filho são um em substância. Não há importância para a omissão, exceto que o que Spurgeon está explicando neste contexto é sobre a geração eterna do Filho.

O EVANGELHO SEGUNDO PAULO

Oh, eu não duvido que, se aqueles que estão agora duvidando, temendo e tremendo pudessem conhecê-lo, eles diriam: "Oh, eu posso confiar nele. Uma Pessoa tão divina e ainda assim tão humana, ordenada e ungida por Deus, deve ser digna da minha fé. Eu posso confiar nele! Não, muito mais, se eu tivesse cem almas, poderia confiar nele com todas elas! Ou se eu fosse responsável por todos os pecados de toda a humanidade e se eu mesmo fosse o próprio reservatório e pia da infâmia deste mundo, poderia confiar nele mesmo assim, pois tal Salvador deve ser "capaz de salvar definitivamente aqueles que, por meio dele, aproximam-se de Deus".

O pecador

Se uma grande reunião de ouvintes nunca tivesse ouvido essa passagem antes, ou qualquer outra de significado semelhante, posso supor que o maior silêncio iria reinar sobre eles se, pela primeira vez, eu começasse a ler para eles, "Essa é uma palavra fiel, e digna de toda a aceitação, que Cristo Jesus veio ao mundo, para salvar _____". Se eles pudessem compreender essa mensagem, inclinariam suas cabeças para escutar. Sei que vocês levariam suas mãos em concha para os ouvidos a fim de ouvir melhor, e olhariam com atenção, como se pudessem ouvir com os olhos e com os ouvidos, com o desejo de saber por quem o Salvador morreu.

Cada coração dos que ouvissem diria: "*A quem* ele veio salvar?" E se nós nunca houvéssemos ouvido a mensagem antes, como os nossos corações palpitariam com medo de que o caráter descrito fosse de um no qual seria impossível para nós alcançarmos!

Oh! Como é agradável ouvir mais uma vez uma palavra que descreve o tipo de pessoas que Cristo veio salvar: "Ele veio ao mundo para salvar os *pecadores*".

Monarca, não há aqui nenhuma distinção! Príncipes, Ele não escolheu vocês para serem o alvo do seu amor, mas os mendigos e os pobres provarão da sua graça! Pessoas cultas, mestres de Israel, Cristo não diz que veio especialmente para salvá-los, o camponês inculto e iletrado é igualmente bem-vindo à Sua graça! Judeu, com toda a sua linhagem de honra, você não é justificado mais do que o gentio que crê! Pessoas da sofisticação moderna, com toda a sua civilização avançada e toda a sua liberdade cívica,

APÊNDICE 4

Cristo não diz que ele veio para salvar vocês, vocês não são mencionados como classe distinta que são o alvo do Seu amor; não, e vocês que se dedicam à religião, à filantropia ou a outras boas obras, vocês que se consideram santos entre os homens, ele não os distingue também!

O título simples, grande e amplo como a própria humanidade, é simplesmente este: "Cristo Jesus veio ao mundo para salvar *pecadores*". Agora, note, devemos entender isso de uma maneira geral, quando lemos, isto é, que todos aqueles a quem Jesus veio salvar são pecadores. Mas, se alguém pergunta: "Posso deduzir a partir disso que estou salvo", temos que, em seguida, colocar outra pergunta para ele.

Aqueles que Cristo veio salvar eram por natureza pecadores, nada menos e nada mais do que os pecadores. Já disse muitas vezes que Cristo veio ao mundo para salvar os pecadores *despertados*. É bem verdade, foi isso que ele fez. Porém, esses pecadores que ele salva não eram pecadores despertados no momento em que Ele veio para salvá-los, eles não passavam de "pecadores mortos em transgressões e pecados" (Efésios 2:1), até que ele lhes deu vida!

É uma noção comum de que nós devemos pregar que Cristo morreu para salvar os que são chamados pecadores *sensatos*, os pecadores que são conscientes e que estão convictos da sua perdição. Nisto é verdadeiro que "não são os que têm saúde que precisam de médico, mas sim os doentes" (Lucas 5:31). Ninguém será salvo sem que perceba a sua necessidade do Salvador. No entanto, nenhum de nós tinha convicção do pecado no momento em que Cristo morreu para salvar os pecadores. Nossa percepção do nosso próprio pecado é um dos frutos da Sua morte expiatória. É a obra do Espírito convencer-nos "do pecado, da justiça e do juízo" (João 16:8).

Aqueles por quem Ele morreu são descritos, sem qualquer adjetivo para diminuir sua largura, como "*pecadores*", sem nenhuma medalha de mérito ou traço de bondade que pudesse distingui-los acima de seus companheiros. *Pecadores!*

Nessa passagem, o termo inclui todos os tipos de pecadores. Há alguns homens cujos pecados não aparecem muito. Eles são treinados religiosamente e educados moralmente. Contentam-se em ficar à beira do vício, não se lançam para as profundezas. Cristo morreu por pessoas assim, pois

O EVANGELHO SEGUNDO PAULO

muitos deles foram levados a conhecê-lo e amá-lo. Que ninguém pense que, por ele ser menos pecador do que outros, que, portanto, há menos esperança para ele. É estranho que alguns tenham pensado muitas vezes isto!

"Se eu tivesse sido um blasfemo", diz um, "ou ofensivo, eu poderia ter tido mais esperança. Embora *eu* saiba que pequei muito aos meus próprios olhos, mas errei tão pouco aos olhos do mundo que mal posso imaginar a mim mesmo enquadrado nisso."

Oh, não diga isso! O texto diz: "*pecadores*". Se você pode se colocar na lista, seja na parte superior ou na parte inferior, ainda está dentro dela! E a verdade ainda vale para aqueles que Jesus veio para salvar eram originalmente pecadores. Se você é um deles, não há nenhuma razão para acreditar que você fica de fora!

Quero insistir que Cristo morreu para salvar pecadores dos dois extremos da lista. Tenho entrado em contato com alguns homens que não ouso descrever. Seria uma vergonha falar das coisas que são feitas por eles em segredo. Houve homens que inventaram vícios que nem o Diabo conhecia até que eles os inventassem! Houve homens tão bestiais que os próprios cães eram criaturas mais honradas do que eles. Temos ouvido falar de seres cujos crimes têm sido mais diabólicos, mais detestáveis do que qualquer ação atribuída até mesmo ao próprio Diabo.

Mesmo assim, esse texto não os deixa de fora!

Será que não encontramos com blasfemos tão profanos que não podiam falar sem pronunciar uma blasfêmia? A blasfêmia, que no início era algo terrível para eles, tornou-se tão comum que eles poderiam até mesmo se amaldiçoarem antes de fazerem suas orações e blasfemariam quando estivessem cantando louvores a Deus. A blasfêmia chegou a fazer parte da sua comida e da sua bebida, uma coisa tão natural para eles que a própria pecaminosidade disso não os choca e eles fazem isso sem parar. Quanto às Leis de Deus, eles têm prazer em conhecê-las simplesmente com o propósito de desobedecê-las! Conte para eles sobre um novo vício e você os agradará. Eles se tornaram como aquele imperador romano cujos parasitas nunca poderiam agradá-lo da melhor maneira do que inventando algum novo crime! São homens que mergulharam de cabeça no abismo do pecado infernal, homens que não se contentam em sujar de seus pés

APÊNDICE 4

enquanto caminham pela lama, levantaram o alçapão com que selamos a depravação e mergulharam na própria pocilga, chafurdando na própria sujeira da iniquidade humana!

Porém, não há nada no meu texto que pode excluir até mesmo estes. *Muitos* deles ainda serão lavados no sangue do Salvador e participarão do amor do Salvador!

Esse texto também não faz distinção quanto à idade dos pecadores. Existem muitos idosos cujos cabelos, se fossem da cor do seu caráter, seriam o inverso do que eles são! Eles acrescentaram camada sobre camada de crimes. E agora, se alguém cavasse através dos vários depósitos de numerosos anos, descobririam relíquias rochosas de pecados da juventude escondidos nas profundezas de seus corações frios de pedra! No lugar que uma vez era tenro, agora tudo se tornou árido e endurecido. Muitos foram longe no pecado por toda uma vida de rebelião contra Deus. Se eles se convertessem agora, não seria verdadeiramente uma maravilha da graça Divina? Pois como é difícil dobrar o velho carvalho!

Pode o Grande Lavrador dobrá-lo? Ele pode enxertar em um tronco tão antigo e tão áspero algo que dê fruto celestial? Ah, *Ele pode*, pois não se menciona idade no texto, e muitos anciãos da mais alta idade provaram o amor de Jesus em seus últimos anos.

"Mas", diz alguém, "o meu pecado teve algumas agravantes especiais relacionados a ele. Pequei contra a luz e contra o conhecimento. Tenho pisoteado as orações de uma mãe. Desprezei as lágrimas de um pai. Não dei atenção aos avisos que me deram. No meu leito de dor, o próprio Deus me repreendeu! Minhas resoluções têm sido frequentes e e frequentemente esquecidas. Quanto à minha culpa, ela não pode ser medida sob nenhum padrão comum. Meus pequenos crimes são maiores do que as iniquidades profundas de outros homens, porque pequei contra a luz de Deus, contra os aguilhões da consciência e contra tudo o que deveria ter me ensinado a ser melhor."

Bem, meu amigo, eu não o vejo do lado de fora dessa passagem! O texto não faz distinção, mas diz apenas isto: "*Pecadores!*" E, com relação a esse texto, não há nenhum limite. Nós temos que lidar com o texto como ele é, e ele diz: "Cristo Jesus veio ao mundo para salvar os pecadores". Muitos homens do seu tipo foram salvos, então por que você não pode

O EVANGELHO SEGUNDO PAULO

ser? Houve canalhas mais grosseiros, ladrões mais vis e meretrizes mais debochadas que foram salvos. Então, por que não você?

Pecadores de cem anos foram salvos! Temos exemplos registrados desses casos, então por que não você? Se, a partir de um dos exemplos de Deus, podemos geralmente deduzir uma regra e, além disso, temos a Sua própria Palavra para nos apoiar, onde vive o homem que é tão perversamente arrogante a ponto de se isolar e fechar a porta da misericórdia em seu próprio rosto?

Não, o texto diz: "pecadores", e por que não deveria incluir você e eu na sua lista? "Cristo Jesus veio ao mundo para salvar os pecadores."

Isso não quer dizer que Cristo salvará *todos* os pecadores. Existem alguns pecadores que se perderão porque rejeitam a Cristo. Eles o desprezam: não se arrependerão; escolhem a sua justiça própria; não se voltarão para Cristo: não buscarão nenhum de Seus caminhos e nem Seu amor. Para esses pecadores, não há promessa de misericórdia, pois não resta outro caminho para a salvação. Despreze a Cristo e você despreza sua própria misericórdia! Afaste-se dele e você verificará que em Seu sangue não há eficácia para você! Despreze-o, morra sem dar a sua alma em Suas mãos e você terá dado uma das mais terríveis provas de que, apesar do sangue de Cristo ser poderoso, ainda assim nunca foi aplicado a você, nunca foi aspergido sobre o seu coração para tirar de seus pecados.

Por isso eu disse (e eu tenho que retornar a esse ponto), que você não pode necessariamente deduzir desse texto que Cristo veio salvar *você*. Antes que você possa fazer alguma aplicação particular do texto para o seu próprio caso, existe outra pergunta que deve ser respondida: *Você confessa que é um pecador?* A pergunta não é simplesmente se você *dirá* isso. Mas será que você sente o peso da sua culpa? Bem no fundo da sua alma, essa é uma verdade impressa com letras maiúsculas de fogo flamejante? Você é um pecador?

Se for assim, renuncie ao seu pecado e venha somente para Cristo para ser salvo. Agora, reconhecendo-se de forma consciente e humilde como pecador, se você se entregar a essa verdade que Cristo morreu por você, crendo e confiando nela para ser a sua âncora em todos os tempos de dificuldade, então está dentro do seu propósito eterno. O pacto da graça inclui o seu nome no antigo rolo da eleição eterna. Lá o seu nome está registrado e você, sem dúvida, será salvo.

APÊNDICE 4

Você não está preparado para confiar em Cristo? Oh, eu lhe rogo, prezado leitor, acredite nesta grande verdade, que é digna de toda a aceitação: Cristo Jesus veio para salvar! Conheço as suas dúvidas. Sei dos seus medos, pois passei por todos eles. E a única maneira pela qual posso manter minhas esperanças vivas é apenas esta: sou trazido todos os dias para a cruz! Acredito que, até a morte, nunca terei outra esperança, além desta:

"Nada em minhas mãos eu trago;
Simplesmente à Tua cruz me agarro."

E a minha única razão para acreditar que Jesus Cristo como o meu Redentor é apenas esta: sei que eu sou um *pecador*. Sinto isso muito bem e sobre isso eu lamento. Mas, ainda que eu me lamente muito; no momento em que Satanás me diz que eu não posso ser do Senhor, extraio da minha grande lamentação a dedução consoladora de que, já que Deus me fez sentir que eu estou perdido, Ele não teria feito isso se ele não tivesse a intenção de me salvar!

E, na medida em que Ele me concedeu ver que eu pertenço a essa grande classe de pessoas a quem Ele veio salvar, creio, sem sombra de dúvidas, que *ele me salvará*! Você pode fazer o mesmo, ainda que seja um pecador aflito, cansado, triste e decepcionado, a quem o mundo se tornou uma coisa vazia. Se você é um espírito cansado que já teve a sua rodada de prazer e agora está exausto com a escravidão do pecado e deseja ser liberto disso. Se está à procura de algo melhor do que aquilo que este mundo louco lhe pode dar, aqui está a verdade bendita que Paulo chamou de "meu evangelho": Jesus Cristo, o Filho de Deus, nascido da Virgem Maria, padeceu sob Pôncio Pilatos, foi crucificado, morto e sepultado, e ressuscitou ao terceiro dia, para *salvar os pecadores*! Essa é a razão pela qual ele veio ao mundo.

A salvação

O que se entende por *salvar* os pecadores? "Cristo Jesus veio ao mundo para *salvar* os pecadores." Se você quiser um retrato para lhe mostrar o que significa ser salvo, permita-me que o descreva. Há um pobre coitado que viveu muitos anos no maior pecado; ele está tão acostumado com o

O EVANGELHO SEGUNDO PAULO

pecado que é mais fácil o etíope mudar a cor de sua pele do que ele se emendar. A bebedice, o vício e a insensatez jogaram a sua malha de ferro sobre ele. Ele se tornou repugnante e não consegue sair da sua condição detestável.

Você pode vê-lo? Ele está cambaleando rumo à perdição. Desde a sua infância até a juventude, desde a juventude até a maturidade, ele seguiu pecando, e agora está chegando aos seus últimos dias. O abismo do inferno está inflamando o seu caminho, lançando os seus raios terríveis bem diante do seu rosto, mas ele não os vê. Ele ainda prossegue na sua maldade, desprezando a Deus e odiando a sua própria salvação. Deixe-o lá.

Alguns anos se passaram. Agora ouça outra história. Você vê esse espírito ao longe? O principal das fileiras, que canta de maneira mais meiga os louvores a Deus? Você o identifica vestido de branco, um verdadeiro símbolo de pureza? Você o enxerga colocando a sua coroa sob os pés de Jesus e o reconhecendo como o Senhor de todos? Ouça! Você o ouve enquanto entoa o cântico mais doce que já encantou o próprio Paraíso? Escute-a, a canção é essa:

Eu sou o principal dos pecadores
Mas Jesus morreu por mim

"A Ele que nos ama e nos libertou dos nossos pecados por meio do seu sangue, e nos constituiu reino e sacerdotes para servir a seu Deus e Pai. A ele sejam glória e poder para todo o sempre! Amém." (Apocalipse 1:5-6).

Quem é esse cuja canção é parecida com a dos serafins? É a mesma pessoa que há pouco tempo estava tão terrivelmente depravado, o mesmo homem! No entanto, ele foi lavado, foi santificado, foi justificado. Portanto, se você me perguntar o que quer dizer a palavra salvação, eu lhe direi que ela abraça o ser humano mais pobre e desesperadamente decaído por todo o caminho até se tornar um espírito sublime no além, que louva a Deus. Isso que quer dizer ser salvo: é ter o nosso velho pensamento transformado em novo, é ver o fim do nosso antigo modo de vida e receber o novo, é ver o nosso pecado antigo ser perdoado e a justiça ser imputada, é ter paz na consciência, paz com os homens e paz com Deus, é ter o manto imaculado da justiça imputada sobre os nossos lombos, é ser curado e purificado.

Ser salvo é ser resgatado do golfo da perdição, é ser erguido para o trono do céu, é ser liberto da ira vindoura e dos trovões de um Deus irado,

APÊNDICE 4

é ser liberto da maldição do pecado e ter a oportunidade de sentir e provar o amor, a aprovação e o aplauso de Jeová, o nosso Pai e o nosso Amigo. É tudo isso que Cristo dá ao pecador. Esse evangelho simples não tem nada a ver com aquele que não admite que é pecador. Se você estiver em processo de canonização, se afirma ter uma perfeição santa em si mesmo, as boas-novas não servem para você. O evangelho de Paulo é uma mensagem para o pecador, só para ele. Toda a sua salvação, na sua amplitude, no seu brilho, na sua preciosidade inefável e na sua segurança eterna é dirigida em nosso tempo para o excluído, para a escória da humanidade. Em uma palavra, ele é dirigido ao *pecador*.

A afirmação

Por cinco vezes nas epístolas pastorais, Paulo escreve: "Esta afirmação é fiel..." (1Timóteo 1:5; 3:1; 4:9; 2Timóteo 2:11; Tito 3:8). Elas parecem ser afirmações comuns, na sua maior parte aforismos práticos e palavras de incentivo, que consistiam provavelmente em princípios conhecidos trocados entre os cristãos na igreja primitiva. "Cristo Jesus veio ao mundo para salvar os pecadores" repete várias afirmações feitas pelo próprio Cristo: "O Filho do homem veio para salvar o que se havia perdido" (Mateus 18:11). "Pois o Filho do homem não veio para destruir a vida dos homens, mas para salvá-los (Lucas 9:55). "Pois Deus enviou o seu Filho ao mundo, não para condenar o mundo, mas para que este fosse salvo por meio dele" (João 3:17). Paulo acrescenta várias palavras de respaldo à afirmação no nosso texto.

Primeiro: "Essa é uma afirmação fiel". Essa é uma recomendação para o *cético*. Ah, o Diabo, logo que vê homens ao alcance do som da palavra de Deus, se infiltra na multidão e assopra no coração de alguém: "Não acredite!" E em outro: "Ria disso!" E em mais outro: "Deixe isso para lá!" E, no momento em que ele encontra uma pessoa a quem a mensagem foi direcionada, alguém que se sente pecador, ele geralmente multiplica os seus esforços, para que ele não acredite: "Não acredite, é bom demais para ser verdade".

Deixe-me responder ao Diabo com as próprias palavras de Deus: "Essa é uma afirmação fiel." Ela é boa, e também é verdadeira. Ela *seria*

O EVANGELHO SEGUNDO PAULO

boa demais para ser verdade, caso não fosse o próprio Deus que a dissesse. Mas, já que ele disse, não é bom demais para ser verdade. Além disso, eu lhe contarei a razão pela qual você acha que isso é bom demais para ser verdade: você está julgando a Deus pelo seu próprio padrão. Por favor, lembre-se de que o próprio Deus nos diz: "Pois os meus pensamentos não são os pensamentos de vocês, nem os seus caminhos são os meus caminhos,... assim como os céus são mais altos do que a terra, também os meus caminhos são mais altos do que os seus caminhos e os meus pensamentos mais altos do que os seus pensamentos" (Isaías 55:8-9). Você pode achar que, se alguém tiver lhe ofendido tanto quanto você pecou contra Deus, não conseguiria perdoá-lo. Porém, Deus não é como o ser humano. Ele perdoará o que nós não conseguimos perdoar; e, em situações que você poderia pegar no pescoço do seu irmão, Deus o perdoaria setenta vezes sete. Você não conhece a Jesus, e, se não fosse assim, você acreditaria nele.

Nós achamos que honramos a Deus ao cultivarmos grandes pensamentos sobre o nosso pecado. Vamos nos recordar de que, nos momentos em que tendemos a pensar demais sobre o nosso próprio pecado, nós desonramos a Deus ao acharmos que o nosso pecado é maior do que a sua graça. A graça de Deus é infinitamente maior do que o nosso maior crime. Só existe uma exceção que ele fez, e a pessoa arrependida não entra nela. Eu lhe rogo, portanto, veja a Deus de um modo melhor. Pense sobre o quanto ele é bom, e o quanto ele é ótimo; e, quando você souber que essa afirmação é verdade, espero que você afaste Satanás para bem longe, e não ache que isso é bom demais para ser verdade. Eu sei o que o Diabo lhe dirá em seguida: "Bem, se isso é verdade, não é verdade para você. É verdade para todo o mundo, mas não para você. É verdade que você é um pecador, mas você não está incluído nisso".

Diga ao Diabo que ele é um mentiroso descarado. Não há como lhe responder sem usar uma linguagem direta. Diga-lhe na autoridade do próprio Cristo que ele é mentiroso. Cristo diz: "Eu não vim para chamar justos, mas pecadores" (Marcos 2:17). O Diabo diz que você não se enquadra nisso. Diga-lhe que ele é um mentiroso, mande-o cuidar da vida dele. Não importa o que aconteça, nunca dê ao seu testemunho o mesmo valor do testemunho de Cristo.

APÊNDICE 4

Devo me empenhar em acalmá-lo, repetindo mais uma vez este texto: "Cristo Jesus veio ao mundo para salvar os pecadores". Essa é uma afirmação verdadeira. Não posso deixar você rejeitá-la.

Você diz que não consegue acreditar nela.

Permita que eu lhe pergunte: "Você não acredita na Bíblia?"

"Sim", você diz, "em todas as suas palavras".

Então, essa é uma palavra que se encontra nela: "Cristo Jesus veio ao mundo para salvar os pecadores". Ela está lá. Você acredita em Jesus Cristo? Vamos, responda!

Você acha que ele é mentiroso? Será que o Deus da verdade se inclinaria ao engano?

"Não", você diz, "Eu acredito em qualquer coisa que Deus disser".

É Deus quem diz: "Cristo Jesus veio ao mundo para salvar os pecadores".

Essa é a sua Palavra. Por acaso Cristo não ressuscitou dentre os mortos? Será que isso não prova que o evangelho é autêntico? Você nega o testemunho de todos os santos no céu e de todos os santos na terra? Pergunte a qualquer um deles, e eles lhe dirão que é verdade: "Cristo Jesus veio ao mundo para salvar *os pecadores*". Todos os que servem a Deus dizem o mesmo.

Porém, você diz que você é um pecador grande demais.

Você não é um pecador pior do que alguns que já estão no céu.

Você diz que você é o pior pecador que existe.

Eu digo que você está enganado. O pior pecador morreu há alguns anos e ele foi para o céu. O texto diz assim: "Cristo Jesus veio ao mundo para salvar os pecadores, *dos quais eu sou o pior*". Paulo não estava exagerando no momento em que escreveu isso. Ele honestamente se via como o pecador mais vil, pior do que o delinquente mais depravado, e deu as suas razões: "Anteriormente fui blasfemo, perseguidor e insolente" (1 Timóteo 1:13). Ele tinha acabado de relacionar todos os tipos de pecadores hediondos, inclusive "transgressores e insubordinados, [...] ímpios e pecadores, [...] profanos e irreverentes, [...] os que matam pai e mãe, [...] homicidas, [...] os que praticam imoralidade sexual, [...] homossexuais, [...] sequestradores, [...] os mentirosos e os que juram falsamente; e [...] todo aquele que se opõe à sã doutrina" (vv. 9-10). No entanto, Paulo ainda se retratou como o pior dos piores.

Não é de se admirar que ele chame o evangelho de "meu evangelho". Imagine que haja pecadores em um fila, e um deles está na frente. Ele diz: "Abram alas, abram alas! Eu estou na frente de vocês. Eu sou o pior dos pecadores. Deixem-me ir para o lugar mais baixo".

"Não!" o outro diz, "Você não! Eu sou um pecador pior do que você!"

Então o apóstolo Paulo diz: "Eu desafio a todos vocês. Manassés e Madalena, eu lhes desafio! Eu terei o local mais baixo. Eu era blasfemo, era um perseguidor e insolente com relação ao próprio Deus; mas eu alcancei misericórdia".

Ora, se Cristo salvou o pior pecador que já viveu, ó pecador, não importa o quanto você seja ruim, não pode ser pior do que o pior de todos, e ele pode te salvar. Eu lhe suplico pelas milhares de testemunhas ao redor do trono, pelas milhares de testemunhas na terra, em nome de Jesus, pelo testemunho do Calvário, pelo derramamento de sangue que é um testemunho até hoje, pelo próprio Deus e pela sua Palavra, que é fiel. Eu lhe rogo, acredite nesta afirmação fiel: "Cristo Jesus veio ao mundo para salvar os pecadores".

Finalmente, uma palavra para os *descuidados*. O texto é "digno de toda a aceitação". Não o despreze. Não vire a cara em deboche. Você pode ter ouvido a história de forma errada e, por isso, riu dela. Ou você disse em seu coração: "Para que isso? Se Esse é o evangelho, não quer dizer nada; eu não quero saber de ouvir isso". Ele é digno da sua aceitação. Seja qual for o modo ruim pelo qual ele foi comunicado, não há assunto melhor. Nem o próprio Demóstenes ou mesmo Cícero poderia falar sobre um assunto de tanto peso. Ainda que até mesmo uma criança possa lhe contar isso, o evangelho tem uma importância eterna.

Não é somente a sua casa que está em perigo. Nem é somente o seu corpo. É a sua alma que está em jogo. "Pois, que adianta ao homem ganhar o mundo inteiro e perder a sua alma?" (Marcos 8:36).

Por um acaso você é sábio? Isso é mais digno do que a sua sabedoria. Você é rico? Isso vale mais do que a sua riqueza. Você é famoso? Isso é mais digno do que a sua honra. Você tem sangue azul? Isso é mais digno do que a sua linhagem ou a sua boa tradição. O evangelho é a coisa mais digna debaixo do céu, porque permanecerá mesmo depois que todas as outras

APÊNDICE 4

coisas passem. Ele o ajudará nos momentos em que estiver sozinho. Na hora da sua morte, ele intercederá por você quando tiver que comparecer à intimação diante do tribunal de Deus. Além disso, será a sua consolação eterna pelos séculos sem fim. Ele é "digno de toda a aceitação".

Que o Senhor o abençoe em nome de Jesus. Amém.

Glossário

Antinomismo: a crença de que os cristãos não estão presos a nenhuma lei moral, ou a noção de que o comportamento e a crença não se correlacionam.

Christus victor: a teoria da expiação que vê a morte e a ressurreição de Cristo como o triunfo sobre o pecado, a morte, o Diabo e a lei, os inimigos da humanidade decaída. A característica principal dessa teoria é o triunfo, não a propiciação. Ela é vista como uma alternativa a substituição penal.

Cristologia: a doutrina da pessoa e da obra de Cristo.

Escatologia: a doutrina das últimas coisas.

evangelho: boas-novas ou boas notícias. Especificamente, as boas-novas de que Jesus Cristo (o Filho de Deus feito homem) deu a sua vida na cruz como pagamento dos pecados do seu povo, e depois ressuscitou dentre os mortos para demonstrar que o sacrifício foi aceito; e, por causa disso, os pecadores podem receber o perdão total e todas as bênçãos do céu somente e simplesmente por meio da fé contrita em Cristo.

Evangélico: algo que pertence ou é relativo ao evangelho.

Filactérios: caixas de couro que contém versículos da Bíblia que os judeus ortodoxos e os fariseus amarram em suas testas e em seus braços. (Veja Deuteronômio 6:8).

Forense: relativo a um tribunal; que se relaciona aos detalhes legais do sistema judiciário.

Hamartiologia: a doutrina do pecado.

Imputação: um cálculo legal pelo qual a culpa ou o crédito é transferido para a conta de uma pessoa para a outra.

Justiça alheia: a justiça que não é do próprio pecador, mas imputada, cujo mérito é transferido legalmente para a conta do pecador.

Justificação pela fé: a verdade de que Deus declara graciosamente os pecadores como perfeitamente justos por causa de Cristo. Ele não somente

O EVANGELHO SEGUNDO PAULO

perdoa os seus pecados, mas lhes imputa o mérito total da justiça imaculada de Cristo. Eles, portanto, obtêm uma condição correta para com Deus, não por causa de alguma coisa que eles tenham feito (ou que farão), mas somente por causa da obra de Cristo ao seu favor.

Legalismo: crença falsa de que as pessoas podem ganhar mérito com Deus pelo que fazem ou deixam de fazer.

Obras da lei: todo pensamento, ação ou atitude que visa a ganhar a aprovação de Deus por meio da demonstração de obediência ao padrão de justiça estabelecido pelos 613 mandamentos do Antigo Testamento.

Pecado original: a desobediência de Adão, na qual ele participou do fruto proibido. Pelo fato de ele estar agindo como o líder representativo de toda a espécie humana, seu delito mergulhou toda a sua semente no pecado. Toda a humanidade caiu por causa de Adão, e a culpa e a corrupção foram transmitidas por ele a toda a sua descendência.

Pentateuco: porção do Antigo Testamento, escrita por Moisés, que consiste nos primeiros cinco livros do nosso cânon. (Veja: *Torá*)

Propiciação: sacrifício ou oferta com o propósito de aplacar a ira de uma divindade ofendida.

Redenção: ato de adquirir a liberdade de alguém da escravidão, do cativeiro ou do castigo, ou de recuperar algo de valor por meio do pagamento de um preço ou do cumprimento de uma obrigação.

Regeneração: milagre operado pelo Espírito Santo, por meio do qual ele dá vida a uma alma espiritualmente morta. Esse ato vivificante de Deus é descrito de várias formas como uma ressurreição ou um renascimento, sempre para a vida eterna.

Resgate: preço pago para remir alguém.

Sinédrio: conselho de homens que serviam como juízes e autoridades religiosas em Israel. Toda cidade importante tinha esse conselho, mas, quando o termo é utilizado sem complementos, refere-se normalmente ao Sinédrio de Jerusalém (conhecido como o Grande Sinédrio). Na Bíblia, o Grande Sinédrio era sempre chamado de "conselho" (cf. Atos 23:1), ou "os anciãos de Israel" (Ezequiel 14:1; Atos 4:8). Esse conselho consistia em 71 sacerdotes de elite e doutores. A maioria dentro do Sinédrio era composta de fariseus, mas a linhagem de sumos sacerdotes era de saduceus,

GLOSSÁRIO

por isso uma linhagem aristocrata de saduceus controlava o poder dentro do Sinédrio.

Sola fide: expressão latina para "somente pela fé".

Soteriologia: doutrina da salvação.

Substituição penal: a crença de que, por meio da morte de Cristo na cruz, ele realizou a expiação total, adquirindo o perdão gracioso de seu Pai, sofrendo a pena total do pecado como substituto daqueles que ele redime.

Teísmo aberto: crença de que o futuro é desconhecido até por Deus e, por isso, está aberto a praticamente qualquer hipótese.

Teoria comercial: veja *teoria da satisfação*.

Teoria da influência moral: crença de que a morte de Cristo na cruz é um exemplo de sacrifício pessoal amoroso, mas não constitui pagamento de espécie alguma.

Teoria da satisfação: visão de Anselmo referente à expiação (às vezes chamada de teoria comercial), isto é, que a morte de Cristo era a satisfação da honra de Deus.

Teoria do resgate: ideia de que a morte de Cristo foi um pagamento entregue a Satanás pelas almas dos fiéis.

Teoria governamental: ideia de que a cruz era principalmente a demonstração simbólica da ira de Deus contra o pecado, não um resgate verdadeiro ou uma expiação, mas a demonstração do que a justiça *deve* exigir. Essa visão sugere que a expiação, na realidade, não passa da justificação pública de Deus como o legítimo governador moral do universo.

Torá: transliteração da palavra hebraica para "instrução" ou "lei". Geralmente se refere aos primeiros cinco livros do cânon bíblico, todos escritos por Moisés, contendo a lei entregue no Sinai. Essa porção da Escritura muitas vezes é chamada, de forma coletiva, de "Lei". (Veja: *Pentateuco*).

Notas

Introdução

1. Herbert Danby, trad., *The Mishnah: Translated from the Hebrew with Introduction and Brief Explanatory Notes* [A Mishná: Traduzida do hebraico com introdução e notas explicativas breves] (Oxford: University Press, 1933), p. 306.
2. John MacArthur, *O evangelho segundo Jesus* (São José dos Campos: Ed. Fiel, 2008); *O evangelho segundo os apóstolos* (Rio de Janeiro: Thomas Nelson Brasil, 2017).
3. John MacArthur, *Com vergonha do evangelho* (São José dos Campos: Ed. Fiel, 1997).
4. Together for the Gospel. Disponível em: http://t4g.org/about/affirmations-and-denials/.

Capítulo 2

1. Veja John MacArthur, "The Sinner Neither Willing Nor Able" [O pecador que não está disposto nem é capaz] em *Proclaiming a Cross-centered Theology* [Proclamando uma teologia centrada na cruz], ed. Mark Dever (Wheaton: Crossway, 2009), p. 81-98.
2. Jean Lawrence, "Learning to Forgive Yourself" [Aprendendo a se perdoar], WebMd.com, acesso em agosto de 2017. Disponível em: http://www.webmd.com/balance/features/learning-to-forgive-yourself?page=2.
3. Robert Haldane, *Exposition of the Epistle to the Romans* [Exposição da Epístola aos Romanos], 3 vols. (Edimburgo: William Whyte, 1842), 1:240.

Capítulo 4

1. Citado em Oswald Bayer, *A Teologia de Martim Lutero: uma atualização*, trad. Nélio Schneider (São Leopoldo: Sinodal, 2007), p. 98.

O EVANGELHO SEGUNDO PAULO

2. *Institutas*, 3.11.1. Essa versão é de João Calvino, *Institutes of the Christian Religion [Institutas da Religião Cristã]*, trad. Henry Beveridge (Edimburgo: T&T Clark, 1863), p. 37.
3. Confissão de fé de Westminster 11:1.
4. John MacArthur, *O evangelho segundo os apóstolos* (Rio de Janeiro: Thomas Nelson Brasil, 2017), p. 281.

Capítulo 5

1. Confissão de fé de Westminster 3:1.
2. Charles Spurgeon, "A Defense of Calvinism [Uma defesa do calvinismo]" em *The Autobiography of Charles H. Spurgeon* [A autobiografia de Charles H. Spurgeon], eds. Susannah Spurgeon e Joseph Harrald, 4 vols. (Londres: Passmore & Alabaster, 1899), 1:177.

Capítulo 6

1. John Eadie, *A Commentary on the Greek Text of the Epistle of Paul to the Ephesians* [Comentário do texto grego da Epístola de Paulo aos Efésios] (Edimburgo: T. & T. Clark, 1883), p. 121.
2. Sobre a doutrina do pecado original, veja John MacArthur, "A Sin of Historic Proportions" [Um pecado de proporções históricas] , capítulo 13 em *What Happened in the Garden? The Reality and Ramifications of the Creation and Fall of Man,* ed. Abner Chou (Grand Rapids: Kregel, 2016), p. 287-98.
3. G. K. Chesterton, *Ortodoxia* (São Paulo: Mundo Cristão, 2012), p. 26.
4. Ibid.
5. Essa pregação, adaptada para a forma escrita pelo próprio Lloyd-Jones, encontra-se na obra *The Christ-Centered Preaching of Martyn Lloyd-Jones* [A pregação cristocêntrica de Martin Lloyd-Jones], eds. Elizabeth Catherwood e Christopher Catherwood, (Wheaton: Crossway, 2014), p. 117-30.
6. Ibid., p. 119.
7. Charles Haddon Spurgeon, "Faith: What Is It? How Can It Be Obtained?" [Fé: O que é isso? Como ela pode ser obtida?] Sermon #1609 em *The Metropolitan Tabernacle Pulpit* [Púlpito do Tabernáculo Metropolitano], vol. 27 (Londres: Passmore & Alabaster, 1881), p. 401.

NOTAS

8. William Paxton, "Salvation as a Work" [A salvação como uma obra], em *Princeton Sermons* (Nova York: Revell, 1893), p. 83.

Capítulo 7

1. Steve Brown, *A Scandalous Freedom:The Radical Nature of the Gospel [Uma liberdade escandalosa: a essência radical do evangelho]* (Nova York: Howard, 2004), p. 82.

Apêndice 1

1. Robert Brow, "Evangelical Megashift [Megamudança Evangélica]", *Christianity Today*, 19 de fevereiro de 1990, p. 12-14.
2. Ibid., p. 12.
3. Ibid., p. 13.
4. Ibid.
5. Ibid., p. 14.
6. Ibid.
7. A. A. Hodge, *The Atonement* [A expiação] (Filadélfia: Presbyterian Board of Publication, 1867), p. 267.
8. Ibid., p. 269.
9. Philip Schaff, *History of the Christian Church* [História da igreja cristã] (Nova York: Scribners, 1910), 2:584.
10. Ibid., p. 585.
11. Brow, "Evangelical Megashift", p. 14.
12. Ibid., p. 12.
13. C. S. Lewis, *The Lion, the Witch, and the Wardrobe* [O Leão, a feiticeira e o guarda-roupa] (Nova York: MacMillan, 1950), p. 125.
14. Ibid., p. 123.
15. Ibid., p. 180.
16. Ibid., p. 123.

Apêndice 2

1. Os cânones do Sínodo de Dort, 2:3.

O EVANGELHO SEGUNDO PAULO

Apêndice 3

1. John Gill, *Gill's Commentary* [Comentário de Gill] (Grand Rapids: Baker, 1980), 6:219.

Apêndice 4

1. Charles H. Spurgeon, "The Glorious Gospel [O glorioso evangelho]", *The New Park Street Pulpit* [O púlpito de New Park Street] (Londres: Passmore & Alabaster, 1858), 4:153-60.
2. Charles H. Spurgeon, "Coming Judgment of the Secrets of Men" [O julgamento vindouro dos segredos dos homens], *The Metropolitan Tabernacle Pulpit* [O púlpito do Tabernáculo Metropolitano] (Londres: Passmore & Alabaster, 1885), 31:373-84.

Sobre o autor

John MacArthur tem servido como pastor e professor da Grace Community Church em Sun Valley, Califórnia, desde 1969. Seu ministério de pregação expositiva é incomparável em seu alcance e em sua influência; em mais de quatro décadas de ministério, a partir do mesmo púlpito, ele pregou o Novo Testamento inteiro versículo por versículo (e várias passagens fundamentais do Antigo Testamento). É presidente da Master's University and Seminary e pode ser ouvido através do programa de rádio do ministério *Grace to You* (retransmitido por centenas de estações de rádio do mundo todo).

Escreveu muitos best-sellers, incluindo a *Bíblia de Estudo MacArthur*, o *evangelho segundo Jesus*, *12 homens extraordinariamente comuns* e *Uma vida perfeita*.

Para maiores detalhes sobre John MacArthur e sobre os seus materiais para o ensino da Bíblia, entre em contato com Grace to You em 800-55-GRACE ou pelo site gty.org.

Este livro foi impresso em 2018, pela gráfica Intergraf,
para a Editora Thomas Nelson Brasil.
O papel do miolo é Chambril Avena 80g/m²,
e o da capa é cartão 250g/m².